山区公路施工技术研究

王明华　著

北京工业大学出版社

图书在版编目（CIP）数据

山区公路施工技术研究 / 王明华著. — 北京 ：北京工业大学出版社，（2025.10重印）
ISBN 978-7-5639-6835-0

Ⅰ. ①山… Ⅱ. ①王… Ⅲ. ①山区道路－道路施工－工程技术－研究 Ⅳ. ①U421

中国版本图书馆 CIP 数据核字（2019）第 102357 号

山区公路施工技术研究

著　　者：王明华
责任编辑：邓梅菡
封面设计：点墨轩阁
出版发行：北京工业大学出版社
（北京市朝阳区平乐园 100 号　邮编：100124）
010-67391722（传真）　bgdcbs@sina.com
经销单位：全国各地新华书店
承印单位：三河市元兴印务有限公司
开　　本：710 毫米 ×1000 毫米　1/16
印　　张：14.25
字　　数：285 千字
版　　次：2021 年10月第 1 版
印　　次：2025 年10月第 4 次印刷
标准书号：ISBN 978-7-5639-6835-0
定　　价：55.00 元

前 言

目前，高山区修建高速公路日益增多，在地势险峻的山区修建道路之前，修建施工便道是必不可少的准备工作，工程施工方案制定会很大程度依赖于施工便道。如果施工便道指标低、质量差，起不到预期的作用，高速公路的施工工期将会受到很大影响，甚至会引发工程事故危及施工人员的生命安全。符合规范的施工便道能很好地推动施工作业。然而，在现今的路线设计规范系统中，并没有一套合理的高山区施工便道设计规范。从而导致现今高山区施工便道修建时，会出现布设随意、技术指标差、事故率高等问题。

本书通过在现场的实地勘察以及结合未来发展形势和笔者施工经验对山区公路施工做出了一些研究，希望对国家的山区公路建设贡献自己的力量，为施工人员提供学习资料。

由于作者水平有限，书中难免存在不足之处，请广大读者批评指正。

目 录

第一章 岩石的成因类型和工程地质特征 …… 1

第一节 概述 …… 1

第二节 主要造岩矿物 …… 1

第三节 岩石 …… 5

第四节 岩石的工程地质性质 …… 24

第二章 地质因素与工程建筑 …… 29

第一节 地壳运动的概念 …… 29

第二节 地质年代 …… 31

第三节 地质构造 …… 34

第四节 地质图 …… 50

第五节 地质构造与公路工程 …… 55

第三章 外力地质作用对工程的影响 …… 57

第一节 风化作用 …… 57

第二节 地表流水的地质作用 …… 68

第三节 地下水概述 …… 76

第四节 地下水的物理性质和化学成分 …… 77

第五节 地下水的基本类型 …… 78

第六节 地下水与工程建设 …… 86

第四章 路线布置的基本方案 …… 91

第一节 沿溪（河）线 …… 91

第二节 越岭线 …… 95

第三节 山脊线 …… 98

第四节 线形的综合分析 …… 99

第五章　纵坡的掌握与放坡 …… 101
第一节　最大纵坡 …… 101
第二节　坡长限制与缓和坡段 …… 103
第三节　平均纵坡 …… 104
第四节　放坡 …… 106
第六章　路线的平面布置及定线 …… 111
第一节　平面上直线和曲线的组合 …… 111
第二节　平曲线半径的确定 …… 112
第三节　曲线间的直线段 …… 114
第四节　具体定线的方法 …… 116
第七章　路线的敷设 …… 119
第一节　直线段路线的敷设 …… 119
第二节　圆曲线的实地敷设 …… 120
第三节　纸上定线 …… 121
第四节　纸上移线 …… 122
第五节　山区公路布线中值得重视的几个问题 …… 124
第八章　山区公路路基病害的防治方法 …… 129
第一节　路基病害防治概述 …… 129
第二节　支挡建筑物 …… 134
第三节　膨胀土勘察与路基施工 …… 137
第四节　黄土评价与路基施工 …… 149
第五节　多年冻土特殊筑略问题与冻胀翻浆路基 …… 166
第六节　软土工程地质勘察与处治技术 …… 183
第七节　红黏土与高液限土处治技术 …… 219
参考文献 …… 221

第一章　岩石的成因类型和工程地质特征

第一节　概　述

人类工程活动都是在地表地层进行的，一般都不超过 1km 深，但最深的金矿矿井钻孔深度在 1 ~ 1.2km，安徽合肥盆地石油科学钻井约 5.4km 深。目前，大陆科学钻探可分为浅钻、中钻、深钻、超深钻四类，一般来说，地表至地下 3 000m 以内属浅的科学钻探，现有的技术手段可以胜任，3 000 ~ 6 000m 为中深的科学钻探，6000m 以下为深钻。中钻和深钻及超深钻是涉及多科学、高技术的大科学工程，其方法、技术和装备往往是全球瞩目的高新技术，具有保密性。

地壳是由岩石组成的，岩石是矿物组成的，矿物则是由各种化合物或化学元素组成的。地壳中已发现的化学元素有 90 多种，但它们在地壳中的含量和分布很不均衡，其中氧、硅、铝、铁、钙、钠、钾、镁、钛和氢十种元素按质量计占总元素质量的 99.96%，而氧、硅、铝三元素就占 82.96%。

第二节　主要造岩矿物

组成地壳的岩石，都是在一定的地质条件下，由一种或几种矿物自然组合而成的矿物集合体。矿物的成分、性质及其在各种因素影响下的变化，都会对岩石强度和稳定性造成影响。

自然界有各种各样的岩石，按成因可分为岩浆岩、沉积岩和变质岩三大类。由于岩石是由矿物组成的，所以要认识岩石，分析岩石在各种自然条件下的变化，进而对岩石的工程地质性质进行评价，就必须先从矿物讲起。

一、矿物的基本概念

地壳中的化学元素，除极少数呈单质存在外，绝大多数的元素都以化合物的形态存在。这些存在于地壳中的具有一定化学成分和物理性质的自然元素与化合物被称为矿物，其中构成岩石的矿物，被称为造岩矿物，如常见的石英、正长石、方解石等。

造岩矿物绝大部分是结晶质。结晶质的基本特点是组成矿物的元素质点（离子、原子或分子），在矿物内部按一定的规律排列，形成稳定的结晶格子构造，在生长过程中如条件适宜，就能生成具有一定几何外形的晶体，如岩盐的正立方晶体，石英的六方双锥晶体等。矿物的外形特征和许多物理性质，都是矿物的化学成分与内部构造的反映。

自然界的矿物一方面不断在各种地质过程中形成，同时又经受着各种地质作用而在不断发生变化，只是在一定的物理和化学条件下才是相对稳定的。当外界条件改变到一定程度后，矿物原来的成分、内部构造和性质就会发生变化，形成新的次生矿物。

不同的矿物具有不同的化学成分和内部构造，因此它们具有各不相同的物理性质。矿物的物理性质主要有颜色、条痕、透明度、光泽、硬度、解理及断口等。它们是鉴别矿物的主要特征。

（一）颜色

颜色是矿物对不同波长可见光吸收程度的反映。它是矿物最明显、最直观的物理性质。按成色原因，有自色、他色、假色之分。自色是矿物本身固有的成分、结构所决定的矿物固有的颜色，颜色比较固定。自色具有鉴定意义，例如黄铁矿的浅铜黄色。他色是矿物混入了某些杂质所引起的，与矿物的本身性质无关。他色不固定，随杂质的不同而异。如纯净的石英晶体是无色透明的，混入杂质就呈紫色、玫瑰色、烟色。由于他色不固定，对鉴定矿物没有很大意义。假色是由于矿物内部的裂隙或表面的氧化薄膜对光的折射、散射所引起的，如方解石解理面上常出现的虹彩，斑铜矿表面常出现斑驳的蓝色和紫色。

（二）条痕

条痕是矿物粉末的颜色，一般是指矿物在白色无釉瓷板（条痕板）上划擦时所留下的粉末的颜色。某些矿物的条痕与矿物的颜色是不同的，如黄铁矿的颜色为浅黄铜色，而条痕为绿黑色。条痕色去掉了矿物因反射所造成的色差，增加了吸收率，扩大了眼睛对不同颜色的敏感度，因而比矿物的颜色更为固定，但只适用于一些深色矿物，对浅色矿物无鉴定意义。

（三）透明度

透明度是指矿物透过可见光波的能力，即光线透过矿物的程度，透明度受厚度影响，故一般以 0.03mm 的规定厚度作为标准进行对比。肉眼鉴定矿物时，一般可分成透明、半透明、不透明三级。这种划分无严格界限，鉴定时要用矿物的边缘较薄处，并以相同厚度的薄片及同样强度的光源比较加以确定。

（四）光泽

矿物新鲜表面反射光线的能力称为光泽，按其强弱程度可分为金属光泽、半金属光泽和非金属光泽。金属光泽，反光很强，犹如电镀的金属表面那样光亮耀眼；半金属光泽，比金属的亮光弱，似未磨光的铁器表面；非金属光泽表明矿物表面的反光能力较弱，是大多数非金属矿物如石英、滑石等矿物所固有的特点。

由于矿物表面的性质或矿物集合体的集合方式不同，非金属光泽又会反映出以下不同特征的光泽。

（1）玻璃光泽。矿物表面与玻璃的反光相似，如长石、方解石解理面上呈现的光泽。

（2）油脂光泽。矿物的表面好像涂了一层油脂一样，如石英断口呈现的光泽。

（3）珍珠光泽。矿物的表面像贝内珍珠层所呈现的光泽一样，如云母。

（4）丝绢光泽。矿物的表面犹如丝绢反光，如石膏。

（5）土状光泽。矿物表面粗糙，无光泽，暗淡如土，如高岭石。

（五）硬度

矿物抵抗外力摩擦和刻画的能力称硬度。它是通过一种矿物与已知硬度的另一种矿物或物体互相刻画得出的。目前一般用摩氏硬度计来决定矿物的相对硬度。摩氏硬度计从软到硬选用了 10 种矿物的硬度分为 10 级，作为硬度对比的标准，其可用来确定矿物的相对硬度。例如，将需要鉴定的矿物与摩氏硬度计中的方解石对刻，结果被方解石刻伤而自身又能刻伤石膏，说明其硬度大于石膏而小于方解石，硬度在 2 和 3 之间，即可将该矿物的硬度定为 2.5。可以看出，摩氏硬度只反映矿物相对硬度的顺序，并不是矿物绝对硬度值。常见造岩矿物的硬度大部分在 2 ~ 6.5，硬度大于 6.5 的只有石英、橄榄石等少数几种。

在野外调查时，常用指甲（2 ~ 2.5）、铅笔刀（5 ~ 5.5）、玻璃（5.5 ~ 6）、钢刀刃（6 ~ 7）鉴别矿物的硬度。

硬度是矿物的一个主要鉴别特征，不同的矿物由于其化学成分和内部构造不同而具有不同的硬度。在鉴别矿物的硬度时，应在矿物的新鲜晶面或解理面上进行。

（六）解理

矿物受敲击后，能沿一定的方向裂开成光滑平面的性质称解理。裂开的光滑平面称为解理面。根据解理方向的多少，解理可以分为一组解理（如云母）、二组解理（如长石）和三组解理（如方解石）等。根据解理的完全程度，可将解理分为以下四种。

（1）极完全解理。极完全解理是指矿物的解理面光滑、大而完整，极易裂成薄片，如云母。

（2）完全解理。完全解理是指矿物易裂成片状或块状，解理面平整光滑，如方解石。

（3）中等解理。中等解理是指矿物的解理面较清晰，光滑程度较差，如正长石。

（4）不完全解理。不完全解理是指矿物的解理面很难辨认，只有局部出现不大的光滑平面，如磷灰石。

同一矿物的解理面方向和解理面的平滑程度总是相同的，其性质很固定，因此解理是矿物的一个重要鉴定特征。

（七）断口

矿物受敲击后，不按一定方向裂开，而形成凹凸不平的断开面称为断口。矿物解理的完全程度和断口是相互消长的，解理完全时则不显断口，解理不完全时，则断口显著。常见的断口有贝壳状断口、锯齿状断口、土状断口等。

二、常见的主要造岩矿物

矿物的鉴定主要是运用矿物的形态及矿物的物理性质等特征来鉴定的。一般可以先从形态着手，然后再进行光学性质、力学性质及其他性质的鉴别。对矿物的物理性质进行测定时，应找矿物的新鲜面，这样试验的结果才会正确。因风化面上的物理性质已改变了原来矿物的性质，不能反映矿物实际情况。在使用矿物硬度计鉴定矿物硬度时，可以先用小刀（其硬度在5度左右），如果矿物的硬度大于小刀，这时再用硬度大于小刀的标准硬度矿物来刻画被测矿物，以便硬度测定能较快进行。

在自然界中也有许多矿物，它们之间在形态、颜色、光泽等方面有着相同之处，但每一种矿物也具有它自己独特的特点，鉴别时利用这个特点，即可较正确地鉴别矿物。

第三节　岩　石

自然界有各种各样的岩石，按成因可分为岩浆岩（火成岩）、沉积岩和变质岩三大类。

一、岩浆岩

（一）岩浆岩的成因

岩浆是产生于地下的高温熔融体。地壳下部，由于放射性元素的集中，不断蜕变而放出大量热能，使物质处于高温（1 000℃以上）高压的可塑状态。其成分复杂，但主要是硅酸盐，并含有大量的水汽和各种其他气体。当地壳变动时，上部岩层压力一旦减低，过热可塑性状态的物质就立即转变为高温的熔融体，这些熔融体被称为岩浆。依其含二氧化硅量的多少，分为基性岩浆和酸性岩浆。基性岩浆的特点是富含钙、镁和铁，而贫钾和钠，黏度较小，流动性较大。酸性岩浆富含钾、钠和硅，而贫镁、铁、钙，黏度大，流动性较小。岩浆内部压力很大，因此不断向地壳压力低的地方移动，以至冲破地壳深部的岩层，沿着裂缝上升。上升到一定高度，其温度、压力都要减低。当岩浆的内部压力小于上部岩层压力时，岩浆就会停留，使其冷凝成岩浆岩。

依冷凝成岩浆岩的地质环境不同，岩浆岩可分为深成岩、浅成岩、喷出岩三大类。

（1）深成岩。岩浆侵入地壳某深处（约距地表 3km）冷凝而成的岩石。由于岩浆压力和温度较高，温度降低缓慢，所以组成岩石的矿物结晶良好。

（2）浅成岩。岩浆沿地壳裂缝上升距地表较浅处冷凝而成的岩石。由于岩浆压力小，温度降低较快，所以组成岩石的矿物结晶较细小。

（3）喷出岩（火山岩）。岩浆沿地表裂缝一直上升喷出地表，这种活动叫火山喷发，其对地表产生的一切影响叫火山作用。火山喷发形成的岩石叫喷出岩。喷出岩在地表的条件下，温度降低迅速，矿物来不及结晶或结晶较差，因此肉眼不易看清楚。

岩浆岩的产状是反映岩体空间位置与围岩相互关系及其形态的特征。由于岩浆本身成分不同，受地质条件的影响，岩浆岩的产状大致有下列几种。

（1）岩基。岩基范围很大，常与硅铝层连在一起，形状不规则，表面起伏不平。

（2）岩株。岩株与围岩接触较陡，面积达几平方公里或几十平方公里，其下部与岩基相连，比岩基小。

（3）岩盘。岩浆冷凝成为上凸下平呈透镜状的侵入岩体就是岩盘，其底部通过颈体和更大的侵入体连通，直径可达几千米。

（4）岩床。岩床表面无凸起，略为平整，范围可达十几米。

（5）岩脉。沿围岩裂隙冷凝成的狭长形的岩浆体被称为岩脉，与围岩成层方向相交垂直或近于垂直。

另外，垂直或大致垂直地面者被称为岩墙。

（二）岩浆岩的矿物成分

组成岩浆岩的矿物，根据颜色可分为浅色矿物和深色矿物两类。

（1）浅色矿物有石英、正长石、斜长石及白云母等。

（2）深色矿物有黑云母、角闪石、辉石及橄榄石等。

岩浆岩的矿物成分，是岩浆化学成分的反映。岩浆的化学成分相当复杂，但对岩石的矿物成分影响最大的是二氧化硅。根据二氧化硅的含量，岩浆岩可分为下面几类。

（1）酸性岩类（二氧化硅含量＞65%）。其矿物成分以石英、正长石为主，并含有少量的黑云母和角闪石，岩石的颜色浅，相对密度（比重）小。

（2）中性岩类（二氧化硅含量在52%～65%）。中性岩类矿物成分以正长石、斜长石、角闪石为主，并含有少量的黑云母及辉石，岩石的颜色比较深，相对密度（比重）比较大。

（3）基性岩类（二氧化硅含量在45%～52%）。基性岩类矿物成分以斜长石、辉石为主，含有少量的角闪石及橄榄石，岩石的颜色深，相对密度（比重）也比较大。

（4）超基性岩类（二氧化硅含量＜45%）。其矿物成分以橄榄石、辉石为主，其次有角闪石，一般不含硅铝矿物，岩石的颜色很深，相对密度（比重）很大。

（三）岩浆岩的结构和构造

1. 结构

岩浆岩的结构是指组成岩石的矿物结晶程度，晶粒大小、形状及其相互结合的情况。岩浆岩的结构特征是岩浆成分和岩浆冷凝时物理环境的综合反映。

（1）全晶质结构。全晶质结构岩石全部由结晶的矿物颗粒组成，其中同一种矿物的结晶颗粒大小近似者被称为等粒结构。等粒结构按结晶颗粒的绝对大小，可以分为以下几类。

①粗粒结构，矿物的结晶颗粒大于5mm；

②中粒结构，矿物的结晶颗粒在2mm ~ 5mm；

③细粒结构，矿物的结晶颗粒在0.2mm ~ 2mm；

④微粒结构，矿物的结晶颗粒小于0.2mm。

岩石中的同一种主要矿物，其结晶颗粒如大小悬殊，则称其结构为似斑状结构，其中晶形比较完好的粗大颗粒被称为斑晶，小的结晶颗粒被称为石基。全晶质结构主要为深成岩和浅成岩的结构，部分喷出岩有时也具有这种结构。

（2）半晶质结构。该类结构岩石由结晶的矿物颗粒和部分未结晶的玻璃质组成。结晶的矿物如颗粒粗大，晶形完好，就称为斑状结构。

（3）非晶质结构。其又称为玻璃质结构，即岩石全部由熔岩冷凝的玻璃组成。非晶质结构为部分喷出岩具有的结构。

2. 构造

岩浆岩的构造是指矿物在岩石中的组合方式和空间分布情况。构造的特征主要取决于岩浆冷凝时的环境。岩浆岩最常见的构造如下。

（1）块状构造。块状构造矿物在岩石中分布杂乱无章，不显层次，呈致密块状，如花岗岩、花岗斑岩等一系列深成岩与浅成岩构造。

（2）流纹状构造。该构造形式是由于熔岩流动，由一些不同颜色的条纹和拉长的气孔等定向排列所形成的流动状构造。这种构造仅出现于喷出岩中，如流纹岩所具有的构造。

（3）气孔状构造。此构造形成原因是岩浆凝固时，挥发性气体未能及时逸出，以至在岩石中留下许多圆形、椭圆形或长管形的孔洞。气孔状构造常为玄武岩等喷出岩所具有。

（4）杏仁状构造。杏仁状构造是岩石中的气孔被后期矿物（如方解石、石英等）充填所形成的一种形似杏仁的构造，如某些玄武岩和安山岩的构造。气孔状构造和杏仁状构造，多分布于熔岩的表层。

（四）岩浆岩的分类

自然界中的岩浆岩是多种多样的，它们彼此之间存在着成分、结构、构造、产状及成因等多方面的差异，但是它们之间存在着一定的过渡关系，这就说明它们有着内在联系。为了把它们的共性、特殊性和彼此之间的内在联系总结出来，就必须对岩浆岩进行分类，根据岩浆岩的形成条件、产状、矿物成分和结构、构造等特性，岩浆岩可分为三大类，即深成岩、浅成岩和喷出岩，每类根据成分不同又可分出具体的类别。

（五）岩浆岩的工程地质特征

岩浆岩在我国分布较广，其中以花岗岩和玄武岩最为常见。由于岩石的矿物组成、结构和构造等多方面的差异，导致岩体工程地质特征也有很大不同。

深成岩多为巨大侵入体，如岩基、岩株等。其岩性较均一，变化较小，呈典型的块状岩体结构。侵入体边缘部分常形成流线、流面和各种原生节理，结构相对复杂。

深成岩颗粒均匀，多为粗粒或中粒结构，质密坚硬，孔隙很少，力学强度高，透水性较弱，抗水性较强，因此深成岩体的工程地质性质一般较好，常被选作大型建筑物地基。但深成岩也有不足之处，应引起充分重视。

首先，深成岩易风化，风化层厚度一般较大。花岗岩分布地区，风化壳厚度一般可达 50m，而在构造破碎地段产生的深风化槽、夹层风化，其深度可达 100m，因而使工程地质条件大大复杂化，当其作为坝基或隧洞围岩时必须进行人工处理；其次，当深成岩在受同期或后期构造影响，断裂破碎剧烈、构造结构面很发育的情况下，完整性和均一性被破坏，强度降低。而且，某些矿物易风化、蚀变（如长石风化成高岭石），使有些结构面常有次生夹泥、泥化夹层等，使其亲水性和透水性增加，施工过程中应慎重对待。此外，深成岩体常被后期小型侵入体、岩脉穿插，使岩体性质复杂，均一性破坏，质量降低。施工过程中应注意深成岩与周围岩的接触面，在该面上常形成很厚的变质带，其成分复杂，易风化，多为软弱或软弱结构面。

浅成岩多为岩床、岩墙、岩脉等小型侵入体，常呈镶嵌式结构。因此，浅成岩分布多的地段，均一性比深成岩差，岩石多呈斑状结构和中粒或细粒结构。细粒岩石强度比深度成岩高，抗风化能力较强。斑状结构的岩石则较差，与其他成因类型的岩体比较，浅成岩在工程建设中可尽量加以利用。

花岗斑岩、闪长玢岩和伟晶岩等中性或酸性浅成岩性质与花岗岩相似。细晶强度较高，但产出范围小，岩性变化小，岩体均一性差。辉绿岩为常见的基性浅成岩，岩性致密坚硬，强度较高，抗风化能力强，但均一性较差。煌斑岩为岩脉产出，含暗色矿物多，一般风化甚为强烈。

喷出岩由火山喷出的熔岩流冷凝而成。由于火山喷发的多期性，火山熔岩和火山碎屑岩往往相间分布，呈似层状产出。该类岩石颗粒很细，常为致密结构，并且多有气孔构造、杏仁构造。酸性熔岩会形成流纹构造，由于其急骤凝固，所以原生节理较发育，如玄武岩柱状节理、流纹岩板状节理等。厚层熔岩岩体常为块状结构，一般呈镶嵌结构，薄层的呈层状结构。这些都使得各喷出岩的岩体结构较复杂，岩性不均一，各向异性显著，连续性较差，透水性较强，力学强度较低，亲水性较明显，软弱夹层和软弱结构面比较发育。

喷出岩以玄武岩最为常见，其次是安山岩和流纹岩。玄武岩比重大、密度大、强度高、抗风化力强是很好的块石料，但它常具有气孔构造和柱状节理，透水性强，并易在斜坡地段失稳。第四系玄武岩常覆盖在松散沉积物之上，因此应特别注意下伏松散层的影响。流纹岩结晶极细，含玻璃质多，流纹结构及原生节理发育，在垂直和水平方向上岩性很不均一，强度变化大，岩体破碎，风化层较厚易形成软弱夹层。

（六）常见的岩浆岩

1. 酸性岩类

（1）花岗岩。该类岩石是深成侵入岩，多呈肉红色、灰色或灰白色，矿物成分主要的为石英和正长石，其次有黑云母、角闪石和其他矿物。其结构为全晶质等粒结构（也有不等粒或似斑状结构），块状构造。根据所含深色矿物的不同，可进一步分为黑云母花岗岩、角闪石花岗岩等。花岗岩分布广泛，性质均匀坚固，是良好的建筑石料。

（2）花岗斑岩。花岗斑岩是浅成侵入岩，成分与花岗岩相似。所不同的是其具有斑状结构，斑晶为长石或石英，石基多由细小的长石、石英及其他矿物组成。

（3）流纹岩。流纹岩是喷出岩，呈岩流产出，常呈灰白、紫灰或浅黄褐色，具有典型的流纹构造，斑状结构，细小的斑晶常由石英或长石组成。在流纹岩中很少出现黑云母和角闪石等深色矿物。

2. 中性岩类

（1）正长岩。正长岩是深成侵入岩，呈肉红色，浅灰或浅黄色，全晶质等粒结构，块状构造。其主要矿物成分为正长石，其次为黑云母和角闪石，一般石英含量极少。其物理力学性质与花岗岩相似，但不如花岗岩坚硬，且易风化。

（2）正长斑岩。正长斑岩是浅成侵入岩，与正长岩所不同的是该类岩石具有斑状结构，斑晶主要是正长石，石基比较致密。一般呈棕灰色或浅红褐色。

（3）粗面岩。粗面岩是喷出岩，常呈浅灰、浅褐黄或淡红色，斑状结构，斑晶为正长石，石基多为隐晶质，具有细小孔隙，表面粗糙。

（4）闪长岩。闪长岩是深成侵入岩，呈灰白、深灰至黑灰色，主要矿物为斜长石和角闪石，其次有黑云母和辉石，全晶质等粒结构，块状构造。闪长岩结构致密，强度高，且具有较高的韧性和抗风化能力，是良好的建筑石料。

（5）闪长玢岩。闪长玢岩是浅成侵入岩，呈灰色或灰绿色，成分与闪长岩相似，具斑状结构，斑晶主要为斜长石，有时为角闪石，岩石中常有绿泥石、高岭石和方解石等次生矿物。

（6）安山岩。安山岩是喷出岩，呈灰色、紫色或灰紫色，斑状结构，斑晶常为斜长石，气孔状或杏仁状构造。

3. 基性岩类

（1）辉长岩。辉长岩是深成侵入岩，呈灰黑至黑色，全晶质等粒结构，块状构造，主要矿物为斜长石和辉石，其次有橄榄石、角闪石和黑云母。辉长岩强度高，抗风化能力强，是良好的公路建筑材料。

（2）辉绿岩。辉绿岩是浅成侵入岩，呈灰绿或黑绿色，具有特殊的辉绿结构（辉石充填于斜长石晶体格架的空隙中），成分与辉长岩相似，但常含有方解石、绿泥石等次生矿物，强度也高。

（3）玄武岩。玄武岩是喷出岩，呈灰黑至黑色。成分与辉长岩相似，呈隐晶质细粒或斑状结构，气孔或杏仁状构造。玄武岩致密坚硬、性脆，强度很高。玄武岩破碎后是高速公路沥青混凝土路面的良好粗、细集料。

二、沉积岩

沉积岩位于地表和地表下不太深的地方，是由松散堆积物在温度不高和压力不大的条件下形成的。它是地壳表面分布最广的一种层状的岩石。出露地表的各种岩石，经长期日晒雨淋，风化破坏，就逐渐松散分解，或成为岩石碎屑，或成为细粒黏土矿物，或者成为其他溶解物质。这些岩石的风化产物，大部分被流水等运动介质搬运到河、湖、海洋等低洼的地方沉积下来，成为松散的堆积物。这些松散的堆积物经长期压密、胶结、重结晶等复杂的地质过程，就形成了沉积岩。此外，沉积过程中的生物活动和火山喷出物的堆积，在沉积岩形成中也有重要意义。

（一）沉积岩的物质组成

沉积岩主要由下面的一些物质组成。

（1）碎屑物质。碎屑物质中大部分是化学性质比较稳定，难溶于水的原生矿物碎屑，如石英、长石、白云母等。一部分则是岩石的碎屑。此外，还有其他方式生成的一些物质，如火山喷发产生的火山灰等。

（2）黏土矿物。黏土矿物主要是一些由含铝硅酸盐类矿物的岩石经化学风化作用形成的次生矿物，如高岭石、微晶高岭石及水云母等。这类矿物的颗粒极细（小于 0.005mm），具有很大的亲水性、可塑性及膨胀性。

（3）化学沉积矿物。其是由纯化学作用或生物化学作用，从溶液中沉淀结晶产生的沉积矿物，如方解石、白云石、石膏、石盐、铁和锰的氧化物或氢氧化物等。

（4）有机质及生物残骸。其是由生物残骸或有机化学变化而成的物质，如贝壳、泥炭及其他有机质等。

在沉积岩的组成物质中，黏土矿物、方解石、白云石及有机质等是沉积岩所特有的，是物质组成上区别于岩浆岩的一个重要特征。

（二）沉积岩的结构和构造

1. 沉积岩的结构

沉积岩的结构，按组成物质、颗粒大小及其形状等方面的特点，一般分为碎屑结构、泥质结构、结晶结构及生物结构四种。

（1）碎屑结构。由碎屑物质被胶结物胶结而成。

按碎屑粒径的大小，其可分为以下三种。

①砾状结构，碎屑粒径大于 2mm，碎屑形成后未经搬运或搬运不远而留有棱角者，称为角砾状结构；碎屑经过搬运呈浑圆状或具有一定磨圆度者，称为砾状结构。

②砂质结构，碎屑粒径为 0.05 ~ 2mm，其中在 0.5 ~ 2mm 的为粗粒结构，如粗粒砂岩；在 0.25 ~ 0.5mm 的为中粒结构，如中粒砂岩；在 0.05 ~ 0.25mm 的为细粒结构，如细粒砂岩。

③粉砂质结构，碎屑粒径在 0.005 ~ 0.05mm，如粉砂岩。

按胶结物的成分，其可分为以下四种。

①硅质胶结，由石英及其他二氧化硅胶结而成，颜色浅，强度高。

②铁质胶结，由铁的氧化物及氢氧化物胶结而成，颜色深，呈红色，强度次于硅质胶结。

③钙质胶结，由方解石等碳酸钙一类的物质胶结而成，颜色浅，强度比较低，容易遭受侵蚀。

④泥质胶结，主要由细粒黏土矿物胶结而成，颜色不定，胶结松散，强度最低，容易遭受风化破坏。

（2）泥质结构。其几乎全部由粒径小于 0.005mm 的黏土质点组成，是泥岩、页岩等黏土岩的主要结构。

（3）结晶结构。它是由溶液中沉淀或经重结晶所形成的结构，并且由沉淀生成的晶粒极细，经重结晶作用晶粒变粗，但一般粒径多小于 1mm，肉眼不易分辨。结晶结构为石灰岩、白云岩等化学岩的主要结构。

（4）生物结构。其由生物遗体或碎片所组成，如贝壳结构、珊瑚结构等。它是生物化学岩所具有的结构。

2. 沉积岩的构造

沉积岩的构造是指其组成部分的空间分布及其相互间的排列关系。沉积岩最主要的构造是层理构造。层理是沉积岩成层的性质。由于季节性气候变化，沉积环境改变，使先后沉积的物质在颗粒大小、形状、颜色和成分上发生相应变化，从而显示出来的成层现象，称为层理构造。

由于形成层理的条件不同，层理有各种不同的形态类型，如常见的有水平层理、斜层理、交错层理等。根据层理研究人员可以推断沉积物的沉积环境和搬运介质的运动特征。

层与层之间的界面称为层面。在层面上有时可以看到波痕、雨痕及泥面干裂的痕迹。上下两个层面间成分基本均匀一致的岩石被称为岩层。它是层理最大的组成单位。一个岩层上下层面之间的垂直距离称为岩层的厚度。在短距离内岩层厚度的减小称为变薄；厚度变薄以至消失称为尖灭；两端尖灭就被称为透镜体；大厚度岩层中所夹的薄层，称为夹层。

（三）沉积岩中的化石

沉积岩内岩层的变薄、尖灭和透镜体，可使其强度和透水性在不同的方向发生变化，而松软夹层，容易引起上覆岩层发生顺层滑动。

沉积岩中可看到许多化石，他们是经石化作用保存下来的动植物遗迹，如三叶虫、树叶等常沿层理面平行分布。根据化石研究人员可以推断岩石形成的地理环境和岩层的地质年代。

沉积岩的层理构造、层面特征和含有化石，是沉积岩区别于岩浆岩的重要特征。

（四）沉积岩的分类

根据物质组成的特点，沉积岩一般分为下面三类。

（1）碎屑岩类。此类沉积岩是主要由碎屑物质组成的岩石。其中由先成岩石风化破坏产生的碎屑物质形成的，称为沉积碎屑岩，如砾岩、砂岩及粉砂岩等；由火山喷出的碎屑物质形成的，称为火山碎屑岩，如火山角砾岩、凝灰岩等。

（2）黏土岩类。其是主要由黏土矿物及其他矿物的黏土粒组成的岩石，如泥岩、页岩等。

（3）化学及生物化学岩类。该类沉积岩是主要由方解石、白云石等碳酸盐类的矿物及部分有机物组成的岩石，如石灰岩、白云岩等。

（五）沉积岩的工程地质特征

沉积岩中分布最广的是黏土岩、砂岩和碳酸盐岩，它们共占沉积岩总量的 98% ~ 99%，其余沉积岩仅占 1% ~ 2%；由于沉积岩分布于地表或地下不太深的地带，因此它与地下水的赋存状态和运移规律有着密切关系，故与地下水源的开发利用，各种工程建筑如铁路、高速公路、桥梁、隧道水利工程等的规划、勘察、设计和施工建设等关系更加密切。在对建筑物基底及周围岩石特性，如塑性或弹性变形、抗压、抗拉和抗剪性能的研究中，往往也需要沉积岩石学方面的知识；沉积岩普遍具有层理构造，岩性一般具有明显的各向异性。因此，沉积岩工程地质性质变化较大，工程建设应加以注意。沉积岩包括火山碎屑岩、胶结碎屑岩、黏土岩和生物—化学岩。它们的岩性不同，岩体结构也有区别，工程地质性质差别较大。

火山碎屑岩是具有岩浆岩和普通沉积岩双重特性的过渡性岩石，按其组成物质的粗细可分为火山集块岩、火山角砾岩和凝灰岩等。各类火山碎屑岩的性质差别很大，大多数凝灰岩和凝灰质岩石结构疏松，极易风化，强度很低。

胶结碎屑岩是沉积物经胶结、成岩作用所形成的岩石，包括各种砾岩、砂岩和粉砂岩等。胶结碎屑岩性质主要取决于胶结物的成分、胶结形式、碎屑物颗粒成分和特点。硅质胶结的岩石强度高，抗水性强。钙质、石膏和泥质胶结的岩石，强度较低，抗水性弱，在水的作用下，可被溶解或软化，使岩石性质变坏。铁质胶结的岩石一般坚硬且抗水，但铁质物质易氧化分解，使结构破坏。此外，基底胶结的岩石较坚硬，透水性较弱，而接触胶结的岩石强度较低，透水性较强。粉砂岩的强度比一般砂砾岩差；硅质胶结的石英砂岩强度比一般砂岩高。时代较新、胶结较差的第三纪和中生代红色砂砾石，常为钙质、泥质胶结，胶结程度差，力学强度低，抗水性不良。粉砂岩结构较疏松，强度和稳定性不高。

黏土岩主要包括页岩和泥岩，其工程地质性质，一般均较差。特别是红色岩层中的泥岩，结构较疏松，厚度薄，强度低，抗水性差，易软化和泥化，但这类岩石的隔水性能好。

生物—化学岩以石灰岩和白云岩最为常见，它们大都致密且坚硬，强度较高，但常被溶蚀，形成溶隙、溶洞、暗河等，成为渗漏和涌水通道，给工程带来极大危害。泥灰岩是黏土岩和石灰岩之间的过渡类型，强度低，易软化。当石灰岩中夹有薄层泥灰岩或黏土岩时，可能产生滑移问题，对工程不利。但石灰岩中泥灰岩或黏土岩夹层可起阻水或隔水作用，对防止渗漏与涌水问题又是有利的。沉积岩中还含有许多重要矿产，不仅矿产种类多，而且储量大，如煤、石油、铁、锰、铝、磷和盐类等，据统计沉积岩和沉积岩变质矿产占世界矿产的 80%，而可燃性有机岩（如石油天然气、油页岩及煤等）和岩类矿产几乎全部为沉积岩型，放射性和黑色金属（铁、锰）等矿产，沉积类型也占有主要的地位。

（六）常见的沉积岩

1. 碎屑岩类

（1）火山碎屑岩。它由火山喷发的碎屑物质在地表经短距离搬运或就地沉积而成。由于它在成因上具有火山喷出与沉积的双重性，所以是介于喷出岩和沉积岩之间的过渡类型。常见的类型如下。

①火山集块岩，主要由粒径大于 100mm 的粗火山碎屑物质组成，胶结物主要为火山灰或熔岩，有时为碳酸钙、二氧化硅或泥质。

②火山角砾岩，火山碎屑占 90% 以上，粒径一般为 2 ~ 100mm，多呈棱角状，常为火山灰或硅质胶结，颜色常呈暗灰、蓝灰或褐灰色。

③凝灰岩，一般由粒径小于 2mm 的火山灰及细碎屑组成，碎屑主要是晶屑、玻屑及岩屑，胶结物为火山灰等。凝灰岩孔隙性高，重度小，易风化。

（2）沉积碎屑岩。其又称为正常碎屑岩，是由先成岩石风化剥蚀的碎屑物质，经搬运、沉积、胶结而成的岩石。常见的类型如下。

①砾岩及角砾石。其为砾状结构，由 50% 以上粒径大于 2mm 的粗大碎屑胶结而成。由浑圆状砾石胶结而成的岩石称为砾岩；由棱角状的角砾胶结而成的岩石称为角砾岩。角砾岩的岩性成分比较单一，砾岩的岩性成分一般

比较复杂，经常由多种岩石的碎屑和矿物颗粒组成。胶结物的成分有钙、铁及硅等。

②砂岩。它的结构为砂质结构，由 50% 以上粒径在 0.05 ~ 2mm 的砂粒胶结而成。按砂粒的矿物组成，它可分为石英砂岩、长石砂岩和岩屑砂岩等。按砂粒粒径的大小，它又可分为粗粒砂岩、中粒砂岩和细粒砂岩。胶结物的成分对砂岩的物理力学性质有重要影响。根据胶结物的成分，又可将砂岩分为硅质砂岩、铁质砂岩、钙质砂岩及泥质砂岩几个亚类。硅质砂岩的颜色浅，强度高，抵抗风化的能力强。泥质砂岩一般呈黄褐色，吸水性大，易软化，强度和稳定性差。铁质砂岩常呈紫红色或棕红色。钙质砂岩呈白色或灰白色，强度和稳定性介于硅质与泥质砂岩之间。砂岩分布很广，易于开采加工，是工程上广泛采用的建筑石料之一。

③粉砂岩。其为粉砂质结构，常有清晰的水平层理，矿物成分与砂岩近似，但黏土矿物的含量一般较高，主要由粉砂胶结而成，结构较疏松，强度和稳定性不高。

2. 黏土岩类

（1）页岩。页岩由黏土脱水胶结而成，以黏土矿物为主，大部分有明显的薄层理，呈页片状，可分为硅质页岩、黏土质页岩、砂质页岩、钙质页岩及碳质页岩。除硅质页岩强度稍高外，其余类型页岩岩性软弱，易风化成碎片，强度低，与水作用易于软化而丧失稳定性。

（2）泥岩。泥岩成分与页岩相似，常为厚层状，以高岭石为主要成分的泥岩，常呈灰白色或黄白色，吸水性强，遇水后易软化。以微晶高岭石为主要成分的泥岩，常呈白色、玫瑰色或浅绿色。表面有滑感，可塑性小，吸水性高，吸水后体积急剧膨胀。

黏土岩夹于坚硬岩层之间，形成软弱夹层，浸水后易于软化滑动。

3. 化学及生物化学岩类

（1）石灰岩。石灰岩简称灰岩，矿物成分以方解石为主，还含有少量的白云石和黏土矿物，常呈深灰、浅灰色，纯质灰岩呈白色。由纯化学作用生成的石灰岩具有结晶结构，但晶粒极细，经重结晶作用即可形成晶粒比较明显的结晶灰岩。由生物化学作用生成的灰岩，常含有丰富的有机物残骸。石灰岩中一般都含有一些白云石和黏土矿物，当黏土矿物含量达 25% ~ 50% 时，称为泥灰岩。白云石含量达 25% ~ 50% 时，称为白云质灰岩。

石灰岩分布相当广泛，岩性均一，易于开采加工，是一种用途很广的建筑石料。

（2）白云岩。白云岩主要矿物成分为白云石，也含有方解石和黏土矿物，结构为结晶结构。纯质白云岩为白色，随所含杂质的不同，可出现不同的颜色。岩石工程性质与石灰岩相似，但强度和稳定性比石灰岩略高，是一种良好的建筑石料。

白云岩的外观特征与石灰岩近似，在野外难于区别，可用盐酸起泡程度辨认。

（3）泥灰岩。泥灰岩主要矿物有方解石和含量高达 25% ~ 50% 的黏土矿物两种。泥灰岩是黏土岩与石灰岩间的一种过渡类型岩石，颜色有浅灰、浅黄及浅红等，标本多呈块状构造，点稀盐酸起泡后，表面会残留黏土物质。

三、变质岩

（一）变质岩的形成因素

1. 变质岩及其产状

从岩浆岩和沉积岩的地质特性可知，每一种岩类、每一种岩石都有它自己的结构、构造和矿物成分。在漫长的地质历史过程中，这些先期生成的岩石（原岩）在各种变质因素作用下，改变了原有的结构、构造或矿物成分特征，具有了新的结构、构造或矿物成分，则原岩变质为新的岩石。引起原岩地质特性发生改变的因素被称为变质因素；在变质因素作用下使原岩地质特性改变的过程被称为变质作用；生成的具有新特性的岩石被称为变质岩。

变质作用一般是原岩在保持固体状态下，在原位置处进行的。因此，变质岩的产状为残余产状。由岩浆岩形成的变质岩称正变质岩；由沉积岩形成的变质岩称副变质岩。正变质岩产状保留原岩浆岩产状，副变质岩产状则保留沉积岩的层状。

变质岩在地壳表面分布面积占陆地面积 1/5。岩石生成年代愈老，变质程度愈深，该年代岩石中变质岩比重愈大，例如安徽肥东桥头集的前寒武纪的岩石几乎都是变质岩。

2. 变质因素

引起变质作用的主要因素有以下三方面。

（1）温度。温度是引起岩石变质最基本、最积极的因素。促使岩石温度增高的原因有三种来源：一是地下岩浆侵入地壳带来的热量；二是随地下深度增加而增大的地热，一般人们认为自地表常温带以下，深度每增加 33m，温度提高 1℃；三是地壳中放射性元素蜕变释放出的热量。高温使原岩中元素的化学活泼性增大，使原岩中矿物重新结晶，隐晶变显晶、细晶变粗晶。从而改变原结构，并产生新的变质矿物。

（2）压力。作用在岩石上的压力分为以下两种。

①静压力。静压力类似于静水压力，是由上覆岩石重量产生的，是一种各方向相等的压力，随深度增大而增大。静压力使岩石体积受到压缩而变小、比重变大，从而形成新矿物。

②动压力。动压力也称定向压力，是由地壳运动而产生的。由于地壳各处运动的强烈程度和运动方向都不同，故岩石所受动压力的性质、大小和方向也各不相同。在动压力作用下，原岩中各种矿物会发生不同程度变形，甚至破碎的现象。在最大压力方向上，矿物被压溶，不能沿此方向生长结晶，而与最大压力垂直的方向是变形和结晶生长的有利空间。因此，原岩中的针状、片状矿物在动压力作用下，它们的长轴方向发生转动，转向与压力垂直方向平行排列；原岩中的粒状矿物在较高动压力作用下，会变形为椭圆形眼球状；长轴也沿与压力垂直的方向平行排列。由动压力引起的岩石中矿物沿与压力垂直方向平行排列的构造被称为片理构造，是变质岩最重要的构造特征。

（3）化学活泼性流体。化学活泼性流体在变质过程中起溶剂作用。化学活泼性流体包括水蒸气、氧气、二氧化碳、含硼和硫等元素的气体与液体。这些流体是岩浆分化后期产物，它们与周围原岩中的矿物接触发生化学交替或分解作用，形成新矿物，从而改变了原岩中的矿物成分。

3. 变质作用

在自然界中，原岩变质很少只受单一变质因素的作用，一般多受两种以上变质因素综合作用，但在某个局部地区内，往往是以某一种变质因素起主要作用，其他变质因素起辅助作用。根据起主要作用的变质因素不同，可将变质作用划分为下述四种类型。

（1）接触变质作用。接触变质作用是原岩受高温因素影响而变质的作用，又称热力变质作用。主要使原岩结构特征发生改变。

（2）交代变质作用。交代变质作用是原岩受化学活泼性流体因素影响而变质的作用，又称汽化热液变质作用，主要使原岩矿物和结构特征发生改变。

（3）动力变质作用。动力变质作用是原岩受动压力因素影响而变质的作用，主要使原岩结构和构造特征发生改变，特别是使其产生了变质岩特有的片理构造。

（4）区域变质作用。该作用往往发生在一个范围较大的区域内。例如，数百或数千平方公里范围内，高温、动压力和化学活泼性流体三因素综合作用，作用规模和范围都较大，因此称其为区域变质作用。一般发生该作用的区域内地壳运动和岩浆活动都较强烈。

（二）变质岩的矿物成分

原岩在变质过程中，既能保留部分原有矿物，又能生成一些变质岩特有的新矿物。前者如岩浆岩中的石英、长石、角闪石、黑云母等和沉积岩中的方解石、白云石、黏土矿物等；后者如绢云母、红柱石、硅灰石、石榴子石、滑石、十字石、阳起石、蛇纹石，石墨等，它们都是变质岩区别于岩浆岩和沉积岩的又一重要特征。

（三）变质岩的结构和构造

1. 变质岩的结构

（1）变晶结构。变晶结构变质程度较深，岩石中矿物重新结晶较好，基本为显晶，是多数变质岩的结构特征。变晶结构还可进一步细分为粒状变晶结构、不等粒变晶结构、片状变晶结构和鳞片状变晶结构等。

（2）压碎结构。在较高动、静压力作用下，原岩变形、碎裂而成的结构就是压碎结构。若原岩碎裂成块状则称碎裂结构；若压力极大，原岩破碎成细微颗粒则称糜棱结构。

（3）变余结构。变余结构变质程度较浅，岩石变质轻微，仍保留原岩中某些结构特征。例如，变余花岗结构、变余砾状结构、变余砂状结构、变余泥状结构等。

2. 变质岩的构造

（1）片理构造。岩石中矿物呈定向平行排列的构造称片理构造，它是大多数变质岩区别于岩浆岩和沉积岩的重要特征。根据所含矿物及变质程度深浅不同其又可分为以下四种。

①片麻状构造。它是一种深度变质的构造，由深、浅两种颜色的矿物定向平行排列而成。浅色矿物多为粒状石英或长石，深色矿物多为针状角闪石或片状黑云母等。在变质程度很深的岩石中，不同颜色、不同形状、不同成分的矿物相对集中平行排列，形成彼此相间、近于平行排列的条带，因此其被称为条带状构造；在片麻状和条带状岩石中，若局部夹杂晶粒粗大的石英、长石，并且其呈眼球状时，则称此构造为眼球状构造。条带状和眼球状都属于片麻状构造的特殊类型。

②片状构造。片状构造是以一种针状或片状矿物为主的定向平行排列构造。片状构造也是一种深度变质的构造。

③千枚状构造。千枚状构造是在岩石中矿物基本重新结晶，并有定向平行排列的现象。但由于它变质程度较浅，矿物颗粒细小，肉眼辨认困难，仅能在天然剥离面（片理面）上看到片状、针状矿物的丝绢光泽。

④板状构造。它是变质程度最浅的一种构造。泥质、粉砂质岩石受一定挤压后，沿与压力垂直的方向形成密集而平坦的破裂面，岩石极易沿此裂面（也是片理面）剥成薄板，故称板状构造。该构造中的矿物颗粒极细，肉眼不能见，只能在显微镜下的板状剥离面上见到一些矿物微雏晶。

（2）非片理构造。它是块状构造，这种变质岩多由一种或几种粒状矿物组成，矿物分布均匀，无定向排列现象。

（四）变质岩的工程地质特征

变质岩是组成地壳的重要岩石之一。在许多地方它常与花岗岩或花岗岩质的岩石共生。但在另一些地区又和基性或超基性岩石共生。研究这类岩石，不仅对工程建设和找矿工作有着重要作用，而且对研究地壳发展过程中的某些构造成因问题也有重要有意义。

变质岩实质上是由已固结的岩石在地壳发展过程中，在特定的地质和物化条件的作用下经过变化、改造而形成的一种新生岩石。

能够使已固化的岩石发生变化（成分、结构构造的变化）的地质作用，被统称为变质作用。变质岩由于变质作用特点和原岩成分及性质不同，其工程地质特征差别很大，但变质岩大多经过重结晶作用，具有一定结晶联结，结构紧密，孔隙较小，透水性弱，抗水性强，强度较高，特别是黏土质岩石变质后，性质会大大改变。但变质岩的片理及片麻理往往使岩石的联结减弱，强度降低，且呈现各向异性。此外，变质岩一般年代较老，经受过多次构造变动，断裂多，易风化，完整性差，常不均一。

接触变质岩出现在侵入体周围，其范围和性质往往取决于侵入体大小、类型和原岩性质。这种岩石多经重结晶作用，强度一般比原岩高，但由于侵入体挤压，接触带附近常有断裂，使其透水性增加，抗风化能力降低。因此，研究人员应着重研究接触变质岩的构造特征。

动力变质岩是构造作用形成的，主要沿断层带发育，包括压碎岩、角砾岩、糜棱岩及断层泥等，其特征是构造破碎，胶结不良，裂隙发育，强度较低，透水性强，常成为软弱结构面、软弱夹层或软弱岩体。

区域变质岩分布范围较广，岩体厚度较大，变质程序较为均一。最常见的有片麻岩、片岩、千枚岩、板岩、石英岩和大理岩。混合岩是介于片麻岩和岩浆岩之间的一种岩石。一般讲，块状岩石性质较好，而层状、片状岩石性质较差。

片麻岩随黑云母含量增多和片麻理发育，其强度和抗风化能力明显降低。因此，角闪石片麻岩、角闪岩和变粒岩的强度较黑云母片麻岩要高。花岗片麻岩分布广，其性质近似花岗岩，但较不均一，抗风化能力较花岗岩低。

片岩由于矿物成分、结晶程度、片理构造不同，性质差别很大。石英片岩、角闪石片岩性质较好，强度相对较高；云母片岩、绿泥石片岩、滑石片岩、石墨片岩等性质较差，其强度较低，且各向异性极显著。

千枚岩和板岩是变质较浅的岩石，其性脆，片理明显，裂隙发育，强度较低，易于滑动。

石英岩性质均一，致密坚硬，强度极高，抗水性好，不易风化，但性脆，经构造变动后，裂隙发育。夹有泥质板岩时，则岩性软硬相间，又易泥化，使工程性质变坏。

大理岩的强度较高，但对其岩溶问题，使用时应予注意。

（五）常见的变质岩

（1）板岩。板岩颜色主要为深灰、黑色；变余结构，常见变余泥状结构或致密隐晶结构；板状构造；成分为黏土及其他肉眼难辨矿物。

（2）千枚岩。千枚岩为通常为灰色、绿色、棕红色及黑色；变余结构，或显微鳞片状变晶结构；千枚状构造；肉眼可辨的主要矿物为绢云母、黏土矿物及新生细小的石英、绿泥石和角闪石矿物颗粒。

（3）片岩类。片岩类为变晶结构，片状构造，故取名片岩。岩石的颜色及定名均取决于主要矿物成分，例如云母片岩、角闪石片岩、绿泥石片岩及石墨片岩等。

（4）片麻岩类。片麻岩类为变晶结构，片麻状构造，浅色矿物多粒状，主要是石英、长石。深色矿物多为针状或片状，主要是角闪石、黑云母等，有时含少量变质矿物如石榴子石等。片麻岩进一步定名也取决于主要矿物成分，例如花岗片麻岩、闪长片麻岩、黑云母斜长片麻岩等。

（5）混合岩类。混合岩类是在区域变质作用下，地下深处重熔带高温区，大量岩浆携带外来物质进入围岩，使围岩中的原岩经高温重熔、混合等复杂的混合岩化深度变质作用形成的一种特殊类型变质岩。混合岩晶粒粗大为变晶结构；条带状，眼球状构造；矿物成分与花岗片麻岩接近。

（6）大理岩。大理岩由石灰岩、白云岩经接触变质或区域变质的重结晶作用而成。纯质大理岩为白色，我国建材界称之为“汉白玉”。若含杂质时，大理岩可为灰白、浅红、淡绿甚至黑色，等粒变晶结构，块状构造。其中，以方解石为主的被称为方解石大理岩，以白云石为主的被称为白云石大理岩。

（7）石英岩。石英岩由石英砂岩或其他硅质岩经重结晶作用而成。纯质石英岩暗白色，硬度高，有油脂光泽，含杂质后可为灰白、蔷薇或褐色等，等粒变晶结构，块状构造，石英含量超过 85%。

（8）云英岩。云英岩由花岗岩经交代变质而成，常为灰白、浅灰色，等粒变晶结构，致密块状构造，主要矿物为石英和白云母。

（9）蛇纹岩。蛇纹岩由富含镁的超基性岩经交代变质而成，常为暗绿或墨绿色，风化后则呈现黄绿或灰白色，隐晶质结构，块状构造，主要矿物为蛇纹石，常含少量石棉、滑石、磁铁矿等矿物，断面不平坦，硬度较低。

（10）构造角砾岩。构造角砾岩是断层错动带中的产物，又称断层角砾岩。原岩受极大动压力而破碎后，经胶结作用而成构造角砾岩，为角砾压碎状结构，块状构造，碎屑大小形状不均，粒径可由数毫米到数米，胶结物多为细粉粒岩屑或后期由溶液中沉淀的物质。

（11）糜棱岩。高动压力把原岩碾磨成粉末状细屑，又在高压力下重新结合成致密坚硬的岩石称糜棱岩。其具有典型的糜棱结构，块状构造，矿物成分基本与围岩相同，有时含新生变质矿物绢云母、绿泥石和滑石等。糜棱岩也是断层错动带中的产物。

四、三大岩类的互相转化

前面已经提到的沉积岩、岩浆岩（火成岩）和变质岩是地球上组成岩石圈的三大类岩石，它们都是各种地质作用的产物。然而，原先形成的岩石，一旦改变其所处的环境，岩石将随之发生改变，转化为其他类型的岩石。

出露到地表面的岩浆岩、变质岩与沉积岩在大气圈、水圈与生物圈的共同作用下，可以经过风化、剥蚀、搬运作用而变成沉积物，沉积物埋藏到地下浅处就硬结成岩——重新形成沉积岩。埋到地下深的沉积岩或岩浆岩，在温度不太高的条件下，可以在基本保持固态的情况下发生变质，变成变质岩。不管什么岩石，一旦进入高温（700℃ ~ 800℃）状态，岩石都将逐渐熔融成岩浆。岩浆在上升过程中温度降低，成分复杂化，或在地下浅处冷凝成侵入岩，或喷出地表而形成火山岩。在岩石圈内形成的岩石，由于地壳抬升，上覆岩石遭受剥蚀，它们就又有机会变成出露地表的岩石。

综上所述，岩石圈内的三大类岩石是完全可以互相转化的，它们之所以不断运动、变化，完全是岩石圈自身动力作用及岩石圈与大气圈、水圈、生物圈和地幔等圈层相互作用的缘故。在这个不断运动、变化的岩石圈内，三大类岩石一再转化，使岩石呈现出复杂多样的变化。尽管在短时间内和在某一种环境中，岩石会表现出相对稳定性，但是从长时间尺度来看，岩石圈里的岩石都是在不断变化着的，一成不变的岩石是不存在的。在地球科学中，“坚如磐石”的说法也是不存在的。

五、三大岩类的鉴别

鉴别岩石有各种不同的方法，但最基本的是根据岩石的外观特征，用肉眼和简单工具（如小刀、放大镜等）进行的鉴别方法。

（一）岩浆岩的鉴别方法

研究人员根据岩石的外观特征对岩浆岩进行鉴定时，首先要注意岩石的颜色，其次是岩石的结构和构造，最后分析岩石的主要矿物成分。

（1）先看岩石整体颜色的深浅。岩浆岩颜色的深浅，是岩石所含深色矿物多少的反映。一般来说，从酸性到基性（超基性岩分布很少），深色矿物的含量是逐渐增加的，因而岩石的颜色也随之由浅变深。如果岩石是浅色的，那就可能是花岗岩或正长岩等酸性或偏于酸性的岩石。但不论是酸性岩或基性岩，因产出部位不同，还有深成岩、浅成岩和喷出岩之分，究竟属于哪一种岩石，需要进一步对岩石的结构和构造特征进行分析。

（2）分析岩石的结构和构造。岩浆岩的结构和构造特征，是岩石生成环境的反映。如果岩石是全晶质粗粒、中粒或似斑状结构，说明其很可能是深成岩；如果是细粒、微粒或斑状结构，则可能是浅成岩或喷出岩。如果斑晶细小或为玻璃质结构则为喷出岩。如果具有气孔、杏仁或流纹状构造，则为喷出岩无疑。

（3）分析岩石的主要矿物成分，确定岩石的名称。这里可以举例说明，假定需要鉴别的是一块含有大量石英，颜色浅红，具有全晶质中粒结构和块状构造的岩石。浅红色属浅色，浅色岩石一般是酸性或偏于酸性的，这就排除了基性或偏于基性的不少深色岩石。但酸性的或偏于酸性的岩石中，又有深成的花岗岩和正长岩、浅成的花岗斑岩和正长岩及喷出的流纹岩和粗面岩。但它是全晶质中粒结构和块状构造，因此可以肯定，是深成岩。这就进一步排除了浅成岩和喷出岩。但究竟是花岗岩还是正长岩，这就需要对岩石的主要矿物成分进行仔细分析之后，才能得出结论。在花岗岩和正长岩的矿物组成中都含有正长石，同时也都含有黑云母和角闪石等深色矿物，但花岗岩属于酸性岩，酸性岩除含有正长石、黑云母和角闪石外，一般都含有大量的石英，而正长岩属于中性岩，除含有大量的正长石和少许的黑云母与角闪石外，一般不含石英或仅含有少许的石英。矿物成分的这一重要区别，说明被鉴别的这块岩石是花岗石。

（二）沉积岩的鉴别方法

鉴别沉积岩时，可以先从观察岩石的结构开始，结合岩石的其他特征，先将所属的大类分开，然后再进一步分析，确定岩石的名称。

从沉积岩的结构特征来看，如果岩石是碎屑和胶结物两部分组成的，或者碎屑颗粒很细而不易与胶结物分辨，但触摸有明显含砂感的，一般是属于碎屑岩类的岩石。如果岩石颗粒十分细密，用放大镜也看不清楚，但断裂面暗淡呈土状，硬度低，触摸有滑腻感的，一般多是黏土类岩石，具结晶结构的可能是化学岩类。

（1）碎屑岩。鉴别碎屑岩时，可首先观察碎屑粒径的大小，其次分析胶结物的性质和碎屑物质的主要矿物成分。根据碎屑的粒径，先区分是砾岩、砂岩还是粉砂岩，然后根据胶结物的性质和碎屑物质的主要矿物成分，判断所属的亚类，并确定岩石名称。

例如，有一块由碎屑和胶结物质两部分组成的岩石，碎屑粒径为 0.25 ~ 0.5mm，点盐酸起泡强烈，说明这块岩石是钙质胶结的中粒砂岩，进一步分析碎屑的主要矿物成分，发现这块岩石除含有大量的石英外，还含有约 30% 左右的长石。最后可以确定，这块岩石是钙质中粒长石砂岩。

（2）黏土岩。常见的黏土岩主要的有页岩和泥岩两种，它们在外观上都有黏土岩的共同特征，但页岩层理清晰，一般沿层理能分成薄片，风化后呈碎片状，可以与层理不清晰，风化后呈现碎块状的泥岩相区别。

（3）化学及生物化学岩。此类岩石常见的主要有石灰岩、白云岩和泥灰岩等，有的含有生物遗迹。它们的外观特征都很类似，所不同的主要是方解石、白云石及黏土矿物的含量，因此鉴别化学及生物化学岩时，要特别注意其对稀盐酸试剂的反应。石灰岩遇稀盐酸强烈起泡，泥灰岩遇稀盐酸也起泡，但由于泥灰岩的黏土矿物含量高，所以泡沫浑浊，干后往往留有泥点。白云岩遇稀盐酸反应微弱，但当粉碎成粉末之后，则发生显著泡沸现象，并常伴有吱吱的响声。

（三）变质岩的鉴别方法

鉴别变质岩时，可以先从观察岩石的构造开始。根据构造，首先将变质岩区分为片理构造和块状构造两类，然后可进一步根据片理特征和主要矿物成分，分析其所属的亚类，确定岩石名称。

例如，有一块具有片理构造的岩石，其片理特征既不同于板岩的板状构造，也不同于云母片岩的片状构造，而是一种粒状的浅色矿物与片状的深色矿物，断续相间呈条带状分布的片麻构造。因此，人们可以判断这块岩石属于片麻岩。

块状构造的变质岩中常见的主要是大理岩和石英岩，两者都是其变晶结构的单矿岩，岩石的颜色一般都比较浅。但大理岩主要由方解石组成，硬度低，遇盐酸起泡，而石英岩几乎全部由石英颗粒组成，硬度很高。

第四节　岩石的工程地质性质

岩石的成因不同，其工程地质性质也不同。本节主要介绍岩石的工程地质性质常用指标和影响岩石工程地质性质的主要因素。

一、岩石工程地质性质的常用指标

岩石的工程地质性质主要是指岩石的物理性质、水理性质和力学性质，它们分别用不同的指标来衡量。

（一）岩石的物理性质

1. *岩石的密度*

岩石单位体积的质量为岩石的密度。

2. *岩石的相对密度*

岩石固体部分的质量与同体积4℃水的质量的比值称为岩石的相对密度。

3. *岩石的孔隙率*

岩石中孔隙和裂隙的体积与岩石总体积的比值称为岩石的孔隙率。

坚硬岩石的孔隙率一般在 2% ~ 3%，而砾岩和砂岩等多孔岩石的孔隙率较大。

4. *岩石的吸水性*

（1）岩石的吸水率。其是岩石在常压条件下所吸水分质量与绝对干燥的岩石质量的比值，用百分数表示。岩石的吸水率与岩石的孔隙大小和张开程度等因素有关，它反映了岩石在常压条件下的能力。岩石的吸水率大，则水对岩石的侵蚀和软化作用就强。

（2）岩石的饱水率。在高压（15MPa）或真空条件下岩石所吸水分质量与干燥岩石质比值称为岩石的饱水率，用百分数表示。

（3）岩石的饱水系数（*KJ*）。岩石的吸水率与饱水率的比值被称为岩石的饱水系数，岩石的饱水系数越大，岩石的抗冻性越差。

（二）岩石的水理性质

岩石的水理性质主要指岩石的软化性、透水性、溶解性和抗冻性等，是岩石与水作用时的性质。

1. 岩石的软化性

岩石在水的作用下，强度及稳定性降低的一种性质被称为岩石的软化性。岩石软化性的指标是软化系数，它等于岩石在饱水状态下的抗压强度与岩石在干燥状态下的抗压强度比值。

软化系数越小，表示岩石在水的作用下强度和稳定性越差。软化系数小于 0.75 的岩石，工程地质性质较差，是强软化的岩石。未受风化作用的岩浆岩和某些变质岩，软化系数大都接近于 1，是弱软化的岩石，其抗风化和抗冻性强。

岩石的软化性主要取决于岩石的矿物成分、结构和构造特征。黏土矿物含量高，孔隙率大和吸水率高的岩石，与水作用时易软化而降低其强度和稳定性。

2. 岩石的透水性

岩石允许水通过的能力称为岩石的透水性，一般用渗透系数（K）来表示，其大小主要取决于岩石中孔隙、裂隙的大小及连通情况。

3. 岩石的溶解性

岩石溶解于水的性质称为岩石的溶解性，常用溶解度来表示。岩石的溶解性不但与岩石化学成分有关，而且与水的性质也有很大关系。

4. 岩石的抗冻性

当岩石孔隙中的水结冰时，其体积膨胀会产生巨大的压力而使岩石的强度和稳定性破坏。岩石抵抗这种冰冻作用的能力称为岩石的抗冻性。它是冰冻地区评价岩石工程地质性质的一个主要指标，一般用岩石在抗冻试验前后抗压强度的降低率来表示。抗压强度降低率在 20% ~ 25% 的岩石，一般被认为是抗冻的。

（三）岩石的力学性质

1. 岩石的强度指标

岩石的强度指标主要有抗压强度、抗拉强度和抗剪强度。岩石的破坏主要有压碎、拉断和剪断等形式。

（1）抗压强度。岩石在单向压力作用下，抵抗压碎破坏的能力为岩石抗压强度。岩石的抗压强度主要取决于岩石的结构和构造，还有矿物成分。

（2）抗拉强度。岩石单向拉伸时，抵抗拉断破坏的能力被称为岩石的抗拉强度。

（3）抗剪强度。岩石抵抗剪切破坏的能力被称为岩石的抗剪强度，它又可分为抗剪断强度、抗剪强度和抗切强度。

抗剪断强度是指在垂直压力作用下的岩石剪断强度。坚硬岩石因结晶联结或胶结联结牢固，因此其抗剪断强度较高。

岩石的抗压强度最高，抗剪强度居中，抗拉强度最小。岩石越坚硬，其值相差越大。岩石的抗剪强度和抗压强度是评价岩石稳定性的重要指标。

2. 岩石的变形指标

岩石的变形指标主要有弹性模量、变形模量和泊松比。

二、影响岩石工程地质性质的因素

影响岩石工程地质性质的因素是多方面的，但归纳起来，主要的有两个方面：一是岩石的地质特征，如岩石的矿物成分、结构、构造等；另一个是岩石形成后所受外部因素的影响，如水的作用及风化作用等。现就上述因素对岩石工程地质性质的影响，进行一些说明。

（一）矿物成分

岩石是由矿物组成的，岩石的矿物成分对岩石的物理力学性质产生直接影响。例如，辉长岩的相对密度比花岗岩大，这是因为辉长岩的主要矿物成分辉石和角闪石的相对密度比石英和正长石大的缘故；又如，石英岩的抗压强度比大理岩要高得多，这是因为石英的强度比方解石高的缘故。以上两例说明，尽管岩类相同，结构和构造也相同，如果矿物成分不同，岩石的物理力学性质就会有明显差别。但也不能简单认为，含有高强度矿物的岩石，其强度一定就高。因为岩石受力作用后内部应力是通过矿物颗粒的直接接触来传递的，如果强度较高的矿物在岩石中互不接触，则应力的传递必然会受中间低强度矿物的影响，岩石不一定就能显示出高的强度。

从工程要求来看，大多数岩石的强度相对来说都是比较高的。因此，工作人员在对岩石工程地质性质进行分析和评价时，更应该注意那些可能降低岩石强度的因素，如花岗岩中的黑云母含量是否过高，石灰岩、砂岩中黏土类矿物的含量是否过高等。黑云母是硅酸盐类矿物中硬度低、解理最发育的矿物之一，它容易遭受风化面剥落，也易于发生次生变化，最后成为强度较低的铁氧化物和黏土类矿物。石灰岩和砂岩，当黏土类矿物的含量大于20%时，就会直接降低岩石的强度和稳定性。

（二）结构

岩石的结构特征是影响岩石物理力学性质的一个重要因素。根据岩石的结构特征，岩石可分为两类：一类是结晶联结的岩石，如大部分的岩浆岩、变质岩和一部分沉积岩；另一类是由胶结物联结的岩石，如沉积岩中的碎屑岩等。

结晶联结是由岩浆或溶液结晶或重结晶形成的。矿物的结晶颗粒靠直接接触产生的力牢固联结在一起，结合力强，孔隙度小，比胶结联结的岩石具有较高的强度和稳定性。结晶连接的岩石，结晶颗粒的大小对岩石的强度有明显影响，如粗粒花岗岩的抗压强度，一般在120 ~ 140MPa，而细粒花岗岩有的则可达200 ~ 250MPa；又如大理岩的抗压强度一般在100 ~ 120MPa，而最坚固的石灰岩则可达250MPa。这说明矿物成分和结构类型相同的岩石，其矿物结晶颗粒的大小对岩石强度的影响是十分显著的。

胶结联结是矿物碎屑由胶结物联结在一起的。胶结联结的岩石，其强度和稳定性主要取决于胶结物成分和胶结形式，同时也受碎屑成分影响，变化很大。就胶结物的成分来说，硅质胶结强度和稳定性高，泥质胶结强度和稳定性低，铁质和钙质胶结介于两者之间。如泥质胶结的砂岩，其抗压强度一般只有60 ~ 80MPa，钙质胶结的可达120MPa，而硅质胶结的则可高达170MPa。

胶结联结的形式有基底胶结、孔隙和接触胶结三种。这几种形式肉眼不易分辨，但对岩石强度有重要影响。基底胶结的碎屑物质散布于胶结物中，碎屑颗粒互不接触。由于基底胶结的岩石孔隙度小，所以强度和稳定性完全取决于胶结物成分。当胶结物和碎屑成分相同时（如硅质），其经重结晶作用就可以转化为结晶联结，强度和稳定性将会随之提高。孔隙胶结的碎屑颗粒互相间直接接触，胶结物充填于碎屑间的孔隙中，因此其强度与碎屑和胶结物的成分都有关系。接触胶结则仅在碎屑相互接触处有胶结物联结，因此接触胶结的岩石，一般都是孔隙度大、容重小、吸水率高、强度低、易透水。

（三）构造

构造对岩石物理力学性质的影响，主要是由矿物成分在岩石中分布的不均匀性和岩石结构的不连续性决定的。前者是指某些岩石所具有的片状构造、板状构造、千枚状构造、片麻构造及流纹构造等，岩石的这些构造，往往使矿物成分在岩石中的分布极不均匀，一些强度低、易风化矿物，多沿一定方向富集，或呈条带状分布，或成局部聚集体，从而使岩石的物理力学性质在局部发生很大变化，人们通过观察和实验证明，岩石受力破坏和岩石遭受风化，首先都是从岩石的这些缺陷开始发生的。后者是指不同的矿物成分虽然在岩石中分布是均匀的，但由于存在着层理、裂隙和孔隙，致使岩石结构的连续性与整体性受到一定程度影响，从而使岩石的强度和透水性在不同方向上发生明显差异。一般来说，垂直层面的抗压强度要大于平行层面的抗压强度，平行层面的透水性要大于垂直层面的透水性。假如上述两种情况同时存在，则岩石的强度和稳定性将会明显降低。

（四）水

岩石饱水后强度会降低，已被大量实验资料所证实。当岩石受到水的作用时，水就沿着岩石中可见和不可见的孔隙、裂隙侵入，浸湿岩石自由表面上的矿物颗粒，并继续沿着矿物颗粒间的接触面向深部侵入，削弱矿物颗粒间的联结，使岩石强度受到影响，如石灰和砂岩被水浸饱和后，其极限抗压强度会降低 25% ~ 40%；就是像花岗岩、闪长岩及石英岩和砂岩等一类强度高的岩石，被水饱和后，其强度也均有一定程度降低。岩石强度降低程度在很大程度上取决于岩石的孔隙度，当其他条件相同时，孔隙度大的岩石，被水浸饱和后其强度降低的幅度也大。

与上述几种影响因素比较起来，水对岩石强度的影响，在一程度上是可逆的，当岩石干燥后其强度仍然可以得到恢复。但是，如果伴随干湿变化，出现化学溶解，结晶膨胀等作用，就会使岩石结构状态发生改变，则岩石强度降低，就转化成为不可逆的过程了。

（五）风化

风化是岩石在温度、水、气体及生物等综合因素影响下，改变岩石状态、性质的物理和化学过程。它是自然界最普遍的一种地质现象。

风化作用促使岩石原有裂隙进一步扩大，并产生新的风化裂隙，使岩石矿物颗粒间的联结松散，使矿物颗粒沿解理面崩解。风化作用的这种物理过程，能使岩石的结构、构造和整体性遭到破坏，孔隙度增大，容重减小，吸水性和透水性显著增高，强度和稳定性大为降低。随着化学过程加强，则会引起岩石中的某些矿物发生次生变化，从根本上改变岩石原有的工程地质性质。

第二章 地质因素与工程建筑

第一节 地壳运动的概念

在地球发展演变过程中，地壳不断运动、发展和变化。例如，约2500万年以前，喜马拉雅山地区曾是一片汪洋大海，后来由于地壳上升才隆起成今日的“世界屋脊”。这种主要由地球内动力地质作用引起地壳变化，使岩层或岩体发生变形和变位的运动称为地壳运动。地壳运动的结果形成了各种不同的地质构造，如褶皱、断裂等。因此，地壳运动也常被称为构造运动。地壳运动控制着海、陆变迁及其分布轮廓，地壳的隆起和坳陷，还有山脉、海沟的形成等。地壳运动至今仍在发展运动中。

一、地壳运动的基本形式

地壳运动的基本形式有两种，即水平运动和垂直运动。

（1）水平运动。水平运动是指地壳沿地表切线方向产生的运动，主要表现为岩石圈的水平挤压或拉伸，引起岩石的褶皱和断裂，可以形成巨大的褶皱山系、裂谷和大陆漂移等。例如，印度洋板块挤压欧亚板块并插入欧亚板块之下，使五千万年前还是一片汪洋的喜马拉雅山地区逐渐抬升成现在的“世界屋脊”。

（2）垂直运动。垂直运动是指地壳沿地表法线方向产生的运动，主要表现为岩石圈的垂直上升或下降，引起地壳大面积的隆起和凹陷，形成海侵和海退等。例如，台湾高雄附近的珊瑚灰岩，已被抬升到海面上350m高处，现在的江汉平原，从晚第三纪以来，下降了10 000多米，形成巨厚的沉积层。

水平运动和垂直运动是紧密联系的，在时间和空间上往往交替发生。一般情况下，地壳运动是十分缓慢的，人们甚至难以察觉。如喜马拉雅山脉从海底上升到海平面上8 000多米，每年平均才上升2.4cm，但其长期的积累却是惊人的。有时，地壳运动可以十分剧烈的方式表现出来，如地震、火山喷发等。例如，1976年7月28日，闻名中外的唐山7.8级大地震，造成极震区70% ~ 80%的建筑物倒塌或严重破坏，死亡约24万人；2004年12月26日，印度洋发生8.9级大地震引发海啸，造成遇难者约29万人。

二、地壳运动成因的主要理论

地壳运动的成因理论主要是解释地壳运动的力学机制，主要有对流说、均衡说、地球自转说和板块运动说等。

（1）对流说。该理论认为地幔物质已经成为塑性状态，并且上部温度低，下部温度高，在温差的作用下会形成缓慢对流，从而导致上覆地壳运动。

（2）均衡说。均衡说认为地幔内存在一个重力均衡面，均衡面以上的物质重力均等，但因密度不同而表现为厚薄不一，当地表出现剥蚀或沉积时，使重力发生变化，为维持均衡面上重力均等，均衡面上的地幔物质将产生移动，以弥补地表的重力损失，从而导致上覆地壳运动。

（3）地球自转说。地球自转说认为地球自转速度产生的快慢变化，导致了地壳运动。当地球自转速度加快时，一方面惯性离心力增加，导致地壳物质向赤道方向运行；另一方面切向加速度增加，导致地壳物质由西向东运动。当基底黏着力不同时，引起地壳各部位运动速度不同，从而产生挤压、拉张、抬升、下降等地壳变形和变位。当地球自转速度减慢时，惯性离心力和切向加速度均减小，地壳又产生相反方向的恢复运动，同样因基底黏着力不同而引起地壳变形、变位，故在地壳形成一系列纬向和经向的山系、裂谷、隆起和凹陷。

（4）板块构造说。板块构造说是在大陆漂移说和海底扩张说的基础上提出的，其认为地球在形成过程中，表层冷凝成地壳，然后地球内部热量在局部聚集成高热点，并将地壳胀裂成六大板块。各大板块之间由大洋中脊和海沟分开，地球内部高热点热能通过大洋中脊的裂谷得以释放，热流上升到大洋中脊的裂谷时，一部分热流遇海水冷却，在裂谷处形成新的洋壳；另一部分热流则沿洋壳底部向两侧流动，从而带动板块漂移。因此，大洋中脊不断组成新的洋壳，而在海沟处地壳相互挤压、碰撞，有的抬升成高大的山系，有的插入到地幔内熔解。在挤压碰撞带，因板块间的强烈摩擦，形成局部高温并且积累了大量的应变能，从而构成火山带和地震带。除此之外，各大板块中还可划分出若干次级板块，各板块在漂移中因基底黏着力不同，使运动速度不一，同样可引起地壳变形、变位。

第二节　地质年代

研究地壳的发展和变化历史的科学称为地史学，它阐明了地壳发展变化的历史过程和生物演化情况，确定了岩层形成的先后次序和生成环境及构造变动等。

一、地层的地质年代

地层的地质年代有绝对地质年代和相对地质年代之分。绝对地质年代是指地层形成到现在的实际年数，用距今多少年以前来表示，目前主要是根据岩石中所含放射性元素的衰变来确定；相对地质年代是指地层形成的先后顺序和地层的相对新老关系，是由该岩石地层单位与相邻已知岩石地层单位的相对层位关系来决定的。绝对地质年代能说明岩层形成的确切时间，但不能反映岩层形成的地质过程。相对地质年代不包含用“年”表示的时间概念，但能说明岩层形成的先后顺序及其相对的新老关系。在地质工作中，用得较多的是相对地质年代。

二、地层相对地质年代的确定

（一）地层层序法

当沉积岩形成后，如未经剧烈变动，则位于下面的地层较老，而上面的地层较新。简言之，原始产出的地层具有下老上新的规律。地层层序法是确定地层相对年代的基本方法。若岩层经剧烈的构造运动地层层序倒转，这时就须利用沉积岩的泥裂、波痕、雨痕、交错层等构造特征，来恢复原始地层的层序，以便确定其新老关系。

（二）古生物层序法

地质历史上的生物称为古生物，其遗体和遗迹可保存在沉积岩层中，一般被钙质、硅质充填或交代形成化石。生物的演变从简单到复杂，从低级到高级在不可逆地不断发展，因此年代越老的地层中所含的生物越原始、简单、低级，反之年代越新的地层中所含的生物越进步、复杂、高级，即埋藏在地层中的生物化石结构越简单，地层时代越老，化石结构越复杂，地层时代越新，故可依据岩石中的化石种属来确定地层的新老关系。

（三）岩性对比法

在同一时期、同一地质环境下形成的岩石，具有相同的颜色、成分、结构、构造等岩性特征和层序规律。因此，研究时可根据岩性特征对比来确定某一地区岩石地层的时代。

（四）地层接触关系法

地层间的接触关系，是构造运动、岩浆活动和地质发展历史的记录。沉积岩、岩浆岩及其相互间均有不同的接触类型，据此可判别地层间的新老关系。岩层的接触关系有沉积岩之间的整合接触、不整合接触，岩浆岩与沉积岩之间的侵入接触和沉积接触，还有岩浆岩间的穿插接触关系。

1. 整合接触

整合接触是指相邻的新、老两套地层产状一致，它们的岩石性质与生物演化连续而渐变，沉积作用没有间断。整合接触的形成背景是沉积地区较长时期处于构造稳定的条件下，即沉积地区缓慢下降，或虽上升但未超过沉积的基准面以上。

2. 不整合接触

由于地壳运动，上下两套地层之间往往会出现明显的沉积间断，且岩石性质与古生物演化顺序也不连续，这种接触关系被称为不整合接触。不整合接触面以下的地层先沉积形成，年代较老；不整合接触面以上的地层后沉积形成，年代较新。由于发生了阶段性的变化，接触面上下的地层，在岩性和古生物等方面往往都有显著不同，因此不整合接触是划分地层相对地质年代的一个重要依据。沉积岩间的不整合接触可分为平行不整合接触和角度不整合接触。

（1）平行不整合接触。平行不整合接触又叫假整合接触，指相邻的新、老地层产状基本相同，但两套地层之间发生了较长期的沉积间断，其间缺失了部分时代的地层。两套地层之间的界面叫作剥蚀面，也叫不整合面，它与相邻的上、下地层产状一致，并有一定程度起伏，界面上可能保存有风化剥蚀的痕迹，有时在界面靠近上覆岩层底面一侧还有源于下伏岩层的底砾岩。平行不整合主要由地壳的升降运动造成，即由于地壳均衡上升，老岩层露出水面，遭受剥蚀，发生沉积间断，随后地壳均衡下降，在剥蚀面上重新接受沉积，形成上覆新地层。

（2）角度不整合接触。角度不整合接触中相邻的新、老地层之间缺失了部分地层，且彼此之间的产状也不相同，成角度相交。此类接触关系中剥蚀面上具有明显的风化剥蚀痕迹，保存着古风化壳、古土壤层，常具有底砾层。角度不整合接触表示较老的地层形成以后，因强烈的构造运动形成褶皱、断裂和隆起，遭受剥蚀，造成沉积间断，然后地壳再下降，在剥蚀面上接受沉积，形成新地层。

3. 侵入接触

侵入接触是由岩浆侵入于先形成的岩层中形成的接触关系。侵入接触的主要标志是侵入体与其围岩之间的接触带有接触变质现象，侵入体边缘常有捕虏体，侵入体与围岩的界线常常不很规则等。侵入接触说明岩浆岩侵入体形成的年代晚于围岩的地质年代。

4. 沉积接触

沉积接触关系中地层覆盖于侵入体之上，其间有剥蚀面相分隔，剥蚀面上堆积有由该侵入体被风化剥蚀形成的碎屑物质。沉积接触的形成过程是当侵入体形成，地壳上升并遭受剥蚀，侵入体上部的围岩及侵入体的一部分被蚀去，形成剥蚀面，然后地壳下降，在剥蚀面上接受沉积，形成新的地层。沉积接触说明岩浆岩侵入体形成的年代要早于剥蚀面以上的地层地质年代。

5. 穿插接触

穿插接触主要表现为后期生成的岩浆岩常插入早期生成的岩浆岩中，将早期岩脉或岩体切隔开。穿插接触中穿插的岩浆岩侵入体总是比被它们所穿过的岩浆岩还要年轻。

三、地质年代单位和年代地层单位

在地壳发展的漫长历史过程中，地质环境和生物种类都经历了多次变迁。根据地层形成顺序、岩性变化特征、生物演化阶段、构造运动性质及古地理环境等环境综合因素，地质历史被分为隐生宙和显生宙两个大阶段；宙以下分为代。隐生宙分为太古代、元古代；显生宙分为古生代、中生代和新生代。代以下分纪，纪以下分世，依此类推。最小的地质年代为期。以上宙、代、纪、世、期等均为国际上统一规定的相对地质年代单位。

在地质历史上每个地质年代都有相应的地层形成，被称为年代地层单位或时间地层单位。与宙、代、纪、世、期一一对应的年代地层单位分别是宇、界、系、统、阶。

此外，有些地区，常因化石依据不足，或研究程度不够，某些地层地质年代不确定，不能定出正式地层单位，只能按地层层序及岩性特征并结合构造运动特点划分区域性地层单位，这个单位被称为岩石地层单位。按照级别由大到小，岩石地层单位分为群、组、段，一般限于区域性或地方性地层。群是最大的岩石地层单位，群与群之间常有明显的不整合面。组是最常见的基本单位，其岩性均一或是两种以上岩性的规律组合。段是最小单位，同一段内岩石往往具有相同特性。

第三节 地质构造

地质构造是地壳运动的产物。由于地壳中存在有很大的应力，组成地壳的上部岩层，在地应力的长期作用下就会发生变形、变位，形成构造变动形迹，如在野外经常见到的岩层褶曲和断层等。我们把构造变动在岩层和岩体中遗留下来的各种永久性的变形、变位称为地质构造。

地质构造的规模有大有小，除上面所说的褶曲和断层外，大的如构造带，可以纵横数千公里，小的则如前面讲过的岩石的片理等。尽管规模大小不同，但它们都是地壳运动造成的永久变形和岩石发生相对位移的踪迹，因而它们在形成、发展和空间分布上，都存在有密切的内部联系。在漫长的地质历史过程中，地壳经历了长期复杂的构造运动。在同一区域，往往会有不同规模和不同类型的构造体系形成，它们互相干扰、互相穿插，使区域地质构造显得十分复杂。但大型的、复杂的地质构造，总是由一些较小的、简单的基本构造形态按一定方式组合成的。

一、岩层的产状

由地壳运动形成的地质构造，无论其形态多么复杂，它们总是由一定数量和一定空间位置的岩层或岩石中的破裂面构成的。因此，研究地质构造的一个基本内容就是确定这些岩层及破裂面的空间状态及它们在地面上表现的特点。

岩层是指由两个平行或近于平行的界面所限制的、同一岩性组成的层状岩石。岩层的产状指岩层在地壳中的空间方位，即岩石在空间的展布状态。地质学上用走向、倾向和倾角三个要素来确定岩层的产状。

（一）岩层的产状三要素

1.走向

岩层层面与水平面的交线称为走向线，走向线两端所指的空间方位角称为岩层的走向。岩层的走向表示岩层在空间的水平延伸方向。

2. 倾向

垂直走向线顺岩层倾斜面向下引出的一条直线叫真倾斜线，真倾斜线在水平面上的投影所指的方位角称为岩层的倾向。岩层的倾向表示岩层在空间的倾斜方向。岩层的走向和倾向一般相差 90° 。

3. 倾角

岩层层面与水平面所夹的锐角称为岩层的倾角。岩层的倾角表示岩层在空间倾斜角度的大小。

由此可见，用岩层产状的三个要素，可以反映出经过构造变动后的构造形态在空间的位置。

（二）岩层产状的表示方法

1. 方位角表示法

方位角表示法通常只记倾向和倾角，如 210° 、∠ 25° ，前面是倾向的方位角，后面是倾角，读为倾向 210° 、倾角 25° 。

2. 象限角表示法

以北或南方向为准（0° ），一般记走向、倾角和倾斜象限。例如，N65° W/25° S，读为走向北偏西 65° ，倾角 25° 大致向南倾斜；N30° E/27° SE，读为走向北偏东 30° ，倾角 27° ，向南东倾斜。

（三）岩层产状的测定

1. 岩层走向的测定

测走向时，先将罗盘上平行于刻度盘南北方向的长边贴于层面，然后放平，使圆水准泡居中，这时指北针（或指南针）所指刻度盘的读数，就是岩层走向的方位。走向线两端的延伸方向均是岩层的走向，因此同一岩层的走向有两个数值，其相差 180° 。

2. 岩层倾向的测定

测倾向时，将罗盘上平行于刻度盘东西方向的短边与走向线平行，同时将罗盘的北端指向岩层的倾斜方向，调整水平，使圆水准泡居中，这时指北针所指的度数就是岩层倾向的方位。倾向只有一个方向，同一岩层面的倾向与走向相差 90° 。

3. 岩层倾角的测定

测倾角时，将罗盘上平行刻度盘南北方向的长边竖直贴在倾斜线上，紧贴层面使长边与岩层走向垂直，转动罗盘背面的倾斜器，使长管水准泡居中，此时倾角指示针所指刻度盘读数就是岩层的倾角。

后面将要讲到的褶皱轴面、节理面或裂隙面、断层面等形态的产状意义、表示方法和测定方法，均与岩层相同。

二、水平构造与倾斜构造

（一）水平构造

水平构造是指岩层倾角为0° 的岩层。绝对水平的岩层很少见，习惯上将倾角小于5° 的岩层称为水平构造，又称水平岩层。水平岩层一般出现在构造运动轻微的地区或大范围内均匀抬升、下降的地区。一般分布在平原、高原或盆地中部。水平岩层中新岩层总是位于老岩层之上。当岩层受切割时，老岩层出露在河谷低洼区，新岩层出露于高岗上。在同一高程的不同地点，出露的是同一岩层。

（二）倾斜构造

由于地壳运动使原始水平的岩层发生倾斜，岩层层面与水平面之间有一定夹角的岩层被称为倾斜构造，亦称倾斜岩层。它常常是褶皱的一翼或断层的一盘，也可以是大区域内的不均匀抬升或下降所形成的。在一定地区内向同一方向倾斜和倾角基本一致的岩层又称单斜构造。倾斜构造的产状可以用岩层层面走向、倾向和倾角三个产状要素来表示。

一般情况下，倾斜岩层仍然保持顶面在上、底面在下、新岩层在上、老岩层在下的产出状态，称为正常倾斜岩层。当构造运动强烈，使岩层发生倒转，出现底面在上、顶面在下、老岩层在上、新岩层在下的产出状态时，称为倒转倾斜岩层。

岩层的正常与倒转主要依据化石确定，也可依据岩层层面构造特征（如岩层面上的泥裂、波痕、虫迹、雨痕等）或标准地质剖面来确定。

三、褶皱构造

组成地壳的岩层，受构造应力的强烈作用，使岩层形成一系列波状弯曲而未丧失其连续性的构造，称为褶皱构造。褶皱构造是岩层产生的塑性变形，是地壳表层广泛发育的基本构造之一。绝大多数褶皱是在水平挤压作用下形成的；有的褶皱是在垂直作用力下形成的；还有一些褶皱是在力偶的作用下形成的，且多发育在夹于两个坚硬岩层间的较弱岩层中或断层带附近。褶皱是地壳上广泛分布的最常见的地质构造形态，它在沉积岩层中最为明显，在块状岩体中则很难见到。研究褶皱的产状、形态、类型、成因及分布特点，对于查明区域地质构造和工程地质条件，具有重要意义。

（一）褶曲要素

褶皱构造中的一个弯曲，称为褶曲。褶曲是褶皱构造的组成单位。褶曲的各个组成部分称为褶曲要素，包括核部、翼、轴面、轴、转折端和枢纽等。

1. 核部

核部是褶曲的中心部分，通常指位于褶曲中央最内部的一个岩层。

2. 翼

翼是指核部两侧对称出露的岩层，当背斜与向斜相连时，翼是公用的。

3. 轴面

以褶曲顶平分两翼的面称为褶轴面。轴面是为了标定褶曲方位及产状而划定的一个假想面。褶曲的轴面可以是一个简单的平面，也可以是一个复杂的曲面；轴面可以是直立的，也可以是倾斜的或平卧的。

4. 轴

轴面与水平面的交线称为褶曲的轴。轴的方位即为褶曲的方位，轴的长度表示褶曲伸延的规模。

5. 枢纽

枢纽是指褶曲中同一层面与轴面的交线，也是褶曲中同一层面最大弯曲点的连接。枢纽可以是直线，也可以是曲线或折线。其空间方位由测得的倾伏向和倾伏角确定。

6. 转折端

转折端从一翼转到另一翼的过渡弯曲部分，即两翼的汇合部分。它的形态常为圆滑的弧形，也可以是尖棱或一段直线。

（二）褶曲的基本形态

褶曲的基本形态是背斜和向斜。

1. 背斜

岩层向上隆起的弯曲称为背斜褶曲。它的岩层以褶曲轴为中心向两翼倾斜，当地面受到剥蚀露出有不同地质年代的岩层时，较老的岩层就出现在褶曲的轴部，从轴部向两翼依次出现的是较新的岩层，并且两翼岩层对称出现。

2. 向斜

岩层向下凹陷的弯曲称为向斜褶曲。在向斜褶曲中，岩层的倾斜方向与背斜相反，两翼的岩层都向褶曲的轴部倾斜，如地面遭受剥蚀，在褶曲轴部出露的是较新的岩层，向两翼依次出露的是较老的岩层，其两翼岩层也对称分布。

（三）褶曲的形态分类

褶曲的形态多种多样，为了便于描述和研究，可以从不同角度进行分类。

1. 按褶曲轴面和两翼产状分类

（1）直立褶曲，轴面直立，两翼岩层倾向相反，倾角大致相等。

（2）倾斜褶曲，轴面倾斜，两翼岩层倾向相反，倾角不相等，轴面与褶曲平缓翼倾向相同。

（3）倒转褶曲，轴面倾斜，两翼倾斜，两翼岩层倾向相同，倾角相等或不相等，一翼岩层层序正常，另一翼层序倒转。

（4）平卧褶曲，轴面水平，两翼岩层近于水平重叠，一翼层序正常，另一翼倒转。

2. 按纵剖面上枢纽产状分类

（1）水平褶曲，枢纽近于水平延伸，两翼岩层走向大致平行并对称分布。

（2）倾伏褶曲，枢纽向一端倾伏，两翼岩层走向发生弧形合围。对于背斜，合围的尖端指向枢纽的倾伏方向；对于向斜，合围的开口指向枢纽的倾伏方向。

（四）褶皱的野外识别

在一般情况下，人们容易认为背斜为山，向斜为谷，但实际情况要比这复杂得多。因为有的背斜遭受长期剥蚀，不但可以逐渐被夷为平地，而且往往由于背斜轴部岩层遭到构造作用强烈破坏，在一定的外力条件下，甚至可以发展成为谷地。向斜山与背斜谷的情况在野外比较常见，因此不能够完全以地形的起伏情况作为识别褶皱构造的主要标志。

褶皱的规模有较小的，也有很大的。小的褶皱可以在小范围内，通过几个出露在地面的基岩露头进行观察。规模大的褶皱，因分布范围大，并常受地形高低起伏影响，很难一览无余，也不可能通过少数几个露头就能窥其全貌。对于这样的大型褶皱构造，在野外就需要采用穿越和追索的方法进行观察。

1. 穿越法

穿越法就是研究人员沿着选定的调查路线，垂直岩层走向进行观察。穿越法有利于了解岩层的产状、层序及其新老关系。如果在路线通过地带的岩层呈现规律的重复出现，且对称分布，则必为褶皱构造，再根据岩层出露的层序及其新老关系，判断其是背斜还是向斜，然后进一步分析两翼岩层的产状和两翼与轴面之间的关系，这样就可判断褶皱的形态类型。

2. 追索法

追索法就是平行岩层走向进行观察的方法。平行岩层走向进行追索观察便于查明褶皱延伸的方向及其构造变化的情况。

穿越法和追索法，不仅是野外观察褶皱的主要方法，同时也是野外观察和研究其他地质构造现象的一种基本方法。在实践中，一般以穿越法为主，追索法为辅，根据不同情况，穿插运用。

（五）褶皱的工程地质评价

由坚硬厚层岩石（例如石英岩、硅质砂岩、硅质砾岩等）组成的褶曲山地，由于岩性坚硬，抗风化力强，一般强度很高，但是节理很发育的地段或是断层地段则例外。

在褶曲山区有以下情况者对工程不利。

在顺向坡上部有较厚的现代堆积物（如残积物、坡积物、洪积物等），特别是在堆积物中有大量黏土矿物时，如果下卧基岩其层面倾角大于山坡天然坡度或由不透水的薄层岩石组成或有软弱夹层（包括软弱的黏土岩夹层、片岩夹层）时则对工程更为不利；在逆向坡的一般情况下，如果在其上部有较厚的现代堆积物时，特别是在堆积物中含有大量黏土夹层或有大量黏土矿物时对工程不利。此外，工作人员要勘察清楚山区坡地堆积物中埋藏的大块孤石，不要错误判断为基岩，不然就有可能在施工中引起滑坡。

一般来说，褶皱构造对工程建筑有以下几方面影响。

（1）褶皱核部或转折端岩层由于受水平张拉应力作用，产生许多张节理，直接影响到岩体完整性和强度，在石灰岩地区还往往使岩溶较为发育，因此在该部位布置各种建筑工程，如厂房、路桥、坝址、隧道等，必须注意岩层的坍落、漏水、涌水问题。

（2）在褶皱翼部布置建筑工程，应重点注意岩层的倾向及倾角大小，因为它对岩体的滑动有一定影响。

（3）对于深埋地下的工程（隧道或道路工程线路），一般宜设计在褶皱翼部。一是隧道通过性质均一岩层，有利于稳定；二是褶皱岩层中，背斜的顶部岩层处在张力带中，易引起塌陷。

（4）构造盆地向斜核部是储水较为丰富地段。

四、断裂构造

构成地壳的岩层受力作用后发生变形，当变形达到一定程度时，岩层的连续性和完整性就会遭到破坏，产生各种大小不一样的断裂，这一构造形式被称为断裂构造。断裂构造主要分为节理和断层两大类。断裂构造在地壳中分布广泛，它往往是工程岩体稳定性的控制因素。

（一）节理

节理是指岩层受力断开后，裂面两侧岩层沿断裂面没有明显的相对位移时的断裂构造。节理的断裂面被称为节理面。节理分布普遍，几乎所有岩层中都有节理发育。节理的延伸范围变化较大，由几厘米到几十米不等。节理面在空间的状态称为节理产状，其定义和测量方法与岩层面产状类似。节理常把岩层分割成形状不同、大小不等的岩块，小块岩石的强度与包含节理的岩体强度明显不同。岩石边坡失稳和隧道洞顶坍塌往往与节理有关。

1. 节理的类型

（1）按成因分类。节理按成因可分为原生节理、构造节理和表生节理；也有人分为原生节理和次生节理，次生节理再分为构造节理和非构造节理。

①原生节理是指岩石形成过程中形成的节理，如玄武岩在冷却凝固时形成的柱状节理。

②构造节理是指由构造运动产生的构造应力形成的节理。构造节理常常成组出现，可将其中一个方向的一组平行节理称为一组节理，同一时期构造应力形成的各组节理有成因上的联系，并按一定规律组合，不同时期的节理则对应错开。

③表生节理是由卸荷、风化、爆破等作用形成的节理，分别称为卸荷节理、风化节理、爆破节理等。人们常称这种节理为裂隙，属非构造次生节理。表生节理一般分布在地表浅层，大多无一定方向性。

（2）按力学性质分类。节理根据力学性质可把构造节理分为剪节理（亦称扭节理）和张节理两类。

①剪节理。岩石受剪（扭）应力作用形成的破裂面称为剪节理，其两组剪切面一般形成 X 型的节理，故又称 X 节理。剪节理常与褶皱、断层相伴生。剪节理的主要特征是节理产状稳定，沿走向和倾向延伸较远；节理面平直光滑，常有剪切滑动留下的擦痕，可用来判断两侧岩石相对移动方向；剪节理面两壁间的裂缝很小，一般呈闭合状；在砾岩中可以切穿砾石。剪节理常成对呈 X 型出现，一般发育较密，节理之间距离较小，特别是软弱薄层岩石中

常密集成带。由于剪节理交叉互相割切岩层成碎块体，破坏了岩体的完整性，故剪节理面常是易于滑动的软弱面。

②张节理。岩层受张应力作用而形成的破裂面称为张节理。当岩层受挤压时，初期是在岩层面上沿先发生的剪节理追踪发育形成锯齿状张节理。在褶皱岩层中，多在弯曲顶部产生与褶皱向一致的张节理。张节理的主要特征是节理产状不稳定，延伸不远即行消失；节理面弯粗糙，张节理两壁间的裂缝较宽，呈开口或楔形，并常被岩脉充填；张节理一般发育较稀，间距较大，很少密集成带，张节理往往是渗漏的良好通道，在砾岩中常绕开砾石。

剪节理和张节理是地质构造应力作用形成的主要节理类型，故又称为构造节理，在地壳岩体中广泛分布，其对岩体的稳定性影响很大。

（3）按与岩层产状的关系分类。根据节理与岩层产状的关系，可把节理分为走向节理、倾向节理和斜交节理。

①走向节理的节理走向与岩层走向平行；

②倾向节理的节理走向与岩层走向垂直；

③斜交节理的节理走向与岩层走向斜交。

（4）按张开程度分类。节理按张开程度分为宽张节理、张开节理、微张节理和闭合节理。

①宽张节理的节理缝宽度大于 5mm；

②张开节理的节理缝宽度为 3 ～ 5mm；

③微张节理的节理缝宽度为 1 ～ 3mm；

④闭合节理的节理缝宽度小于 1mm，通常也称之为密闭节理。

2. 节理发育程度分级

一般按节理组数、密度、长度、张开度及充填情况，对节理发育情况分级。

3. 节理的调查、统计和表示方法

为了反映节理分布规律及对岩体稳定性的影响，有关人员需要进行节理的野外调查和室内资料整理工作，并利用统计图式，把岩体节理的分布情况表示出来。

调查时应先在工作地点选择一具代表性的基岩露头，对一定面积内的节理进行调查，调查应包括以下内容。

①节理的成因类型、力学性质。

②节理的组数、密度和产状。节理的密度一般采用线密度或体积节理数表示；线密度以“条 /m”为单位计算；体积节理数（*jv*）用单位体积内的节理数表示。

③节理的张开度、长度和节理面壁的粗糙度。

④节理的充填物质及厚度、含水情况。

⑤节理发育程度分级。

统计节理有多种图式，节理玫瑰图就是常用的一种，它可用来表示节理发育程度的大小，其资料的编制方法如下。

（1）节理走向玫瑰图。节理走向玫瑰图通常是在一任意半径的半圆上，画上刻度网，把所得的节理按走向以每 5° 或每 10° 分组，统计每一组内的节理条数并算出平均走向；自圆心沿半径引射线，射线的方位代表每组节理平均走向的方位，射线的长度代表每组节理的条数，然后用折线把射线的端点连接起来，即得到节理走向玫瑰图。图中的每一个“玫瑰花瓣”越长，反映沿这个方向分布的节理越多。

（2）节理倾向玫瑰图。节理倾向玫瑰图是先将测得的节理，按倾向以每 5° 或每 10° 为一组，统计每组内节理的条数，并算出其平均倾向，用绘制走向玫瑰图的方法，在注有方位的圆周上，根据平均倾向和节理条数，定出各组相应的端点。用折线将这些点连接起来，即为节理倾向玫瑰图。如果用平均倾角表示半径方向的长度，则用同样方法就可以编制节理倾角玫瑰图。节理玫瑰图编制方法的优点是简单，但最大的缺点是不能在同一张图上把节理的走向、倾向和倾角同时表示出来。

4. 节理的工程地质评价

就节理的成因来说，张节理的裂隙是张开的，地下水易渗入，从而加速了岩体风化。而剪节理的断裂面一般是紧闭的，地下水不易渗入，因此张节理比剪节理的工程性质更差。

在均质岩石（如花岗岩、片麻岩）地区，其节理密度因地而异。在节理特别发育地段，因为风化深度特别大，可以出现袋形风化带；在不相同的岩石分布地区，或是在有节理或断层破坏岩体特别严重的地区，则可以出现不规则的风化槽。这些都是山区不良地质地段，如果在勘察阶段未能将其调查清楚那么在工程完工后其会给建筑物带来严重的不均匀沉降。

岩石中的节理，在工程上除有利于开采外，对岩体的强度和稳定性均有不利影响。节理破坏了岩石的整体性，促使风化速度加快；增强了岩体的透水性，使岩体强度和稳定性降低。若节理的主要发育方向与路线走向平行，倾向与边坡一致，不论岩体的产状如何，路堑边坡都很容易发生崩塌或碎落，在路基施工时，还会影响爆破作业的效果。因此，当节理有可能成为影响工程设计的重要因素时，应当对其进行深入调查研究，详细论证节理对岩体工程建筑条件的影响，采取相应措施，以保证建筑物的稳定和正常使用。

（二）断层

岩体受力断裂后，两侧岩块沿断裂面发生了显著位移的断裂构造被称为断层。断层广泛发育，规模相差很大。大的断层会延伸数百公里甚至上千公里，小的断层在手标本上就能见到。有的断层切穿了地壳岩石圈，有的则发育在地表浅层。断层是一种重要的地质构造，隧道中大多数的坍方、涌水均与断层有关。

1. 断层的要素

断层的基本组成部分叫断层要素，主要有断层面、断层线、断盘及断距等。

（1）断层面。岩层发生位移的错动面称为断层面，它可以是平面或曲面。断层面的产状可以用走向、倾向及倾角来表示，有时断层两侧的运动并非沿一个面发生，而是沿着由许多破裂面组成的破裂带发生，这个带被称为断层破碎带或断层带。

（2）断层线。断层面与地面的交线称为断层线，反映断层在地表的延伸方向，它可以是直线，也可以是曲线。

（3）断盘。断盘是断层面两侧相对移动的岩块。若断层面是倾扭的，则在断层面以上的断盘叫上盘，在断层面以下的断盘叫下盘。按两盘相对运动方向分，相对上升的一盘叫上升盘，相对下降的一盘叫下降盘。上盘既可以是上升盘，也可以是下降盘，下盘亦如此。如果断层面直立，就分不出上、下盘。如果岩块沿水平方向移动，也就没有上升盘和下降盘。

（4）断距。断距是断层两盘相对错开的距离。岩层原来相连的两点沿断层面断开的距离称为总断距，总断距的水平分量称为水平断距，垂直分量称垂直断距。

2. 断层的基本类型

按断层两盘相对位移的方式，断层可分为正断层、逆断层和平移断层三种类型。

（1）正断层。正断层指上盘相对向下滑动，下盘相对向上滑动的断层。正断层一般受地壳水平拉力作用或受重力作用而形成，断层面多陡直，倾角大多在 45° 以上。

（2）逆断层。逆断层指上盘相对向上滑动、下盘相对向下滑动的断层。逆断层主要受地壳水平挤压应力而形成，常与褶皱伴生。按断层面倾角，可将逆断层划分为逆冲断层、逆掩断层和辗掩断层。

①逆冲断层是指断层面倾角大于45° 的逆断层。

②逆掩断层是指断层面倾角在25° ~45° 的逆断层，常由倒转褶曲进一步发展而成。

③辗掩断层是指断层面倾角小于25° 的逆断层，一般规模巨大，常有时代老的地层被推覆到时代新的地层之上，形成推覆构造。

（3）平移断层。平移断层指断层两盘主要在水平方向上相对错动的断层。

平移断层主要由地壳水平剪切作用形成，断层面常陡立，断层面上可见水干的擦痕。由于断层两盘相对移动有时并非单一的沿断层面作上、下或水平移动，而是沿断层面作斜向滑动，需将正断层、逆断层和平移断层结合起来命名，如正—平移断层，表示上盘既有相对向下移动，又有水平方向相对移动，即斜向下移动，但以平移为主；平移—正断层的上盘相对斜向下运动是以向下移动为主。参考上述两种断层，逆—平移断层和平移—逆断层的相对移动特点也很容易判定。

3. 断层的组合类型

在一个地区断层往往是成群出现，并呈有规律的排列组合。常见的断层组合类型有下列几种。

（1）阶梯状断层。阶梯状断层是由若干条产状大致相同的正断层平行排列组合而成的断层，在剖面上各个断层的上盘呈阶梯状相继向同一方向依次下滑。

（2）地堑与地垒。地堑与地垒是由走向大致平行、倾向相反、性质相同的两条或两条以上断层组成的，如果两个或两组断层之间岩块相对下降，两边岩块相对上升则叫地堑，反之中间上升两侧下降则称为地垒。两侧断层一般是正断层，有时也可以是逆断层。地堑比地垒发育更广泛，地质意义更重要。地堑在地貌上是狭长的谷地或成串展布的长条形盆地与湖泊，我国规模较大的有汾渭地堑等。

（3）叠瓦状构造。叠瓦状构造是指一系列产状大致相同呈平行排列的逆断层组合形式，各断层的上盘岩块依次上冲，在剖面上呈屋顶瓦片样依次叠覆。

4. 断层的野外识别标志

在自然界，大部分断层由于后期遭受剥蚀破坏和覆盖，在地表上暴露得不清楚，因此需根据地层、构造等直接证据和地貌、水文等方面的间接证据来判断断层存在与否及断层类型。

（1）构造线和地质体的不连续。任何线状或面状的地质体，如地层、岩脉、岩体、变质岩相带、不整合面、侵入体与围岩的接触界面、褶皱的枢纽及早期形成的断层等，在平面或剖面上的突然中断、错开等不连续现象是判断断层存在的一个重要标志。

（2）地层的重复与缺失。在层状岩石分布地区，沿岩层的倾向，出现原来层序连续的地层发生不对称的重复现象或者是某些层位的缺失现象，一般是走向正（或逆）断层造成的。断层造成的地层重复和褶皱造成的地层重复的区别是前者是垂向重复，后者为对称重复。断层造成的缺失与不整合造成的缺失也不同，断层造成的地层缺失只限于断层两侧，而不整合造成的缺失有区域性特征。

（3）断层面（带）的构造特征。其是指由于断层面两侧岩块的相互滑动和摩擦，在断层面上及其附近留下的各种证据。

①擦痕、阶步和摩擦镜面。断层上、下盘沿断层面做相对运动时，因摩擦作用，在断层面上形成一些刻痕、小阶梯或磨光的平面，分别被称为擦痕、阶步和摩擦镜面。

②构造岩。因地应力沿断层面集中释放，常造成断层面处岩体十分破碎，形成一个破碎带其被称为断层破碎带。破碎带宽几十厘米至几百米不等，破碎带内碎裂的岩、土体经胶结后称为构造岩。构造岩中碎块颗粒直径大于2mm 时叫断层角砾岩；当碎块颗粒直径为 0.01 ~ 2mm 时叫碎裂岩；当碎块颗粒直径更小时叫糜棱岩；当颗粒被研磨成泥状且单个颗粒不易分辨而又未固结时叫断层泥。

③牵引现象。断层运动时，断层面附近的岩层受断层面上摩擦阻力的影响，在断层面附近形成的弯曲现象被称为断层牵引现象，其弯曲方向一般为本盘运动方向。

（4）地貌标志。在断层通过地区，沿断层线常形成如下一些特殊地貌现象。

①断层崖和断层三角面。在断层两盘的相对运动中，上升盘常常形成陡崖，称为断层崖，如峨眉山金顶舍身崖、昆明滇池西山龙门陡崖。当断层崖受到与崖面垂直方向的地表流水侵蚀切割，使原崖面形成一排三角形陡壁时，此崖面被称为断层三角面。

②断层湖、断层泉。沿断层带常形成一些串珠状分布的断陷盆地、洼地、湖泊、泉水等，可指示断层延伸方向。

③错断的山脊、急转的河流。正常延伸的山脊突然被错断，或山脊突然断陷成盆地、平原，正常流经的河流突然产生急转弯，一些顺直深切的河谷，均可指示断层延伸的方向。

判断一条断层是否存在，主要是依据地层的重复与缺失和构造不连续这两个标志，其他标志只能作为辅证，不能依此下定论。

5. 断层的工程地质评价

断层的存在，从总体上说，破坏了岩体的完整性，断层面或破碎带的抗剪强度远低于岩体其他部位的抗剪强度。因此，断层一般从以下几个方面对工程建筑产生影响。

（1）断层降低了地基岩体的强度及稳定性。断层破碎带力学强度低，压缩性增大，会发生较大沉陷，易造成建筑物断裂或倾斜。断裂面是极不稳定的滑移面，对岩质边坡稳定及桥墩稳定常有重要影响。

（2）断裂构造带不仅岩体破碎，而且断层上、下盘的岩性也可能不同，如果在此处进行建筑工程，建筑物有可能产生不均匀沉降。

（3）隧道工程通过断裂破碎带地段，易发生坍塌甚至冒顶。

（4）沿断裂破碎带地段易形成风化深槽及岩溶发育带；断层陡坡或悬崖多处于不稳定状态，容易发生崩塌等。

（5）断裂构造破碎带常为地下水的良好通道，地下水的出露也常被断裂构造所控制。施工中，若遇到断层带时可能会发生涌水问题。

（6）构造断裂带在新的地壳运动影响下，可能会发生新的移动。因为构造断裂带是地壳表层薄弱地带，若有新的地壳运动发生时，往往会引起附近断裂带产生新的移动，从而影响建筑物的稳定。

（7）当工程通过断层地带时，应注意以下几点。

①在勘测设计阶段，必须认真进行野外调查、测绘和勘探工作，及时了解断层的位置、性质、规模、活动等问题。

②工程建筑物的位置应尽量避开断层，特别是较大的断层带。

③因地形等条件所限，工程必须通过断层带时，应尽可能使路线方向与断层面走向垂直通过，不能做到垂直时，斜交的角度要尽量大些，以使工程建筑物以最短距离跨过断层带，不允许路线平行断层在断层带中通过。

④斜交通过断层带比正交通过断层带的地质条件更差，因此必须做好相应的预防措施，以防断层可能对施工造成的危害。

（三）活断层

活断层或称活动断裂是指现今仍在活动或者近期有过活动，不久的将来还可能活动的断层，其中后一种也叫潜在活断层。活断层可使岩层产生错动位移或发生地震，会对工程建筑造成很大的甚至无法抗拒的危害。

定义中的“近期”有不同的标准，在国家标准《岩土工程勘察规范》

（GB50021—2001）中将在全新世地质时期（一万年）内有过地震活动或近期正在活动，在将来（今后一百年）可能继续活动的断裂叫作全新活动断裂。并将全新活动断裂中，近期（近五百年）发生过地震，且震级 M > 5 级的断裂，或在未来一百年内预测可能发生 M > 5 级的断裂叫作发震断裂。

活断层运动引起的地震或错动不是经常发生的，其复发间隔有时长达几百、甚至上千年，而很多工程的使用期或寿期仅 50 ~ 100 年。因此，有些活断层对工程设施不一定有实际影响。为了更好评价对工程有影响的活断层，因此有必要划分出工程活断层。其定义是在工程使用期或寿期内（一般为 50 ~ 100 年），可能影响和危害工程安全的活断层叫工程活断层。与活断层一样，目前对工程活断层的划分标准认识尚不一致。

1. 活断层的分类

活断层按两盘错动方向分为走向滑动型断层（平移断层）和倾向滑动型断层（逆断层及正断层）。走向滑动型断层最常见，其特点是断层面陡倾或直立，平直延伸部分规模很大，断层中常蓄积有较高的能量，会引发高震级强烈地震。倾向滑动型断层以逆断层更为常见，多数是受水平挤压形成，断层倾角较缓，错动时由于上盘为主动盘，故上盘地表变形开裂较严重，岩体较下盘破碎，对建筑物危害较大。倾向滑动型的正断层的上盘也为主动盘，故上盘岩体也较破碎。

活断层按其活动性质分为蠕变型活断层和突发型活断层。蠕变型活断层只有长期缓慢的相对位移变形，不发生地震或只有少数微弱地震的活断层，如美国圣·安德烈斯断层南部加利福尼亚地段，几十年来平均位移速率为 10mm/a，没有较强的地震活动。突发型活断层错动位移是突然发生的，并同时伴发较强烈的地震，又分为两种情况，一种是断层错动引发地震的互震断层；另一种情况是因地震引起老断层错动或产生新的断层，如唐山地震时，形成了一条长 8km 的地表错断，以 NE30° 的方向穿过市区，最大水平断距达 1.63m，垂直断距达 0.7m，错开了楼房、道路等一切建筑。

2. 活断层的特征

（1）继承性。活断层绝大多数都是沿已有的老断层发生新的错动位移，这叫作活断层的继承性，尤其是区域性的深大断裂更为多见。新活动的部位通常只是沿老断裂的某个段落发生，或是某些段落活动强烈，另一些段落则不强烈。活动方式和方向相同也是继承性的一个显著特点。形成时代越新的断层，其继承性也越强，如晚更新世以来的构造运动引起的断裂活动一直持续至今。

（2）活动速率与活动方式的相关性。活断层按其活动方式可以分为蠕滑活断层（也称蠕变型活断层）和黏滑活断层（也称突发型活断层），两者有显著差异。蠕滑是一个连续的滑动过程，一般只发生长期缓慢的相对位移变形，不发生地震或仅伴有少数微弱地震，其活动速率大多相当缓慢。黏滑则是断层发生快速错动，并同时伴发较强烈的地震，其活动速率较快，可达 0.5 ~ 1m/s。

有时在同一条活断层的不同区段也可以有不同的活动方式，例如黏滑运动的活断层有时也会伴有小的蠕动，而大部分地段以蠕滑运动为主的活断层，在其端部也会出现黏滑，而且同一条活断层的变形速度也不均匀，如发震断层临震前速率可成倍剧增，而震后又趋缓，这一断层变形速率变化特征对地震预测有很大意义。

（3）重复活动的周期性。和其他构造运动一样，活断层运动也是间断性的，从一次活动到下次活动，往往要间隔较长的平静期。活动—平静—活动，这种重复周期就是人们一般说的断层活动周期，活断层错动时，常常伴随有地震发生。地震活动有分期分幕现象，我国上千年来的地震记录所反映出的强震活动期、幕，实际就是断层的活动期、幕。因此，活断层上的大地震重复同隔，就代表了该断层的活动周期。

3. 活断层的识别标志

（1）地貌标志。通过地貌标志研究和识别活断层是一种比较成熟和易行的方法。地貌方面的标志有①地形变化差异大，如“山从平地起”；山口峡谷多，深且狭长；新的断层崖和三角面山连续出现，且比较显著，并有山崩和滑坡发生。②断层形成的陡坎山山脚，常有狭长洼地和沼泽。③断层形成的陡坎山前的第四系堆积物厚度大，山前洪积扇特别高或特别低，与山体不相对称，在峡谷出口处的洪积扇呈迭置式、线性排列。④沿断裂带有串珠泉出露，若为温泉，则水温和矿化度较高。⑤断裂带有植物突然干枯死亡或生长特别罕见植物。⑥第四纪火山锥、熔岩呈线性分布。⑦建（构）筑物、公路等工程地基发生倾斜和错开现象。

（2）地质标志。在地质方面的标志有①第四系堆积物中常见到小褶皱和小断层或活断层被第四系以前的岩层所冲断；②沿断层可见河谷、阶地等地貌单元同时发生水平或垂直位移错断；③沿断层带的断层泥及破碎带多未胶结，断层崖壁可见擦痕和错碎岩粉；④第四系（或近代）地层错动、断裂、褶皱、变形。

（3）地震活动标志。活断层中一个重要标志就是地震活动。世界许多地区对活断层的辨认，最初都是从地震断层开始的。地震活动方面的标志有①在断层带附近有现代地震、地面位移和地形变化及微震发生；②沿断层带有历史地震和现代地震震中分布，震中多呈有规律的线状分布。

（4）水文与水文地质标志。在活断层附近，由于断层的错断、位移，常常直接控制了水系的成长发育，特别是断层的水平错动，对水系的改造更是迅速而明显。断层活动一方面使断层两侧水系进行了规律性变迁，如水系平面形态、切割深度、冲刷势态等；另一方面又直接控制着地下水的出露，具体表现为水系呈直线状、格子状展布；水系错开呈折线状；泉、地热异常带、湖泊和山间盆地呈线状（或串珠状）分布。

（5）地球化学和地球物理标志。在地球化学方面，最突出的是活断层上断层气和放射性异常。活断层在活动过程中会释放出各种气体，通过断层气测量，可以鉴别活断层。在活动层附近，氡气常表现出高浓度异常，因此可利用径迹法调查活断层。此外，沿活断层还会出现 γ 射线强度异常。因此，可利用 γ 射线去调查海底活断层。

活断层的地球物理标志主要是重力、磁力和地温异常。在覆盖层很厚的平原地区和海洋地区，利用重力、磁力和地温异常研究活断层，是行之有效的方法。

4. 活断层对工程建筑的影响

活断层对工程的危害主要是错动变形和引起地震两方面。

蠕变型的活断层，相对位移速率不大时，一般对工程建筑影响不大。当变形速率较大时，会造成地表裂缝和位移，可能导致建筑地基不均匀沉陷，使建筑物拉裂破坏。对于海岸附近的工业民用建筑及道路工程，若断层靠陆地一侧长期下沉，且变形速率较大时，由于海的水位相对升高，所以有可能遭受波浪及风暴潮等危害。

突发型活断层快速错动时，一方面常伴发较强烈的地震，地震会对工程建筑产生各种各样的破坏作用；另一方面因地震引起的老断层错动或产生新的断层，断层错动的距离通常较大，多在几十厘米到几百厘米，可错断道路、楼房等一切建筑，这种危害是不可抗拒的。因此，在工程建筑地区有突发型活断层存在时，任何建筑原则上都应避免跨越活断层及与其有构造活动联系的分支断层，应将工程建筑物选择在无断层穿过的位置。

第四节　地质图

地质图是反映一个地区各种地质条件的图件，是将自然界的地质情况用规定的符号按一定的比例缩小投影绘制在平面上的图件，是工程实践中需要搜集和研究的一项重要地质资料。要清楚了解一个地区的地质情况，需要花费工作人员不少的时间和精力，而通过对已有地质图的分析和阅读，就可帮助人们具体了解一个地区的地质情况。这对我们研究路线的布局，确定野外工程地质工作的重点等，都可以提供很好的帮助，因此学会分析和阅读地质图，是十分必要的。

一、地质图的种类

由于工作目的的不同，绘制的地质图也不同，常见的地质图有以下几种。

（1）普通地质图。它是主要表示地区地层分布、岩性和地质构造等基本地质内容的图件。一幅完整的普通地质图包括地质平面图、地质剖面图和综合地层柱状图。普通地质图通常简称为地质图。

（2）构造地质图。该类地质图是用线条和符号，专门反映褶曲、断层等地质构造的图件。

（3）第四纪地质图。它是主要反映第四纪松散沉积物的成因、年代、成分和分布情况的图件。

（4）基岩地质图。基岩地质图是假想把第四纪松散沉积物“剥掉”，只反映第四纪以前基岩的时代、岩性和分布的图件。

（5）水文地质图。水文地质图是反映地区水文地质资料的图件。一般可分为岩层含水性图、地下水化学成分图、潜水等水位线图、综合水文地质图等类型。

（6）工程地质图。工程地质图为各种工程建筑专用的地质图，如房屋建筑工程地质图、水库坝址工程地质图、矿山工程地质图、铁路工程地质图、公路工程地质图、港口工程地质图、机场工程地质图等。还可根据具体工程项目细分，如公路工程地质图，还可分为路线工程地质图、工点工程地质图；工点工程地质图又可分为桥梁工程地质图、隧道工程地质图等。

一幅完整的地质图应包括平面图、剖面图和柱状图。平面图是反映地表地质条件的图，它一般是通过野外地质勘测工作，直接填绘到地形图上编制出来的。剖面图是反映地表以下某一断面地质条件的图，它可以通过野外测绘或勘探工作编制，也可以在室内根据地质平面图来编制。综合地层柱状图综合反映了一个地区各地质年代的地层特征、厚度和接触关系等。地质平面图全面地反映了一个地区的地质条件，是最基本的图。地质剖面图是配合平面图，反映了一些重要部位的地质条件，它对地层层序和地质构造现象的反映比平面图更清晰、更直观，因此一般地质平面图都附有剖面图。

（一）地质图的规格

地质平面图应有图名、图例、比例尺、编制单位和编制日期等。

图例是用各种颜色和符号，说明地质图上所有出露地层的新老顺序、岩石成因和产状及其构造形态。图例通常放在图幅右侧，一般自上而下或自左而右按地层（上新下老或左新右老）、岩石、构造顺序排列，所用的岩性符号、地质构造符号、地层代号及颜色都有统一规定。

比例尺的大小反映地质图的精度，比例尺越大，图的精度越高，对地质条件的反映越详细。比例尺的大小取决于地质条件的复杂程度和建筑工程的类型、规模及设计阶段。

（二）地质图的符号

地质图是根据野外地质勘测资料在地形图上填绘编制而成的。它除了应用地形图的轮廓和等高线外，还需要用各种地质符号来表明地层的岩性、地质年代和地质构造情况。因此，要分析和阅读地质图，了解地质图所表达的具体内容，就需要了解和认识常用的各种地质符号。

1. 地层年代符号

在小于 1 ∶ 100 000 的地质图上，沉积地层的年代是采用国际通用的标准色来表示的，在彩色的底子上，再加注地层年代和岩性符号。在每一系中，又用淡色表示新地层，深色表示老地层。岩浆岩的分布一般用不同的颜色加注岩性符号表示。在大比例尺的地质图上，地层和岩石多用单色线条或岩石花纹符号再加注地质年代符号的方法表示。当基岩被第四纪松散沉积层覆盖时，在大比例的地质图上，一般根据沉积层的成因类型，用第四纪沉积成因分类符号表示。

2. 岩石符号

岩石符号是用来表示岩浆岩、沉积岩和变质岩的符号，由反映岩石成因特征的花纹及点线组成。在地质图上，这些符号画在什么地方就表示这些岩石分布到什么地方。

3. 地质构造符号

地质构造符号是用来说明地质构造的。组成地壳的岩层，经构造变动形成各种地质构造，这就不仅要用岩层产状符号表明岩层变动后的空间形态，而且还要用褶曲轴、断层线、不整合面等符号说明这些构造的具体位置和空间分布情况。

三、地质条件在地质图上的反映

（一）不同产状岩层界线的分布特征

（1）水平岩层。水平岩层就是岩层界线与地形等高线平行或重合。

（2）倾斜岩层。倾斜岩层的分界线在地质图上是一条与地形等高线相交的“V”字形曲线。当岩层倾向与地面倾斜的方向相反时，在山脊处“V”字形的尖端指向山麓，在沟谷处“V”字形的尖端指向沟谷上游，但岩层界线的弯曲程度比地形等高线的弯曲程度要小；当岩层倾向与地形坡向一致时，若岩层倾角大于地形坡角，则岩层分界线的弯曲方向和地形等高线的弯曲方向相反；当岩层倾向与地形坡向一致时，若岩层倾角小于地形坡角，则岩层分界线弯曲方向和等高线相同，但岩层界线的弯曲度大于地形等高线的弯曲度。

（3）直立岩层。直立岩层的岩层界线不受地形等高线影响，沿走向呈直线延伸。

（二）褶曲

一般根据图例符号识别褶曲，若没有图例符号，则需根据岩层的新、老对称分布关系确定。

一般来说，当地表岩层出现对称重复时，则有褶曲存在。如核部岩层老，两翼岩层新，则为背斜；如核部岩层新，两翼岩层老，则为向斜。判断出背斜与向斜然后可根据两翼岩层产状则可具体判别其横、纵剖面上褶曲形态的具体名称。

（三）断层

一般也是根据图例符号识别断层。若无图例符号，则根据岩层分布重复、缺失、中断、宽窄变化或错动等现象识别。

断层在地质图上用断层线表示。由于断层倾角一般较大，所以断层线在地质平面图上通常是一段直线，或近于直线的曲线。在断层线两侧存在有岩层中断、重复、缺失、宽窄变化或前后错动现象。

当断层走向大致平行岩层走向时，断层线两侧会出现同一岩层不对称重复或缺失。地面被剥蚀后，出露老岩层的一侧为上升盘，出露新岩层的一侧为下降盘。当断层走向与岩层走向垂直或斜交时，不论正断层、逆断层还是平移断层，在断层线两侧岩层都会出现中断和前后错动现象。正断层和逆断层向前错动的一侧为上升盘，相对向后错动的一侧为下降盘。

当断层与褶曲轴线垂直或斜交时，不仅表现为翼部岩层顺走向不连续，而且还表现为褶曲核部岩层的宽度在断层线两侧有变化，在背斜上升盘核部岩层出露的范围变宽，下降盘核部岩层变窄；向斜的情况与背斜相反，上升盘核部岩层变窄而下降盘核部岩层变宽。平移断层两盘核部岩层的宽度不发生变化，在断层线两侧仅表现为褶曲轴线及岩层错开。

（四）地层接触关系

整合和平行不整合在地质图上的表现是上下相邻岩层的产状一致，岩层分界线彼此平行，即相邻岩层的界线弯曲特征一致，只是前者相邻岩层时代连续，而后者则不连续。角度不整合在地质图上的特征是上下相邻两套岩层之间的地质年代不连续，而且产状也不相同，新岩层的分界线遮断了下部老岩层的分界线。侵入接触表现为沉积岩层界线在侵入体出露处中断，但在侵入体两侧无错动；沉积接触表现为侵入体界线被沉积岩层覆盖切断。

四、阅读地质图

（一）读图步骤及注意事项

（1）读地质图时，先看图名和比例尺，了解图的位置及精度。

（2）阅读图例。图例自上而下，按从新到老的年代顺序，列出了图中出露的所有地层符号和地质构造符号，通过图例，可以概括了解图中出现的地质情况。在看图例时，要注意地层之间的地质年代是否连续，中间是否存在地层缺失现象。

（3）正式读图时要先分析地形，通过地形等高线或河流水系的分布特点，了解地区的山川形势和地形高低起伏情况，这样在具体分析地质图所反映的地质条件之前，就能使我们对地质图所反映的地区，有一个比较完整的概括了解。

（4）阅读岩层的分布、新老关系、产状及其与地形的关系，分析地质构造。地质构造有两种不同的分析方法：一种是根据图例和各种地质构造所表现的形式，先了解地区总体构造的基本特点，明确局部构造相互间的关系，然后对单个构造进行具体分析；另一种是先研究单个构造，然后结合单个构造之间的相互关系，进行综合分析，最后得出整个地区地质构造的结论。以上两者并无实质性的区别，因此可以得出相同的分析结论。

图上如有几种不同类型的构造时，可以先分析各年代地层的接触关系，再分析褶曲，然后分析断层。

分析不整合接触时，要注意上下两套岩层的产状是否大体一致，分析是平行不整合还是角度不整合，然后根据不整合面上部的最老岩层和下部的最新岩层，确定不整合形成的年代。

分析褶曲时，首先可以根据褶曲核部及两翼岩层的分布特征及其新老关系，分析是背斜还是向斜，看两翼岩层是大体平行延伸，还是向一端闭合，分析是水平褶曲还是倾伏褶曲；其次根据褶曲两翼岩层产状，推测轴面产状，根据轴面及两翼岩层的产状，可将直立、倾斜、倒转和平卧等不同形态类型的褶曲加以区别；最后可以根据未受褶曲影响的最老岩层和受到褶曲影响的最新岩层，判断褶曲形成的年代。

在水平构造、单斜构造、褶曲和岩浆侵入体中都会发生断层。不同的构造条件及断层与岩层产状的不同关系都会使断层露头在地质平面图上的表现形式具有不同的特点。因此，在分析断层时，应首先了解发生断层前的构造类型，断层后断层产状和岩层产状的关系；其次根据断层的倾向，分析断层线两侧哪一盘是上盘，哪一盘是下盘；再次根据两盘岩石的新老关系、岩层界线的错动方向和岩层露头宽窄的变化情况，分析哪一盘是上升盘，哪一盘是下降盘，以确定断层的性质；最后判断断层形成的年代。断层发生的年代，早于覆盖于断层之上的最老岩层，晚于被错断的最新岩层。

最后需要说明一点，长期风化剥蚀，能够破坏基岩出露地面的构造形态，会使基岩在地面出露的情况变得更为复杂，使我们在图上一下看不清构造的本来面目。因此，在读图时要注意与地质剖面图配合，这样才会加深我们对地质图内容的理解。

通过上述分析，不但能使我们对一个地区的地质条件有一个清晰的认识，而且综合各方面的情况，也可说明地区地质历史发展的概况。这样，我们就可以根据自然地质条件的客观情况，结合工程具体要求，进行合理的工程布局和正确的工程设计。

第五节　地质构造与公路工程

地质构造对工程建筑物的稳定有很大的影响，由于工程位置选择不当，误将工程建筑物设置在地质构造不利的部位，引起建筑物失稳破坏的实例时有发生，施工人员对此必须有充分认识。

岩层产状与岩石路堑边坡坡向间的关系控制着边坡的稳定性。当岩层倾向与边坡坡向一致，岩层倾角等于或大于边坡坡角时，边坡一般是稳定的。若坡角大于岩层倾角，则岩层会因失去支撑而有滑动的趋势产生。如果岩层间结合较弱或有软弱夹层时，易发生滑动，如安徽宁国市河唐公路多处滑坡就是因坡脚采石，引起沿黑色页岩软化夹层滑动导致的。当岩层倾向与边坡坡向相反时，若岩层完整、层间结合好，边坡就是稳定的；若岩层内有倾向坡外的节理，层间结合差，岩层倾角又很陡，岩层多被切割成细高柱状，这种情况就容易发生倾倒破坏。开挖在水平岩层或直立岩层中的路堑边坡，一般是稳定的。

隧道位置与地质构造的关系密切，穿越水平岩层的隧道，应选择在岩性坚硬、完整的岩层中，如石灰岩或砂岩。在软硬相间的情况下，隧道拱部应当尽量设置在硬岩中，设置在软岩中就有可能发生坍塌。当隧道垂直穿越岩层时，在软硬岩相间的不同岩层中，由于软岩层间结合差，在软岩部位，隧道拱顶常发生顺层坍方。当隧道轴线顺岩层走向通过时，倾向洞内的一侧岩层易发生顺层坍滑，边墙承受偏压。

一般情况下，应当避免将隧道设置在褶曲的轴部，该处岩层弯曲、节理发育、地下水常常由此渗入地下，容易诱发坍方。通常尽量将隧道位置选在褶曲翼部或横穿褶曲轴，垂直穿越背斜的隧道，其两端的拱顶压力大，中部岩层压力小，而隧道横穿向斜时，情况则相反。

断层带岩层破碎，常夹有许多断层泥，设计时应尽量避免将工程建筑直接放在断层上或断层破碎带附近，如京原线 10 号大桥位于几条断层交叉点，桥位选择极困难，曾多次改变设计方案，桥跨由 16m 改为 23m，又改为 43m，最后以 33.7m 跨越断层带。对于不活动的断层，墩台必须设在断层上时，应根据具体情况采用以下相应的处理措施。

（1）当桥高在 30m 以下，断层破碎带通过桥基中部，宽度在 0.2m 以上，又有断层泥等充填物时，应沿断层带挖除充填物，灌注混凝土或嵌补钢筋网，以增加基础强度及稳定性。

（2）断层带宽度不足 0.2m，两盘均为坚硬岩石时，一般可以不做处理。

（3）断层带分布于基础一角时，应将基础扩大加深，再以钢筋混凝土补角加强，增加其整体性。

（4）当基底大部分为断层破碎带，仅局部为坚硬岩层，构成软、硬不均地基时，在墩台位置无法调整的情况下，可炸除坚硬岩层，加深并换填与破碎带强度相似的土层，扩大基础，使应力均衡，以防止因不均匀沉陷而使墩台倾斜破坏。

（5）当桥高超过 30m，且基底断层破碎带的范围较大时，一般采用钻孔灌注桩或挖孔桩嵌入下盘，使基底应力传递到下盘坚硬岩层上。

公路、铁路选线时，均应尽量避开大断裂带，线路不应沿断裂带走向延伸，在条件不允许、必须穿过断裂带时，应大角度或垂直穿过断裂带。

第三章　外力地质作用对工程的影响

由太阳辐射能、生物能和日月引力能所引起的地质作用主要是在地壳表面进行，所以称其为外力地质作用，简称外力作用。外力地质作用分为剥蚀作用、搬运作用、沉积作用、固结成岩作用。其中剥蚀、搬运与沉积作用，按动力性质可分为风化作用、地表流水作用、地下水作用、湖海作用以及冰川作用等。外力地质作用与人类工程活动密切相关，是工程地质研究的主要对象。

第一节　风化作用

地壳表层的岩石，在风力作用下，发生物理和化学的变化，使岩石崩解破碎以至逐渐分解的作用，被称为风化作用。风化作用是最普遍的一种外力作用，在大陆的各种地理环境中，都有风化作用在进行。风化作用在地表最显著，随着深度的增加，其影响就逐渐减弱以至消失。

风化作用使坚硬致密的岩石松散破坏，改变了岩石原有的矿物组成和化学成分，使岩石的强度和稳定性大大降低，对工程建筑条件有着不良影响。此外，如滑坡、崩塌、碎落、岩堆及泥石流等不良地质现象，大部分都是在风化作用的基础上逐渐形成和发展起来的。因此，了解风化作用，认识风化现象，分析岩石风化程度，对评价工程建筑条件是必不可少的。

一、风化作用的类型

（一）物理风化作用

在地表或接近地表条件下，岩石、矿物在原地发生机械破碎而不改变其化学成分的过程叫物理风化作用。引起物理风化作用的主要因素是岩石释重和温度的变化。此外，岩石裂隙中水的冻结与融化、盐类的结晶与潮解等，也能促使岩石发生物理风化作用。

1. 岩石释重

无论是岩浆岩、变质岩还是沉积岩，在其形成以后，都会因为上覆巨厚的岩层而承受巨大的静压力。一旦上覆岩层遭受剥蚀而卸荷时，岩石就会释重，随之产生向上或向外的膨胀力作用，形成一系列与地表平行的节理。处于地下深处承受巨大静压力的岩石，其潜在的膨胀力是十分惊人的。在一些矿山，当岩石初次露在掌子面时，膨胀是很迅速的，以至碎片会炸裂飞出。岩石释重所形成的节理，为水和空气的活动提供了通路，使它们的风化作用更有效。

2. 温度变化

白天岩石在阳光照射下，表层首先升温，由于岩石是热的不良导体，热向岩石内部传递很慢，遂使岩石内外之间出现温差，各部分膨胀不同，形成与表面平行的风化裂隙。到了夜晚，白天吸收的太阳辐射热继续以缓慢速度向岩石内部传递，内部仍在缓慢升温膨胀，而岩石表面却迅速散热降温、体积收缩，于是形成了与表面垂直的径向裂隙。久而久之，这些风化裂隙日益扩大、增多，导致岩石层层剥落，最后崩解成碎块。

不同矿物有不同的体胀系数，当温度反复变化时，复矿岩中不同的矿物有不同的膨胀与收缩，本来联结在一起的矿物颗粒就会彼此分离，使完整的岩石破裂松散。即使是单矿岩，由于晶体的非均匀性，晶体在各个方向上的线胀系数也不相同，受冷受热时也会造成收缩与膨胀不一致，从而导致晶体破裂。

温度变化的速度和幅度，特别是变化速度，对物理风化作用的强度起着重要的作用。温度变化速度愈快，收缩与膨胀交替愈快，岩石破裂愈迅速，因而温度日变化对物理风化的影响最大，年变化影响较小。在昼夜变化剧烈的干旱沙漠地区，昼夜温差可达50℃～60℃。由于岩石热容量远小于水，因此在缺少植被和水的沙漠地区，地表岩石温度日变化就远大于气温的日变化，因此在这些地区物理风化作用最为强烈。这种由于温度变化而产生的风化作用又被称为温差风化作用。

3. 水的冻结与融化

在一些高寒地带，雨水或融雪水会侵入岩石裂隙，当岩石温度低到0℃以下时，液态的水就变为固态的冰，体积膨胀约9%，冰对裂隙将产生很大的膨胀压力，它使原有裂隙进一步扩大，同时产生更多的新裂隙。当温度升高至冰点以上时，冰又融化成水，体积减小，扩大的空隙中又有水渗入。年复一年重复此过程就会使岩体逐渐崩解成碎块。这种物理风化作用又被称为冰劈作用或冰冻风化作用。冰冻风化作用主要发生在严寒的高纬度地区和低纬度的高寒山岳地区。

4. 可溶盐的结晶与潮解

在干旱及半干旱气候区，广泛分布着各种可溶盐类。有些盐类具有很大的吸湿性，能从空气中吸收大量的水分而潮解，最后成为溶液。而随着温度升高，水分蒸发，盐分又结晶析出，体积显著增大。由于可溶盐溶液在岩石的孔隙和裂隙中结晶时的撑裂作用，使裂隙逐渐扩大，导致岩石松散破坏。可溶盐的结晶撑裂作用，在干旱的内陆盆地是十分引人注目的。盐类结晶对岩石所起的物理破坏作用，主要取决于可溶盐的性质，同时与岩石孔隙度的大小和构造特征有很大关系。

综上我们可以看出，物理风化的结果，首先是岩石的整体性遭到破坏，随着风化程度的增加，逐渐成为岩石碎屑和松散的矿物颗粒。由于碎屑逐渐变细，使热力方面的矛盾逐渐缓和，因而物理风化随之相对削弱，但同时随着碎屑与大气、水、生物等营力接触的自由表面不断增大，使风化作用的性质发生相应转化，在一定的条件下，化学作用将在风化过程中起主要作用。

（二）化学风化作用

在地表或接近地表条件下，岩石、矿物在原地发生化学变化并产生新矿物的过程叫化学风化作用。引起化学风化作用的主要因素是水和氧。自然界的水，不论是雨水、地面水或地下水，都溶解有多种气体和化合物（如酸、碱、盐等），因此自然界的水都是水溶液。水溶液可通过溶解、水化、水解、碳酸化等方式促使岩石化学风化，而氧的作用方式是氧化作用。

1. 溶解作用

水直接溶解岩石中矿物的作用被称为溶解作用。溶解作用的结果就是使岩石中的易溶物质被逐渐溶解而随水流失，难溶的物质则残留于原地。岩石由于可溶物质的被溶解而致使孔隙增加，削弱了颗粒间的结合力从而降低岩石的坚实程度，更易遭受物理风化作用而破碎，最容易溶解的矿物是卤化盐类（岩盐，钾盐），其次是硫酸盐类（石膏，硬石膏），再次是碳酸盐类（石灰岩，白云岩）。其他岩石虽然也溶解于水，但溶解的程度就低得多。岩石在水里的溶解作用一般进行得十分缓慢，但是当水的温度升高及压力增大时，水的溶解作用就比较活跃，特别是当水中含有侵蚀性的二氧化碳而发生碳酸化作用时，水的溶解作用就会显著增强，如在石灰岩分布地区，由于这种溶解作用经常会产生溶洞、溶穴等岩溶现象。

2. 水化作用

有些矿物与水接触后和水发生化学反应，并且吸收一定量的水到矿物中形成含水矿物，这种作用称为水化作用。例如，硬石膏经过水化作用变为石膏就是很好的例子。

水化作用的结果就是产生了含水矿物，含水矿物的硬度一般低于无水矿物，同时由于在水化过程中结合了一定数量的水分子进入物质的成分之中，改变了原有矿物的成分，引起了体积膨胀，所以对岩石也具有一定的破坏作用。

若岩层中含有硬石膏层时，当石膏发生水化作用而体积膨胀，其对围岩会产生很大的压力，促使岩层破碎。在隧道施工中，这种压力甚至能引起支撑倾斜，衬砌开裂，设计时应当引起设计人员足够的注意。

3. 氧化作用

矿物中的低价元素与大气中的游离氧化合变为高价元素的作用称为氧化作用。氧化作用是地表极为普遍的一种自然现象。在湿润的情况下，氧化作用更为强烈。自然界中，有机化合物、低价氧化物、硫化物最容易遭受氧化作用，尤其是低价铁常被氧化成高价铁。例如，常见的黄铁矿在含有游离氧的水中，经氧化作用形成褐铁矿，同时产生对岩石腐蚀性极强的硫酸，可使岩石中的某些矿物分解形成洞穴和斑点，致使岩石破坏。

（三）生物风化作用

岩石在动、植物及微生物影响下发生的破坏作用称为生物风化作用。生物风化作用主要发生在岩石的表层和土中。生物风化作用有物理的和化学的两种方式。

1. 生物物理风化作用

生物物理风化作用是生物的活动对岩石产生机械破坏的作用。例如，穴居动物蚂蚁、蚯蚓等钻洞挖土，可不停地对岩石产生机械破坏，使岩石破碎，土粒变细；生长在岩石裂隙中的植物，其根部生长撑裂岩石，不断使岩石裂隙扩大、加深，使岩石破碎。

2. 生物化学风化作用

生物化学风化作用是生物的新陈代谢及死亡后遗体腐烂分解而产生的物质与岩石发生化学反应，促使岩石破坏的作用。例如，植物和细菌在新陈代谢过程中，通过分泌有机酸、碳酸、硝酸和氢氧化铵等溶液腐蚀岩石；动、植物死后遗体腐烂可分解出有机酸和气体，溶于水后可对岩石腐蚀破坏；遗体在还原环境中，可形成含钾盐、磷盐、氮的化合物和各种碳水化合物的腐殖质，腐殖质的存在可促进岩石物质分解。

岩石、矿物经过物理和化学风化作用以后，再经过生物的化学风化作用，就不再是单纯的无机组成的松散物质，因为它还具有植物生长必不可少的腐殖质。这种具有腐殖质、矿物质、水和空气的松散物质叫土壤。不同地区的土壤具有不同的结构及物理、化学性质，据此全世界可以划分出许多土壤类型，而每一种土壤类型都是在其特有的气候条件下形成的。例如，在热带气候下，强烈的化学风化和生物风化作用，使易溶性物质淋失殆尽，形成富含铁、铝的红壤。

二、影响岩石风化的主要因素

（一）地质因素

1. 岩石性质

岩石的成因、矿物成分及结构、构造不同，对风化的抵抗能力也不同。

（1）成因。岩石成因反映它生成时的环境和条件。风化作用实质上是由于岩石生成时的环境和条件与目前它所处的环境和条件的差异性造成的。如果岩石生成的环境和条件与目前地表环境、条件接近，则岩石抵抗风化能力强，反之则容易风化。因此，喷出岩比浅成岩抗风化能力强，浅成岩又比深成岩抗风化能力强。一般情况下沉积岩比岩浆岩和变质岩抗风化能力强。

（2）矿物成分。组成岩石矿物成分的化学稳定性和矿物种类的多少，是决定岩石抵抗风化能力的重要因素。按照矿物化学稳定性顺序，石英化学稳定性最好，抗风化能力强；其次是正长石、酸性斜长石、角闪石和辉石；而基性斜长石、黑云母和黄铁矿等矿物是很容易被风化的。一般来说深色矿物风化快，浅色矿物风化慢，各种碎屑岩和黏土岩的抗风化能力强。另外，由上述可知，单矿岩比复矿岩抗风化能力强。

（3）结构和构造。一般来说均匀、细粒结构岩石比粗粒结构岩石抗风化能力强，等粒构造比斑状结构岩石耐风化，而隐晶质岩石最不易风化。从构造上看，具有各向异性的层理、片理状岩石较致密块状岩石容易风化，而厚层、巨厚层岩石比薄层状岩石更耐风化。

2. 地质构造

地质构造对风化的影响主要是岩石在构造变形时生成多种节理、裂隙和破碎带，使岩石破碎，为各种风化因素侵入岩石内部提供了途径，扩大了岩石与空气、水的接触面积，大大促进了岩石风化。因此，在褶曲轴部、断层破碎带及其附近裂隙密集部位的岩石风化程度比完整的岩石严重。

（二）气候因素

气候因素主要体现在气温变化、降水和生物的繁殖情况。地表条件下温度增加 10℃化学反应速度增加一倍。并且水分充足有利于物质间的化学反应。故气候可控制风化作用的类型和风化速度，在不同的气候区，风化作用的类型及其特点有明显的不同。例如，在寒冷的极地和高山区，以物理风化作用（冰冻风化）为主，岩石风化后形成具棱角状的粗碎屑残积物。在湿润气候区各种类型的风化作用都有，但化学风化、生物风化作用更为显著，岩石遭受风化后分解较彻底，会形成的残积层厚，且往往发育有较厚的土壤层。在干旱的沙漠区，以物理风化作用（温差风化）为主，岩石风化会形成薄层具棱角状的碎屑残积物。

（三）地形

地形可影响风化作用的速度、深度、风化产物的堆积厚度及分布情况。地形起伏较大、陡峭、切割较深的地区，以物理风化作用为主，岩石表面风化后岩屑可不断崩落，使新鲜岩石直接露出表面而遭受风化，且风化产物较薄。在地形起伏较小、流水缓慢流经的地区，以化学风化作用为主，岩石风化彻底，风化产物较厚；在低洼有沉积物覆盖的地区，岩石由于有覆盖物的保护不易风化。

三、风化岩层的分带与风化程度的分级

（一）风化岩层的分带

岩石的风化是由表及里的，地表受到风化作用的影响最显著，由地表往下风化作用的影响逐渐减弱以至消失，因此在风化剖面的不同深度上，岩石的物理力学性质也会有明显差异。从工程地质的角度，一般把风化岩层自上而下或从外到内分为整石带、块石带、碎石带、粉碎带四个带。

（二）风化程度分级

岩石风化后，工程地质性质会变差，风化严重的可能会丧失强度，风化轻微的其强度可能略有下降或有不同程度的降低。因此，确定岩石的风化程度，充分利用岩石的“剩余”强度，对于工程建设来说有重要意义。目前确定岩石的风化程度主要依据野外观察岩石中的矿物颜色变化、矿物成分改变、岩石破碎程度和岩石强度降低等四方面的特征而定的。

（1）矿物颜色变化。岩石中矿物成分的风化首先反映在其颜色的改变上。未风化矿物的颜色是新鲜的、光泽明亮可见的，风化后颜色暗淡，失去光泽，风化越严重，变化越明显。

（2）矿物成分改变。岩石风化必然引起矿物成分变化，这在易风化矿物中最易显示出来，因此要特别观察易于风化的矿物，如黑云母等地变化。若长石失去光泽，表面似有土状粉末，即表明其已开始风化。

（3）岩石破碎程度。风化后岩石会产生许多裂隙，显然岩石风化程度越严重，产生的风化裂隙越多，岩石就越破碎。

（4）岩石强度变化。岩石风化产生风化裂隙，使岩石强度降低。风化越严重的岩石，其强度降低得越多，因此根据岩石强度的变化可以确定风化程度。野外调查时，可用手锤敲击、小刀划、镐头挖掘等方法测试其强度变化。

风化对岩石力学性质的影响可以通过岩石风化程度来评价，岩石风化程度可以通过室内岩石物理、力学性质指标评定的方法，也可以用声波及超声波的方法来评定。

四、岩石风化的调查评价与防治

（一）风化作用的工程意义

岩石受风化作用后，改变了物理、化学性质，其变化的情况随着风化程度的轻重而不同，如岩石的裂隙度、孔隙度、透水性、亲水性、胀缩性和可塑性等都随风化程度加深而增加，岩石的抗压和抗剪强度都随风化程度加深而降低，风化成分产物的不均匀性、产状和厚度的不规则性都随风化程度加深而增大。因此，岩石风化程度越深的地区，工程建筑物的地基承载力越低，岩石的边坡越不稳定。风化程度对工程设计和施工都有直接影响，如矿山建设、场址选择、水库坝基、大桥桥基和公路路基等地基开挖深度、浇灌基础应到达的深度和厚度、边坡开挖的坡度以及防护或加固的方法等，都将随岩石风化程度不同而异。因此，工程建设前必须对岩石的风化程度、速度、深度和分布情况进行调查和研究。

（二）岩石风化的调查与评价

岩石风化的调查内容主要有以下几个方面。

（1）查明风化程度，确定风化层的工程性质，以便考虑建筑物的结构和施工方法。

（2）查明风化层厚度和分布，以便选择最适当的建筑地点，合理确定风化层清基和刷方的土石方量，确定加固处理的有效措施。

（3）查明风化速度和引起风化的主要因素，对那些直接影响工程质量和风化速度快的岩层，必须制定预防风化的正确措施。

（4）对风化层进行划分，对次生矿物特别是黏土的含量和成分（如蒙脱石、高岭石、伊利石等）进行必要分析，因为它们直接影响着地基的稳定性。

（三）岩石风化的防治

（1）挖除法。该方法适用于风化层较薄的情况，当风化层厚度较大时通常只将严重影响建筑物稳定的部分剥除。

（2）抹面法。此方法用水和空气不能透过的材料，如沥青、水泥、黏土层等覆盖岩层。

（3）胶结灌浆法。此方法用水泥、黏土等浆液灌入岩层或裂隙中，以增强岩层的强度，降低其透水性。

（4）排水法。为了减少具有侵蚀性的地表水，并降低地下水对岩石中可溶性矿物的溶解及对岩石强度的影响，适当做一些排水工程。

只有在进行详细调查研究以后，工作人员才能提出切合实际的防止岩石风化的处理措施。

五、易软（风）化岩石工程实例

易软（风）化岩石是指各种泥岩、页岩、晚第三系的砂岩等岩石，这些类型的岩石具有强度低、易软化、易风化（抗风化能力低，在空气中可风化成土状）、岩体结构差等特点，工程性质差。随着我国公路建设的发展，将会遇到越来越多易软（风）化岩石的处理问题。一些公路施工中常常将这些岩石作弃方处理，然而经过科研人员和施工人员的努力，目前已经基本解决了易风化岩石作为路用填筑材料的问题及其边坡稳定性的处理问题。

（一）黏土岩填筑路堤技术

湖南南部广泛分布有黏土岩，由于这类岩石极易风化、干硬湿软，俗称“晴天一把刀，雨天一路泥”。在该地区修筑公路时，施工人员曾使用这种黏土岩作路堤填料。

根据规范要求，石料强度小于 15MPa 时，填筑的路堤为填土路堤。黏土岩中黏土矿物含量一般较高，抗风化能力差，它们在路堤中不能以石块的形式长期存在，而是逐渐风化破碎为土粒，因此用它们填筑的路堤必须具备满足路堤要求的密实度。

虽然岩石的强度小于 15MPa 时填筑的路堤为填土路堤，但路堤填筑时的施工工艺比填土要复杂，因为爆破后石块的粒径一般较大。因此，路堤沉降一般是由于填筑的石块粒径太大、松铺厚度太大、没有按规范进行击实试验及测试压实度造成的。路堤没有压实，岩块在路堤内干湿循环，就会逐渐崩解破碎，从而导致路堤沉降和开裂。

用黏土岩填筑路堤时，要按照有关标准规定要求，对工程性质指标进行试验，以判定其是否满足要求。采取与之相适应的爆破技术、摊铺、碾压及压实度测试方法，严格进行质量控制，是完全能够保证路堤质量要求的。

（二）红砂岩路堤填筑技术

红砂岩在中国分布范围很广。红砂岩存在两种典型结构即粒状碎屑结构与泥状结构，根据岩石学分类可分为碎屑类与黏土岩类，前者主要包括泥质砂岩、泥质粉砂岩、泥质细砂岩、砂岩、砾岩等；后者主要包括泥岩、页岩、砂质泥岩及砂质岩等。红砂岩中的铁质以浸染物的形式存在，致使红砂岩的外观呈现红色基调。红砂岩因矿物成分和胶结物质的差异而强度变化很大，而且在大气环境或干湿循环作用下，岩块可崩解成土，甚至泥化，其颗粒容易软化，强度降低，工程性质很差。因此，红砂岩作为路用填筑材料容易造成路基沉陷，导致路面开裂等不良工程现象。

作为路用材料主要应考虑两个方面的影响。其一就是红砂岩的水活性，即红砂岩的浸水崩解特性是不同于其他岩类的主要特征，也是红砂岩路基产生病害的根本原因，人们称之为红砂岩的水活性。红砂岩只有与外界交换水分的情况下，其水活性才会发挥。红砂岩在天然或人工、机械作用下逐渐崩解，水活性也随之消除，此时则不再对路基构成危害。其二经过崩解碾压后的红砂岩路用性能指标须满足高速公路填筑材料的要求。大量室内外试验发现红砂岩崩解碾压后可形成一种介于粉性黏土与粉土之间的土体即红沙土，红沙土各项路用性能指标均能满足高速公路填料的要求。

因此，红砂岩路堤填筑关键技术主要包括如下几个方面。

（1）通过预崩解，消除红砂岩的水活性，保证红砂岩路堤不出现因为水作用而产生的病害。

（2）红砂岩预崩解后会形成红沙土，经过一定的填筑工艺保证红沙土满足高速公路填料要求。

（3）通过碾压等工艺，阻止外界水分侵入，防止红砂岩残余水活性的激化，确保路基稳定。

（4）通过掺料改良路用性能，提高路基稳定性。

根据红砂岩路堤填筑关键技术，确定红砂岩路堤填筑的处理技术，即采用特殊措施消除红砂岩的水活性，将红砂岩全部或大部分转变成红沙土，再通过掺料、压实、隔断外界水分等措施，形成密实的不透水路堤，防止红砂岩路基病害发生。

为达到上述目的，有关工作人员在大型模拟试验路堤和现场试验路段试验研究的基础上，深入分析了红砂岩路堤的填筑机理，确定了以“预崩解—耙压—压实”工序为核心的施工工艺，使红砂岩全部或大部分颗粒粉碎，以消除水活性，达到填料的良好级，形成密实的不透水路堤，其施工工序为开挖—预崩解—装运卸料—摊铺—耙压—初压—赶平—碾压—终压。

经现场试验，结果表明施工时采用碾压密实型方案最好，其施工工艺简单易行，容易接受。对机械设备、施工无须特殊要求。但该方案的松铺厚度宜控制在 30cm 以内，最大粒径不得超过 20cm。按以上方法处理后的红砂岩路堤，其强度就能满足高速公路要求。

（三）炭质泥岩边坡防治措施

广西某公路沿线存在大量的炭质泥岩边坡，泥岩中多数富含炭而呈灰黑色，其主要工程地质特征如下。

（1）风化快。炭质泥岩多为软弱灰岩、砂岩、泥岩和页岩互层，岩质软弱，崩解性强，风化深度较大，抗风化能力差，特别是煤系地层，边坡风化更为强烈。岩层经人工开挖揭露，形成边坡，若不及时覆盖，岩体将在极短的时间内（几天到十几天）风化变质成液限较高的泥炭土，失去应有的岩性，造成边坡失稳。

（2）强度低。岩石风化后单轴抗压强度为 10 ~ 20MPa。

（3）岩体结构差。岩体存在不同程度的松动，雨水可直接渗入边坡岩体。

（4）活化作用。炭质泥岩受干燥—浸水活化作用影响较大，极易活化，且具有不可逆性。

经调查研究，炭质泥岩边坡的破坏一方面是边坡面的风化剥落；另一方面是结构面引起的失稳破坏。据此可以确定边坡的防护加固措施，具体如下。

（1）坡面防护。坡面防护通常指的是护坡工程，是在稳定边坡基础上进行的防护。该防护的目的是使边坡克服强度衰减和自然营力作用，主要是防风化、防雨水、防冲刷、防细小落石掉块。针对该段公路的工程实际，植物防护采用客土喷播、土工格室植被防护、三级土工网植被防护等方案。工程防护重点选择浆砌片石护面墙和挂网喷浆措施，适用于 1、2 类边坡。

（2）边坡加固。边坡加固是指边坡已处于临界平衡状态，已发生或潜在发生崩塌或滑坡、坍塌，通过设置支挡结构，增大其稳定性系数，预防边坡地质灾害，根据炭质泥岩边地工程环境条件，重点选择挡土墙、喷锚网和预应力锚固加固稳定较差和不稳定边坡，而对于低矮边坡则以重力式挡墙为主。

（3）喷锚网加固。喷锚网加固是靠锚杆、钢筋网和混凝土层共同工作来提高不稳定炭质泥岩边坡岩土的结构强度和抗变形刚度，主要适用于 2、3 类边坡。

（4）预应力锚固。预应力锚固是通过钻孔将钢绞线或高强度钢筋固定于深部稳定的地层中，并在被加固体表面通过张拉产生预应力，从而达到被加固体稳定和限制其变形目的，主要用于不稳定边坡加固。

对滑坡严重，治理难以彻底或投资巨大的边坡要采取改变边坡形状或线形结构措施。沿线多处边坡采用放缓卸载结合截排水综合措施进行治理。

六、残积层

地表岩石经过长期风化作用以后，改变了矿物成分、结构和构造，形成与原来岩石性质不同的风化产物，其中除一部分易溶物质被水溶解流失外，大部分物质残留原地，这种物质被称为残积物，这种风化层被称为残积层。

残积层的成分与原岩有密切关系，在酸性岩浆岩分布地区的残积层中，除含有由长石分解而成的黏土矿物外，常以富含石英颗粒的沙土为其特征；石灰岩形成的残积层，多为含石灰岩碎石的钙质亚黏土或黏土；石英砂岩的残积层，一般为砂层。

残积层中的碎屑物质大小不均匀、棱角显著、无分选、无层理。有时保存了原岩的残余构造，或者由于不同深度上的风化程度不同，而呈现假层理。残积层与下伏母岩没有明显界限，而是逐渐过渡的。残积层在平缓的山顶和山坡上较厚，而在易遭冲刷的较陡山坡上则厚度不大。

残积层的工程地质性质，主要取决于矿物成分、结构和构造等因素。残积层具有较多的孔隙和裂缝，易遭冲刷，强度和稳定性较差。由于残积层孔隙多，成分和厚度很不均匀，所以作为建筑物的地基时，应考虑其承载能力和可能产生的不均匀沉陷。由于残积层结构比较散，作为路堑边坡时，应考虑可能出现的坍塌和冲刷等问题。

残积层和其上经生物风化作用形成的土壤共同构成风化壳。风化壳的性质与气候关系极为密切，不同的气候条件会形成不同的风化壳。在垂直气候分带明显的高山区，风化壳也具有明显的分带现象。风化壳被上覆沉积层掩埋后形成埋藏风化壳，研究人员研究埋藏风化壳可以推断古地、古气候，确定沉积间断等。

第二节　地表流水的地质作用

在大陆上有两种地表流水：一种是时有时无的，如雨水及山洪急流，它们只在降雨或积雪融化时产生，称为暂时流水；另一种是终年流动不息的，如河水和江水，称为长期流水。不论暂时流水或长期流水，在流动过程中都要与地表的土石发生相互作用，产生侵蚀、搬运和堆积作用，形成各种地貌和不同的松散沉积层。地表流水不仅是影响地表形态不断发展变化的一个带有普遍性的重要自然因素，而且也经常影响着工程的建筑条件。

一、暂时流水的地质作用及其松散堆积层

（一）坡面细流的地质作用及坡积层

雨水降落到地面或覆盖地面的积雪融化时形成的地表水，其中一部分被蒸发，一部分渗入地下，剩下的部分在沿斜面流动时不断分散，形成无数股网状细小的流水，人们称之为坡面细流。坡面细流从高处沿斜坡向低处缓慢地流动，时而冲刷，时而沉积，不断使坡面风化岩屑和黏土物质沿斜坡向下移动，最后在坡脚或山坡低凹处沉积下来形成松散的堆积物，其被称为坡积层。雨水、融雪水形成的坡面细流对整个坡面所进行的这种比较均匀、缓慢和在短期内并不显著的地质作用，被称为洗刷作用。可以看出，坡面细流的洗刷作用，不仅对山坡地貌起着使其逐渐变缓和均夷坡面起伏的作用，对坡面地貌形态的发展发生影响，还同时伴随产生松散堆积物，形成坡积层。

坡面细流洗刷作用的强度和规模，在一定的气候条件下与山坡的岩性、风化程度和坡面植被的覆盖程度有关。一般在缺少植物的土质山坡或风化严重的软弱岩质山坡上洗刷作用比较显著。

由坡面细流的洗刷作用形成的坡积层，是山区公路勘测设计中经常遇到的第四纪陆相沉积物中的一个成因类型，它顺着坡面沿山坡的坡脚或山坡的凹坡呈缓倾斜裙状分布，其在地貌上被称为坡积裙。坡积层的厚度，由于碎屑物质的来源、下伏地貌及堆积过程不同而变化很大。就其本身来说，一般是中下部较厚，向山坡上部逐渐变薄以至尖灭。

坡积层可分为山地坡积层和山麓平原坡积层两个亚组。山地坡积层一般以亚黏土夹碎石为主，而山麓平原坡积层则以亚黏土为主，夹有少量的碎石。在我国北方干旱、半干旱地区的山麓平原坡积物，常具有黄土状土的某些特征。

坡积层物质未经长途搬运，碎屑棱角明显，分选性不好，通常都是些天然孔隙度很高并含有棱角状的碎石和亚黏土。与残积层不同的是坡积层的组成物质经过了一定距离搬运，由于间歇性堆积，可能有一些不太明显的倾斜层理，同时与下伏基岩没有成因上的直接联系。

除下伏基岩顶面的坡度平缓者外，坡积层多处于不稳定状态。实践证明，山区傍坡路线挖方边坡稳定性的破坏，大部分是在坡积层中发生的。影响坡积层稳定性的因素，概括起来主要有以下三个方面。

（1）下伏基岩顶面的倾斜程度。当坡积层的厚度较小时，其稳定程度首先取决于下伏岩层顶面的倾斜程度，如下伏地形或岩层顶面与坡积层的倾斜方向一致且坡度较陡时，尽管地面坡度很缓，也易于发生滑动。山坡或河谷谷坡上的坡积层滑动，经常是沿着下伏地面或基岩顶面发生的。

（2）下伏基岩与坡积层接触带的含水情况。当坡积层与下伏基岩接触带有水渗入而变得软弱湿润时，将显著降低坡积层与基岩顶面的摩阻力，因此更容易引起坡积层发生滑动。坡积层内的挖方边坡在久雨之后容易产生淤方，水的作用是一个带有普遍性的原因。

（3）坡积层本身的性质。由于坡积层的孔隙度一般都比较高，特别是在黏土颗粒含量高的坡积层中，雨季含水量增加，不仅增大了坡积层本身的重量，而且抗剪强度也随之降低，因而稳定性就跟着大为减小。以粗碎屑为主组成的坡积层，其稳定性受水的影响一般不像黏土颗粒那样显著。

除此以外，在低山地区和丘陵地区还常有一种坡积—残积物的混合堆积层存在，并兼有两者的工程地质特性，实践中应予注意。

（二）山洪急流的地质作用及洪积层

在山区由暂时性暴雨或山坡上积雪急剧消融所形成的坡面流水汇集于沟谷中，在较短时间内形成流量大、流速高的水流，其被称为山洪急流。山洪急流也常称为洪流。

洪流沿沟谷流动时，由于集中了大量的水流，沟底坡度大、流速快，因而拥有巨大的动能，对沟谷的岩石有很大的破坏力。洪流以其自身的水力和携带的砂石，对沟底和沟壁进行冲击与磨蚀，这个过程被称为洪流的冲刷作用，同时洪流把冲刷下来的碎屑物质带到山麓平原或沟谷口堆积下来，形成洪积层。由洪流冲刷作用形成的沟底狭窄、两壁陡峭的沟谷叫冲沟。

1. 冲沟

冲沟虽然是一个地貌上的问题，但是在西北黄土高原地区，其形成和发展却对公路等工程的建筑条件会产生重要影响，如陕北的绥德、吴旗，陇东的庆阳、宁县，冲沟系统规模之大，切割之深，发展之快，均为其他地区所罕见。在那些地区，冲沟使地形变得支离破碎，路线布局往往受到冲沟的控制，不仅增加路线长度和跨沟工程、增大工程费用，而且经常由于冲沟的不断发展，而截断路基，中断交通，或者由于洪积物掩埋道路，淤塞涵洞，影响正常运输。因此，有必要在这里一并进行讨论。

冲沟的发展，是以溯源侵蚀的方式由沟头向上逐渐延伸扩展的。在厚度很大的均质土分布地区，冲沟的发展大致可分为以下四个阶段。

（1）冲槽阶段。坡面径流局部汇流于凹坡，开始沿凹坡发生集中冲刷，形成不深的切沟。沟床的纵剖面与斜坡剖面基本一致。在此阶段，只要填平沟槽，注意调节坡面流水不再汇集，种植草皮保护坡面，即可使冲沟不再发展。

（2）下切阶段。由于冲沟不断发展，沟槽汇水增大，沟头下切，沟壁坍塌，使冲沟不断向上延伸和逐渐加宽。此时的沟床纵剖面与斜坡已不一致，出现悬沟陡坎，在沟口平缓地带开始有洪积物堆积。在冲沟发育地带进行公路勘测时，路线应避免从处于下切阶段的冲沟顶部或靠近沟壁的地带通过，否则除进行一般性的防治外，为防止冲沟进一步发展而影响路基稳定，必须采取积极的工程防治措施，如加固沟头、铺砌沟底、设置跌水及加固沟壁等。

（3）平衡阶段。悬沟陡坎已经消失，沟床已下切拓宽，形成凹形平缓的平衡剖面，冲刷逐渐削弱，沟底开始有洪积物沉积，在此阶段应注意冲沟可能发生的侧蚀，并加固沟壁。

（4）休止阶段。沟头溯源侵蚀结束，沟床下切基本停止，沟底有洪积物堆积，并开始有植物生长。处于休止阶段的冲沟，除地形上的考虑外，对公路工程已无特殊的影响。

冲沟发展的上述阶段，是指在厚层均质土层中（如黄土层中）冲沟发展的一般情况。发育在非均质土层，或残积、坡积、洪积等松散堆积层中的冲沟，其发展情况除受堆积物的性质、结构和厚度等因素的影响外，还受下伏地面的岩性、产状条件的影响，不一定能划分出上述四个阶段，也不一定会形成平衡剖面。因此，在实践中分析冲沟的发展情况，评价冲沟对建筑物可能产生的影响时，有关工作人员应结合冲沟地质情况和所处的自然地理条件进行具体分析。

2. *洪积层*

洪积层是由山洪急流搬运的碎屑物质组成的。当山洪急流夹带大量的泥沙、石块流出沟口后，由于沟床纵坡变缓，地形开阔，水流分散，流速降低，搬运能力骤然减小，水流中所夹带的石块、岩屑、砂砾等粗大碎屑先在沟口堆积下来，较细的泥沙继续随水搬运，多堆积在沟口外围一带。由于山洪急流的长期作用，在沟口一带就形成了扇形展布的堆积体，在地貌上称其为洪积扇。洪积扇的规模逐年增大，有时与相邻沟谷的洪积扇互相连接起来，形成规模更大的洪积裙或洪积冲积平原。

洪积层是第四纪陆相堆积物中的一个类型，从工程地质观点来看，洪积层有以下一些主要特征。

①组成物质分选不良，粗细混杂，碎屑物质多带棱角，磨圆度不佳；

②有不规则的交错层理、透镜体、尖夹及夹层等；

③山前洪积层由于周期性的干燥，常含有可溶盐类物质，在土粒和细碎屑间，往往会形成局部软弱结晶联结，但遇水作用后，联结就会破坏。

洪积层主要分布于山麓坡脚的沟谷出口地带及山前平原，从地形上看，是有利于工程建筑的。由于洪积物在搬运和沉积过程中的某些特点，规模很大的洪积层一般可划分为三个工程地质条件不同的地段：一是靠近山坡沟口的粗碎屑沉积地段，孔隙大，透水性强，地下水埋藏深，压缩性小，承载力比较高，是良好的天然地基；二是洪积层外围的细碎屑沉积地段，如果其在沉积过程中受到周期性的干燥，黏土颗粒发生凝聚并析出可溶盐分时，则洪积层的结构颇为结实，承载力也是比较高的；三是在上述两地段之间的过渡带，因为常有地下水溢出，水文地质条件不良，对工程建筑不利。

由上述情况可以看出，洪积层的工程地质性质，是影响公路构造物建筑条件的重要因素之一。但影响最大的，则是山洪急流对路基的直接冲刷和洪积物掩埋路基、淤塞桥涵所造成的种种病害问题。

二、河流的地质作用及冲积层

具有明显河槽的常年或季节性水流称为河流。河水通过侵蚀、搬运和堆积作用形成河床，并使河床的形态不断发生变化，河床形态的变化反过来又影响着河水的流速，从而促使河床发生新的变化，两者互相作用，互相影响。河流的侵蚀、搬运和堆积作用，可以认为是河水与河床运动平衡不断发展的结果。随着大型水利、水电事业的飞速发展，人类的工程活动正在大规模地影响着河流地质作用的自然过程。

在一定的地质条件下，河流地质作用的能量与河水的动能有关。河水的动能与流量和流速平方的乘积成正比。河流在洪水期侵蚀、搬运和堆积作用之所以特别强烈，就是因为河流的流量、流速显著增大，河水动能显著增强的缘故。由于河流的长期作用就形成了河床、河漫滩、河流阶地和河谷等各种河流地貌，同时也形成了第四纪陆相堆积物的另一个成因类型，即冲积层。

在山区，由于地形复杂，为了提高路线的技术指标，减少工程量，公路多利用河谷布设。不论路线位置的确定或路基设计的某些原则，人们都必须充分考虑河流地质作用和河流冲积层的工程地质性质对路基稳定性的影响。

（一）河流的侵蚀、搬运与沉积作用

1. 侵蚀作用

河水在流动的过程中不断加深和拓宽河床的作用称为河流的侵蚀作用，按其作用的方式，可分为化学溶蚀和机械侵蚀两种。化学溶蚀是指河水对组成河床的可溶性岩石不断进行化学溶解，使之逐渐随水流失，河流的溶蚀作用在石灰岩、白云岩等可溶性岩类分布地区比较显著，此外如河水对其他岩石中可溶性矿物发生溶解，使岩石的结构松散破坏，则有利于机械侵蚀作用的进行。机械侵蚀作用包括流动的河水对河床组成物质的直接冲蚀和夹带的砂砾、卵石等固体物质对河床的磨蚀。机械侵蚀在河流的侵蚀作用中具有普遍的意义，它是山区河流的一种主要侵蚀方式。

河流的侵蚀作用，按照河床不断加深和拓宽的发展过程，可分为下蚀作用和侧蚀作用。下蚀和侧蚀是河流侵蚀统一过程中互相制约和互相影响的两个方面，不过在河流的不同发展阶段，或同一条河流的不同部分，由于河水动力条件的差异，不仅下蚀和侧蚀所显示的优势会有明显区别，而且河流的侵蚀和沉积优势也会有显著差别。

（1）下蚀作用。河水在流动过程中使河床逐渐下切加深的作用，称为河流的下蚀作用。河水夹带固体物质对河床的机械破坏，是使河流下蚀的主要因素。其作用强度取决于河水的流速和流量，同时与河床的岩性和地质构造有密切的关系。很明显，河水的流速和流量大时，则下蚀作用的能量大，如果组成河床的岩石坚硬且无构造破坏现象，则会抑制河水对河床的下切的速度。反之，如岩石岩性松软或受到构造作用的破坏，则下蚀易于进行，河床下切过程加快。

下蚀作用使河床不断加深，切割成槽形凹地，形成河谷。在山区河流下蚀作用强烈，可形成深而窄的峡谷。金沙江虎跳峡，谷深达3000m；长江三峡，谷深达1500m；滇西北的金沙江河谷，平均每千年下蚀60cm；北美科罗拉多河谷，平均每千年下蚀40cm。

河流的侵蚀过程总是从河的下游逐渐向河源方向发展的，这种溯源推进的侵蚀过程称为溯源侵蚀。分水岭不断遭到剥蚀切割，河流长度的不断增加，还有河流的袭夺现象都是河流溯源侵蚀造成的结果。

河流的下蚀作用并不是无止境的继续下去，而是有基准面的。因为随着下蚀作用的发展，河床不断加深，河流的纵坡逐渐变缓，流速降低，侵蚀能量削弱，达到一定的基准面后，河流的侵蚀作用将趋于消失。河流下蚀作用消失的平面，称为侵蚀基准面。流入主流的支流，基本上以主流的水面为其侵蚀基准面；流入湖泊海洋的河流，则以湖面或海平面为其侵蚀基准面。大陆上的河流绝大部分都流入海洋，而且海洋的水面也较稳定，因此人们又把海平面称为基本侵蚀基准面。

（2）侧蚀作用。河水在流动过程中，一方面不断刷深河床，同时也不断冲刷河床两岸，这种使河床不断加宽的作用，称为河流的侧蚀作用。河水在运动过程中横向环流的作用，是促使河流产生侧蚀的经常性因素。此外，如河水受支流或文沟排泄的洪积物及其他重力堆积物的障碍顶托，致使主流流向发生改变，引起对河床两岸产生局部冲刷，这也是一种在特殊条件下产生的河流侧蚀现象。在天然河道上能形成横向环流的地方很多，但在河湾部分最为显著。当运动的河水进入河湾后，又由于其受离心力作用，表层流束以很大的流速冲向凹岸，产生强烈冲刷，使凹岸岸壁不断坍塌后退，并将冲刷下来的碎屑物质由底层流束带向凸岸堆积下来。由于横向环流的作用，使凹岸不断受到强烈冲刷，凸岸不断发生堆积，结果使河湾的曲率增大，并受纵向流的影响，使河湾逐渐向下游移动，因而导致河床发生平面摆动。这样天长日久，整个河床就被河水的侧蚀作用逐渐地拓宽。

沿河布设的公路，往往由于河流的水位变化及侧蚀，常使路基发生水毁现象，特别是在河湾凹岸地段最为显著。因此，在确定路线具体位置时，设计人员必须加以注意。由于在河湾部分横向环流作用明显加强，容易发生坍岸，并产生局部剧烈冲刷和堆积作用，河床容易发生平面摆动，因此侧蚀对于桥梁建筑，也是很不利的。

由于河流侧蚀不断发展，致使河流一个河湾接着一个河湾，并使河湾的曲率越来越大，河流的长度越来越长，结果使河床的比降逐渐减小，流速不断降低，侵蚀能量逐渐削弱，直至常水位时已无能量继续发生侧蚀。这时河流所特有的平面形态，称为蛇曲。有些处于蛇曲形态的河湾，彼此之间十分靠近，一旦流量增大，河流会截弯取直，流入新开拓的局部河道，而残留的原河湾的两端因逐渐淤塞而与原河道隔离，形成状似牛轭的静水湖泊，其被称为牛轭湖。最后，由于主要承受淤积，牛轭湖逐渐成为沼泽，以至消失。这类现象，在我国江汉平原的南缘（如从湖北的枝江到湖南的城陵矶一带），发育比较良好。在那里，荆江蜿蜒曲折，素有“九曲回肠”之称。

下蚀和侧蚀是河流侵蚀作用两个密切联系的方面，在河流下蚀与侧蚀的共同作用下，河床不断加深和拓宽。由于各地河床的纵坡、岩性、构造等不同，两种作用的强度也就不同，或以下蚀为主，或以侧蚀为主。一般在河流的中下游，由于河湾增多，纵坡变小，流速降低，横向环流的作用相对增强，从这个意义上来说，以侧蚀作用为主；在河流的上游，由于河床纵坡大、流速大、纵流占主导地位，总体上来说，以下蚀作用为主。

2. 搬运作用

河流在流动过程中夹带沿途冲刷侵蚀下来的物质（泥沙、石块等）离开原地的移动作用被称为搬运作用。河流的侵蚀和堆积作用，在一定意义上都是通过搬运过程来进行的。河水搬运能量的大小，取决于河水的流量和流速，在一定的流量条件下，流速是影响搬运能量的主要因素。河流搬运物的粒径与水流流速的平方成正比。

河流搬运的物质，主要来自谷坡洗刷、崩落、滑塌下来的产物和冲沟内洪流冲刷出来的产物，其次是河流侵蚀河床的产物。

河流的搬运作用有浮运、推移和溶运三种形式。一些颗粒细和比重小的物质往往悬浮于水中随水搬运，如我国黄河中的大量黄土物质就是主要通过悬浮方式进行搬运的。比较粗大的砂粒、砾石等，主要受河水冲动，沿河底推移前进。在河水中还有大量处于溶液状态的被溶解物质随水流走。

3. 沉积作用

河流搬运物从河水中沉积下来的过程称为沉积作用。河流在运动过程中，能量不断受到损失，当河水夹带的泥沙、砾石等搬运物超过了河水的搬运能力时，被搬运的物质便在重力作用下逐渐沉积下来形成松散的沉积层，其被称为河流冲积层。河流沉积物几乎全部是泥沙、砾石等机械碎屑物，而化学溶解的物质多在进入湖盆或海洋等特定的环境后才开始发生沉积。

河流的沉积特征：在一定的流量条件下，沉积主要受河水的流速和搬运物重量的影响，因此一般都具有明显的分选性。粗大的碎屑先沉积，细小的碎屑能搬运比较远的距离再沉积。由于河流的流量、流速及搬运物质补给的动态变化，因而在冲积层中一般存在具有明显结构特征的层理。从总的情况看，河流上游的沉积物比较粗大，向河流的下游沉积物的粒径逐渐变小，流速较大的河流河床部分沉积物的粒径比较粗大，在河床外围沉积物的粒径逐渐变小。

（二）冲积层

在河谷内由河流的沉积作用所形成的堆积物，称为冲积物或冲积层。冲积物的特点是具有良好的磨圆度和分选性，它是第四纪陆相沉积物中的一个主要成因类型。冲积物按其沉积环境的不同，可分为河床相、河漫滩相、牛轭湖相、蚀余堆积相与河口三角洲相。

1. 冲积物按沉积环境的分类

（1）河床相冲积物。它是在河床范围内形成的沉积物，主要为推移质，多由砂、砾、卵石组成，一般具有明显的斜层理。

（2）河漫滩相冲积物。它是在河漫滩范围内形成的沉积物，主要为悬浮质，多由亚砂土，亚黏土组成。

（3）牛轭湖相冲积物。它是在牛轭湖范围内形成的沉积物，主要为静水沉积，一般多由富含有机质的淤泥和泥炭组成，天然含水量很大，抗压、抗剪强度小，容易发生压缩变形。

（4）蚀余堆积相冲积物。该类冲积物常见于山区河流中，多为巨砾和大块石，可能来自河谷山坡的崩落岩块，也可能是河底的残余岩块。

（5）河口三角洲相冲积物。它是在河流入海（湖）口范围内形成的沉积物。三角洲冲积层分水上和水下两部分。水上部分主要由河床和河漫滩冲积物组成，以黏土和细砂为主，一般呈层状或透镜体，含水量高，结构疏松，强度和稳定性差。水下部分主要由河流冲积物和海（湖）淤积物混合组成，呈倾斜产状。

2. 冲积层按河谷地貌形态分类

（1）山区河谷冲积层。山区河谷由于不同河段岩性和地质构造不同，常是峡谷（V形谷）和宽谷（箱形谷）交替出现，也由于发展阶段的不同，而有峡谷和宽谷的区分。

在峡谷中，谷底几乎全被河床所占据，冲积物只能在河床中形成。这种冲积物的主要类型是河床相，由漂石、卵石、砾石及砂等粗碎屑物质组成。冲积层结构比较复杂，常有透镜体及不规则的夹层，厚度很薄，甚至河床基岩裸露，没有冲积层。

在宽谷中会出现沿岸浅滩，造成河床与浅滩流速差别。随着浅滩的扩大，这种差别使得推移质的搬运只能在河床范围内进行，而在浅滩部分则开始产生悬浮质的堆积，其结果是形成河漫滩冲积层的二元结构。底层是河床相推移质沉积物，上层是河漫滩相悬浮质沉积。这种二元结构显然是河床侧向移动的结果。

在山区河谷冲积层中，有时混有洪积物，而蚀余堆积物也很常见，在调查时应注意区别。洪积物的特点是磨圆度差，分选差，从巨砾到黏土物质混杂在一起。蚀余堆积则可以根据它与河床推移质的大小不相适应来判断。

（2）平原谷冲积层。平原河流具有塑造得很好的河谷，冲积物在这里得到最完全的发育，有河床相、河漫滩相、三角洲相和牛轭湖相，有时也有蚀余堆积物。不过，其中最主要的是河床冲积物与河漫滩冲积物两种。具有发育完全的河漫滩冲积沟是平原河流的重要特征。

第三节　地下水概述

根据已有资料得知，地球上总水量约为 $1.45\times10^9km^3$，它的质量占地球总质量的 0.024%，约占地壳质量的 6.91%。如果地球表面完全没有起伏，则全球将被一层厚 2745m 的海水覆盖。实际上，地球表面起伏很大，使 29.2% 的地面露在水面上，其余 70.8% 的地面处于水下。

水是一切有机物的生长要素，海洋是生命起源地。水既是一种人类生活和生产不可缺少的重要资源，又是一种重要的地质作用动力，它促使地表形态和地壳表层物质的物理性质和化学成分不断发生变化。我国正在进行大规模的工程建设，因此必须充分发挥水对工程建设的有利作用，防治水的有害影响。

埋藏在地表以下土层及岩石空隙（包括孔隙、裂隙和空洞等）中的水称为地下水。贮存在岩土空隙中的地下水有气态、液态和固态三种，但以液态为主。当水量少时，水分子受静电引力作用被吸附在碎屑颗粒和岩石的表面成为吸着水；薄层状的吸着水的厚度超过几百个水分子直径时，则为薄膜水。吸着水和薄膜水因受静电引力作用，不能自由移动。当水将岩土空隙填满时，如果空隙较小，则水受表面张力作用，可沿空隙上升形成毛细水；如果空隙较大，水的重力大于表面张力，则水受重力的支配从高处向下渗流，形成重力水。重力水是地下水存在最主要的方式。

地下水在重力作用下不停运动着，其运动特点主要决定于岩土的透水性。岩土的透水性又决定于岩土中空隙的大小、数量和连通程度。岩土按其透水性的强弱分为透水、半透水和不透水三类。透水的（有时包括半透水的）岩土层称为透水层；不透水的岩土层称为隔水层；当透水层被水充满时称为含水层。

地下水分布很广，与人们的生产、生活和工程活动的关系也很密切。它一方面是饮用、灌溉和工业供水的重要水源之一，是宝贵的天然资源。但另一方面，它与土石相互作用，会使土体和岩体强度与稳定性降低，产生各种不良的自然地质现象和工程地质现象，如滑坡、岩溶、潜蚀、地基沉陷、道路冻胀和翻浆等，给工程建筑和正常使用造成危害。在公路工程的设计与施工中，当考虑路基及隧道围岩的强度与稳定性、桥梁基础的埋置深度、施工开挖中的涌水等问题时，工作人员必须研究地下水的问题，研究地下水的埋藏条件、类型及其活动的规律性，以便采取相应措施，保证结构物的稳定和正常使用。此外，在某些情况下，地下水还会对工程建筑材料（如水泥、混凝土等）产生腐蚀作用，使结构物遭受破坏。因此，工程上对地下水问题向来是十分重视的。人们通常把与地下水有关的问题称为水文地质问题，把与地下水有关的地质条件称为水文地质条件。

第四节　地下水的物理性质和化学成分

由于地下水在运动过程中与各种岩土相互作用，溶解岩土中可溶物质等原因，使地下水成为一种复杂的溶液。研究地下水的物理性质和化学成分，对于了解地下水的成因与动态，确定地下水对混凝土等工程材料的侵蚀性，进行各种用水的水质评价等都有着实际意义。

一、地下水的物理性质

地下水的物理性质包括温度、颜色、透明度、嗅（气味）、味（味道）和导电性等。

地下水的温度变化范围很大。地下水温度的差异主要受各地区的地温条件所控制。通常随埋藏深度不同而异，埋藏越深的，水温越高。

地下水一般是无色、透明的，但当水中含有某些有色离子或含有较多的悬浮物质时，便会带有各种颜色并显得混浊，如含有铁的水为黄褐色，含腐殖质的水为浅黄色。

地下水一般是无嗅、无味的，但当水中含有硫化氢气体时，水便有臭蛋味，含氯化钠的水味咸，含氯化镁或硫化镁的水味苦。

地下水的导电性取决于所含电解质的数量与性质（即各种离子的含量与离子价），离子含量越多，离子价越高，则水的导电性越强。

二、地下水的主要化学成分

（一）地下水中常见的成分

地下水中含有多种元素，有的含量大，有的含量甚微。地壳中分布广、含量高的元素，如钙、镁、钠、钾等在地下水中最常见。有的元素如硅、铁等在地壳中分布很广，但在地下水中却不多；有的元素如氯等在地壳中极少，但在地下水中却大量存在。这是因为各种元素的溶解度不同的缘故。所有这些元素是以离子、化合物分子和气体状态存在于地下水中，而以离子状态为主。

（二）氢离子浓度（pH 值）

氢离子浓度是指水的酸碱度，用 pH 值表示。

自然界中大多数地下水的 pH 值在 6.5 ~ 8.5。

（三）总矿化度

水中离子、分子和各种化合物的总量称为总矿化度，用 g/L 表示。它表示水的矿化程度。通常以在 105℃ ~ 110℃温度下将水蒸干后所得干涸残余物的含量来确定。

高矿化水能降低水泥混凝土的强度，腐蚀钢筋，促使混凝土分解，故拌和混凝土时不允许用高矿化水，在高矿化水中的混凝土建筑亦应注意采取防护措施。

第五节　地下水的基本类型

除去矿物的内部结合水以外，地壳表层中的地下水，主要以气态、液态或固态存在于岩土空隙之中。岩土中的气态水多与大气相通，并与液态水处于经常发生互相转化的平衡状态。岩土中的液态水，包括吸着水、薄膜水、毛细水和重力水。吸着水、薄膜水受静电引力作用，不受重力和表面张力的驱动。毛细水可逆重力方向运动，并可达到自由水面以上一定的高度。重力水在重力作用下运动，可以传递静水压力，是地下水最主要部分，从自然泉眼中流出的，或从人工井孔中汲取的都是重力水。在高寒地带，岩土孔隙的水冻结成冰，成为固态的地下水。这里所说的各类地下水特征，主要是指液态的重力水。

土（或岩石）空隙充满水的地带称为饱和带，这个地带的地下水称为饱和带水，包括潜水和承压水。在饱和带以上，未被水充满的地带称为包气带或未饱和带，包气带中的地下水称为包气带水。有时在包气带内夹有局部隔水层，可形成局部饱和带水，称为上层滞水。

根据埋藏条件，地下水可分为包气带水、潜水和承压水三类。无论哪种类型的地下水，均可按其含水层的空隙性质分为孔隙水、裂隙水和岩溶水。

下面分别介绍地下水的主要类型，包括上层滞水、潜水、承压水、裂隙水和岩溶水。孔隙水的内容在土质学中有专述，在此不再赘述。

一、上层滞水

在包气带内局部隔水层上形成的饱和带水称为上层滞水。上层滞水是一种局部的、暂时性的地下水。当透水层中夹有不透水层或弱透水层的透镜体时，地表水便可下渗聚集于透镜体上，成为上层滞水。

上层滞水多位于距地表不深的地方，分布区与补给区一致，分布范围一般不大。其分布范围和存在时间取决于隔水层的厚度和面积的大小。如果隔水层的厚度小、面积小，则上层滞水的分布范围较小，而且存在时间较短；相反，如果隔水层的厚度大、面积大，则上层滞水的分布范围就较大，而且存在时间也较长。

由于上层滞水接近地表且分布范围有限，因此其水量受气候因素的影响很大，动态变化极不稳定。雨季或融雪期时其水量增大，水位升高，并且会有一部分水向隔水层边缘流去补给潜水；旱季则水量大幅度减少，水位迅速降低，甚至可能被全部蒸发或下渗掉。

上层滞水接近地表，可使地基土强度减弱。在寒冷的北方地区，则易引起道路的冻胀和翻浆。此外，由于其水位变化幅度较大，故常给工程设计、施工带来困难。

二、潜水

自地表向下第一个连续稳定隔水层之上的含水层中，具有自由水面的重力水称为潜水。潜水一般是存在于第四纪松散堆积物的孔隙中（孔隙潜水）及出露地表的基岩裂隙和溶洞中（裂隙潜水和岩溶潜水）。

潜水的自由水面称为潜水面；潜水面的标高称为潜水位。潜水面至地面的垂直距离称为潜水埋藏深度；由潜水面往下到隔水层顶板之间充满重力水的部分称为含水层厚度。

潜水的分布极广，与道路工程和桥梁工程的关系也最为密切。

（一）潜水的特征

（1）潜水通过包气带与地表相通，因此大气降水和地表水可直接渗入补给潜水，成为潜水的主要补给来源。一般情况下，潜水分布区与补给区是一致的，但也可不一致，如在河谷、山前平原地区的孔隙潜水分布区与补给区基本一致，而山区的裂隙潜水、岩溶潜水则不一定一致。

（2）潜水的埋藏深度和含水层的厚度受气候、地形和地质条件影响变化甚大。在强烈切割的山区，埋藏深度可达几十米甚至更深，含水层厚度差异也大。而在平原地区，其埋藏深度较浅，通常为数米至十余米，有时可为零，含水层厚度差异也小。潜水的埋藏深度和含水层的厚度不仅因地而异，就是在同一地区，也随季节不同而有显著变化。在雨季，潜水面上升，埋藏深度变小，含水层厚度随之加大，旱季则相反。

（3）潜水具有自由表面。在重力作用下，潜水自水位较高处向水位较低处渗流，流动的快慢取决于含水层的渗透性能和潜水面的水力坡度。潜水面的形状与地形有一定程度的一致性，地面坡度越大，潜水面的坡度也越大，但比地形的起伏要平缓得多。在山脊地带，潜水位的最高处可形成潜水分水岭。当潜水流向冲沟、河谷等排泄区时，其水位逐渐下降，形成倾向于排泄区的曲面，但当高水位河水补给潜水时，潜水面可以变成从河水倾向潜水的曲面。

（4）潜水的排泄主要有垂直排泄和水平排泄两种方式。潜水在埋藏浅和气候干燥的条件下，通过上覆岩层不断蒸发而排泄时，称为垂直排泄。垂直排泄是原地区与干旱地区潜水排泄的主要方式。潜水以地下径流的方式补给相邻地区含水层，或出露于地表直接补给地表水时，称为水平排泄。水平排泄方式在地势比较陡峻的河流中、上游地区最为普遍。由于水平排泄可使溶解于水中的盐分随水一同带走，不容易引起地下水矿化度显著变化，所以山区潜水的矿化度一般较低。垂直排泄时，因只有水分蒸发，并不排泄水中的盐分，结果便导致水量消耗，潜水矿化度升高。因此，在干旱和半干旱的平原地区，潜水矿化度一般较高。若潜水的矿化度高，而埋藏又很浅时，则往往会促使土壤盐渍化发生。

（二）潜水面的表示方法

潜水面形状一般有两种表示方法。一种是剖面图的形式，即在具有代表性的剖面线上，按一定比例尺绘制水文地质剖面图，在该图上不仅要表明含水层、隔水层的岩性及厚度的变化情况，还有各层的层位关系、构造特征等地质情况，还应将各水文地质点（钻孔、井、泉等）标于图上，并标出上述各点同一时期的水位，绘出潜水面的形状。另一种是以平面图的形式表示，即绘制等水位线图，等水位线图即潜水面的等高线图，就是潜水面上标高相等各点的连线图，它是以一定比例尺的地形等高线图作底图，按一定的水位间隔，将某一时间潜水位相同的各点连成不同高程的等水位线而构成。由于潜水等水位线图能够表明潜水的埋藏条件、埋藏深度、流向、含水层厚度及其动态变化等，所以在工程上有很大的实用价值，是评价工程所在地区水文地质条件的重要图件。根据潜水等水位线图，人们可以解决下列实际问题。

（1）确定潜水流向。潜水自水位高的地方向水位低的地方流动从而形成潜水流。在等水位线图上，垂直于等水位线的方向，即为潜水的流向。

（2）计算潜水的水力坡度。在潜水流向上取两点的水位差除以两点的距离，即为该段潜水的水力坡度（近似值）。

（3）确定潜水与地表水之间的关系。如果潜水流向指向河流，则潜水补给河水；如果潜水流向背向河流，则潜水接受河水补给。

（4）确定潜水的埋藏深度。等水位线图应绘于附有地形等高线的图上，某一点的地形标高与潜水位之差即为该点水的埋藏深度。

三、承压水

充满于两个隔水层间的含水层承受水压力的地下水称为承压水。其上部不透水层的底界面和下部不透水层的顶界面，分别称为隔水顶板和隔水底板。隔水顶板和隔水底板分别构成承压含水层的顶、底界面。当地下水充满承压含水层时，地下水在高水头补给的情况下，具有明显的承压特性，如果钻孔穿过承压含水层的上覆隔水层，水便会沿钻孔显著上升，甚至喷出地表。因此，承压水又常称为自流水。由于承压水具有这一特点，因而其是良好的水源。承压水有时也会给地下工程、坝基稳定等造成很大困扰。

（一）承压水的埋藏类型

承压水的形成主要取决于地质构造。形成承压水的地质构造主要是向斜构造和单斜构造。

1. 向斜构造

向斜构造是承压水形成和埋藏的最有利的地方。埋藏有承压水的向斜构造又称承压盆地或自流盆地。一个完整的自流盆地一般可分为三个区，即补给区、承压区和排泄区。

（1）补给区含水层在自流盆地边缘出露于地表，它可接受大气降水和地表水的补给，因此称为承压水的补给区。在补给区，由于含水层之上并无隔水层覆盖，故地下水具有与潜水相似的性质。承压水压力水头的大小，在很大程度上取决于补给区出露地表的标高。

（2）承压区位于自流盆地的中部，是自流盆地的主体，分布面积较大。这里的地下水由于承受水头压力，当钻孔打穿隔水层顶板时，地下水即沿钻孔上升至一定高度，这个高度称为承压水位。承压水位至隔水层顶板底面的距离即为该处的压力水头。承压区压力水的大小各处不一，其取决于含水层隔水顶板与承压水位间的高差，隔水顶板的相对位置越低，压力水头越高。当水头高出地面高程时，水便沿钻孔涌出地表，这种压力水头称正水头；如果地面高程高于承压水位，则地下水位只能上升到地面以下的一定高度，这种压力水头称负水头。地面标高与承压水位的差值称地下水位埋深。承压水位高于地表的地区称自流区。在此区，凡钻到承压含水层的钻孔都会形成自流井，承压水沿钻孔上升喷出地表。各点承压水位连成的面被人们称为承压水面。

（3）排泄区与承压区相连，高程较低，常位于低洼地区。承压水在此处或补给潜水含层，或向流经其上的河流排泄，有时则直接出露地表形成泉水流走。

2. 单斜构造

埋藏有承压水的单斜构造称为承压斜地或自流斜地。形成自流斜地的构造条件，可以是含水层下部被断层截断，也可以是含水层下部在某一深度尖灭，即岩性发生变化。承压，斜地的透水层和隔水层相同分布时，地下水充满在两个隔水层之间的透水层中，形成承压水，这种情形常出现在倾斜的基岩和第四纪松散堆积物组成的山前斜地中。

（二）承压水的补给和排泄

承压水的上部由于有连续隔水层的覆盖，大气降水和地表水不能直接补给整个含水层，只有在含水层直接出露的补给区方能接受大气降水或地表水的补给，因此承压水的分布区和补给区是不一致的，一般补给区远小于分布区。除此以外，由于其受隔水层覆盖，所以受气候及其他水文因素的影响也较小，故其水量变化不大，且不易蒸发。因此，地下水的动态也是比较稳定的。此外，由于承压水具有水头压力，所以它不仅可以由补给区流向自流盆地或自流斜地的低处，而且可以由低处向上流至排泄区，并以上升泉的形式出露于地表，通过补给该区的潜水和地表水而得到排泄。

（三）承压水的特征

承压水具有如下特征。

（1）承压水的重要特征是不具自由水面，并承受一定的静水力。承压水承受的压力来自补给区的静水压力和上覆地层压力。由于上覆地层压力是恒定的，故承压水压力的变化与补给区水位变化有关。当接受补给水位上升时，静水压力增大，水对上覆地层的浮托力随之增大，从而承压水头增大，承压水位上升；反之，补给区水位下降，承压水位随之降低。

（2）承压含水层的分布区与补给区不一致，常常是补给区远小于分布区，一般只通过补给区接受补给。

（3）承压水的动态比较稳定，受气候影响较小。

（4）承压水不易受地面污染。

（四）承压水面的表示方法

承压水面在平面图上用承压水等水压线图表示。所谓等水压线图就是承压水面上高程相等点的连线图。在承压区用钻孔揭露含水层时，承压水会上升到一定高度，承压水头系指从上覆隔水层顶板的底面到钻孔中承压水位的垂直距离。如果在承压区打许多钻孔，并把测得的承压水头绝对标高相等的点连接起来，即可得到承压水的等水压线图。等水压线图反映了打钻孔后，该地区所能形成的等压水面。该等压水面所在的标高，就是该处打钻孔后水头所能达到的高度。等水压线图上必须附有地形等高线和顶板等高线。后者表明钻孔钻到什么深度能见到承压水（初见水位）。当深挖隧道或桥基时，如果穿透了承压水含水层的上覆隔水层，水就会大量涌出，给工程造成困难和危害。

根据等水压线图可以确定承压含水层的下列重要指标。

①承压水位距地表的深度；

②承压水头的大小；

③承压水的流向。

四、裂隙水

埋藏于基岩裂隙中的地下水称为裂隙水。岩石裂隙的发育情况决定了地下水的分布情况和能否富集。

在裂隙发育的地方，含水丰富；裂隙不发育的地方，含水甚少。因此，在同一构造单元或同一地段内，含水性和富水性有很大变化，形成裂隙水聚集的不均一性。

岩层中的裂隙常具有一定的方向性，即在某些方向上，裂隙的张开程度或连通性比较好，因而其导水性强，水力联系好，常成为地下水的主要径流通道；在另一些方向，裂隙闭合或连通性差，其导水性和水力联系也差，径流不通畅，因而裂隙岩石的导水性具有明显的各向异性。

（一）裂隙水的埋藏类型

裂隙水是山区广泛分布的地下水的主要类型，根据埋藏情况，可将裂隙水划分为面状裂隙水、层间裂隙水和脉状裂隙水三种。

1. 面状裂隙水

面状裂隙水埋藏在各种基岩表层的风化裂隙中，又称风化裂隙水。其上部一般没有连续分布的隔水层，因此它具有潜水的基本特征。但是，在某些古化壳上覆盖有大面积的不透水层（如黏土）时，也可形成承压水。

风化裂隙含水和透水的强弱，随岩石的风化程度、风化层物质等因素的不同而不同。在全风化带及一些强风化带中，因其富含黏土物质，含水性和透水性反而减弱。

面状裂隙水的水量随岩性不同、地形起伏而发生变化。例如，以砂岩为主的地段比以泥岩为主的地段，水量多一倍至几倍；而同一种岩石分布地区的分水岭地带比河谷附近的水量少得多。人们一般认为，微风化带的性质近似于不透水层，故常视其为面状裂隙水的下界。

2. 层间裂隙水

埋藏在层状岩石的成岩裂隙和区域构造裂隙中的地下水称为层间裂隙水。其分布一般与岩层的分布一致，因而常有一定的成层性。在岩层出露的浅部，它可以形成潜水，当层间裂隙水被不透水层覆盖时，则形成承压水。

层间裂隙水在不同的部位和不同的方向上，因裂隙的密度、张开程度和连通性有差异，其透水性和涌水量有较大的差别，具有不均一的特点。

3. 脉状裂隙水

脉状裂隙水埋藏于构造裂隙中，主要特征如下。

（1）其沿断裂带呈脉状分布，长度和深度远比宽度要大，具有一定的方向性；

（2）其可切穿不同时代、不同岩性的地层，并可通过不同的构造部位，因而导致了含水带内地下水分布的不均匀性；

（3）其补给源较远，循环深度较大，水量、水位较稳定，有些地段具有承压性。

脉状裂隙水一般水量比较丰富，常常是良好的供水水源，但往往会对隧道工程造成危害，如产生突然涌水事故等。

（二）裂隙水的富集条件

地下水富集区的形成，必须具备以下三个条件。

①有较多的储水空间；

②有充足的补给水源；

③有良好的汇水条件。

形成裂隙水富集的上述条件主要受岩性、构造、地貌等因素影响。岩性不同，裂隙发育程度有差异，因而富水性不同。构造部位不同，裂隙发育程度有差异，因而导水性和富水性也不同。褶曲轴部的裂隙较其他部位发育，往往是富水的地方。断裂多次活动的部位，岩石破碎、裂隙发育，不利于地下水富集。不同地貌部位，地下水的补给、汇聚条件不同，岩石裂隙发育程度不同，因而富水性不同。盆地、洼地、谷地常常会构成富水的有利条件。

五、岩溶水

储存和运动于可溶性岩石的溶蚀洞隙中的地下水被称为岩溶水。岩溶水按埋藏条件，可以是潜水，也可以为承压水。当碳酸岩大面积出露于地表时，岩溶较发育，常形成岩溶潜水和一些局部承压水。在岩溶地层与非可溶岩层呈互层时，岩溶地层中的孔洞被地下水充满，便形成岩溶承压水。

岩溶水在空间的分布变化很大，甚至比裂隙水更不均匀。有些地方，地下水汇集于溶洞孔道中，形成地下水很丰富的地区；而另一些地方，水可沿溶洞孔流走，形成在一定范围内严重缺水的现象。有时钻孔打到溶洞，其涌水量就很大，但是就在附近几米范围内的另一钻孔，没有打到溶洞时，可能完全无水。

岩溶水由于流动条件差异，其运动性质也截然不同。在大的孔洞中，岩溶水常呈无压水流，而在断面小的裂隙处，则呈有压水流，即在同一含水层中有压水流和无压水流可以并存。同时，在大断面的孔洞地段，地下水流速快，会出现紊流状态。在裂隙中渗流的水，由于阻力大，流速小而处于层流状态。此外，岩溶地区既存在一些与周围联系极差的孤立水流，也存在具有统一地下水面的岩溶水流。前者常出现在岩溶山地，后者主要出现在岩溶发育的河谷地带和岩溶平原。在一定条件下，两者也可同处于一个含水层。

大气降水是岩溶水的主要补给来源，它通过各种岩溶通道，迅速补给地下水。因此，岩溶水的动态与大气降水关系十分密切，其主要特点，一是水位、水量变化幅度大，水位变化幅度可达80m，流量变化更大；二是有些岩溶水对大气降水极为灵敏。但是并非所有的岩溶水动态都不稳定。

岩溶水排泄的最大特征是集中和排泄量大。岩溶水在排泄时，常常形成一些特殊的泉，如反复泉和多潮泉。反复泉是只有下雨时才有泉水流出，而平时或干旱时则起消水作用（地表水流入地下）。多潮泉是泉的涌水量呈潮汐变化，有时水量大，有时几乎干涸，呈周期性变化。

第六节　地下水与工程建设

地下水是地质环境的重要组成部分，且最为活跃。在许多情况下地质环境的变化常常是由地下水的变化引起的。引起地下水变化的因素很多，可归纳为自然因素与人为因素两大类。自然因素主要指的是气候因素，如降水引起的地下水变化，涉及范围大，而且可预测。引起地下水变化的人为因素是各种各样的，往往带有偶然性，局部发生，难以预测，对工程危害很大。

在土木工程建设中，地下水常常起着重要作用。地下水对土木工程的不良影响主要有某些地下水对混凝土产生腐蚀；降低地下水会使地面产生固结沉降；不合理的地下水流动会诱发某些土层出现流沙现象和机械潜蚀；地下水对位于水位以下岩石、土层和建筑物基础产生浮托作用等。

一、地面沉降

在含水层中进行地下洞室、地铁或深基础施工时，往往需要采用抽水的办法人工降低地下水位。由于抽水引起含水层水位下降，就会导致土层中孔隙水压力降低，颗粒间有效应力增加，地层压密超过一定限度，即表现出地面沉降。

当抽水时，在抽水井周围会形成降水漏斗。在降水漏斗范围内的土层将发生固结沉降。由于土层的不均匀性和边界条件的复杂性，降水漏斗往往是不对称的，会使周围建筑物或地下管线产生不均匀沉降，甚至开裂。

除此之外，如果抽水井滤网和砂滤层的设计不合理或施工质量差，抽水时会将土层中的黏粒、粉粒、甚至细砂等细小土颗粒随同地下水一起带出地面，使周围地面土层很快产生不均匀沉降，造成地面建筑物和地下管线不同程度的损坏。

城市大面积抽取地下水，将造成大规模的地面沉降。前些年，天津市由于地下水超采使地面最大沉降速率达到262mm/a，最大沉降量达2.16m。

控制地面沉降最好的方法是合理开采地下水，多年平均开采量不能超过平均补给量。这样，地下水位不会有多大变化，地面沉降也不会发生或发生很小，不致造成灾害。在地面沉降已经严重发生的地区，对含水层进行回灌可使地面沉降适当恢复，但要想大量恢复是不可能的。

地面塌陷是松散土层中所产生的突发性断裂陷落，多发生于岩溶地区，在非岩溶地区也能见到。地面塌陷多为人为局部改变地下水位引起的，如地面水渠或地下输水管道渗漏可使地下水位局部上升，基坑降水或矿山排水疏干引起地下水位局部下降，因此在短距离内出现较大的水位差，水力坡度变大，增强了地下水的潜蚀能力，对地层进行冲蚀、掏空，形成地下洞穴，当穴顶失去平衡时便发生地面塌陷。地面塌陷危害很大，会破坏农田、水利工程、交通线路，引起房屋破裂倒塌、地下管道断裂。

为杜绝地面塌陷发生，在重大工程附近应严格禁止能大幅度改变地下水位的工程施工，如必须施工时，应进行回灌，以保持附近地下水位不要有大变化。

三、流沙

流沙是地下水自下而上渗流时土产生流动的现象，它与地下水的动水压力有密切关系。当地下水的动水压力大于土粒的浮容重或地下水的水力坡度大于临界水力坡度时，土颗粒之间的有效应力就等于零，土颗粒悬浮于水中，随水一起流出就会产生流沙。这种情况的发生常是由于施工人员在地下水位以下开挖基坑、埋设地下管道、打井等工程活动而引起的，所以流沙是一种工程地质现象，易产生在细沙、粉沙、粉质黏土等土中。流沙在工程施工中能造成大量的土体流动，致使地表塌陷或建筑物地基破坏，会给施工带来很大困难，或直接影响建筑工程及附近建筑物稳定，如果在沉井施工中，产生严重流沙，此时沉井就会突然下沉，无法用人力控制，以至沉井发生倾斜，甚至发生重大事故。

在可能产生流沙的地区，若其上面有一定厚度的土层，施工人员应尽量利用上面的土层作天然地基，也可用桩基穿过流沙，总之尽可能避免开挖，如果必须开挖，可用以下方法处理流沙。

（1）人工降低地下水位，使地下水位降至可能产生流沙的地层以下，然后开挖；

（2）在土中打入板桩，它一方面可以加固坑壁，另一方面增长了地下水的渗流路程以减小水力坡度；

（3）用冷冻方法使地下水结冰，然后开挖；

（4）在基坑（或沉井）中用机械在水下挖掘，避免因排水而造成产生流沙的水头差，为了增加沙的稳定，也可向基坑中注水并同时进行挖掘。

此外，处理流沙的方法还有化学加固法、爆炸法及加重法等。在基槽开挖的过程中局部地段出现流沙时，可抛入大块石进行治理。

四、潜蚀

潜蚀作用可分为机械潜蚀和化学潜蚀两种。机械潜蚀是指土粒在地下水的动水压力作用下受到冲刷，将细粒冲走，使土的结构破坏，形成洞穴的作用；化学潜蚀是指地下水溶解水中的盐分，使土粒间的结合力和土的结构破坏，土粒被水带走，形成洞穴的作用。这两种作用一般是同时进行的。在地基土层内如具有地下水的潜蚀作用时，将会破坏地基土的强度，形成空洞，产生地表塌陷，影响建筑工程稳定。在我国的黄土层及岩溶地区的土层中，常有潜蚀现象产生，修建建筑物时应予以注意。

对潜蚀的处理可以采用堵截地表水流入土层、阻止地下水在土层中流动、设置反滤层、改造土的性质、减小地下水流速及水力坡度等措施。这些措施应根据当地的具体地质条件分别或综合采用。

五、浮托作用

当建筑物基础底面位于地下水位以下时，地下水对基础底面产生静水压力，即产生浮托力。如果基础位于粉性土、砂性土、碎石土和节理裂隙发育的岩石地基上，则按地下水位100%计算浮托力；如果基础位于节理裂隙不发育的岩石地基上，则按地下水位50%计算浮托力；如果基础位于黏性土地基上，其浮托力则较难确切确定，应结合地区实际经验考虑。

地下水不仅对建筑物基础产生浮托力，同样对其水位以下的岩石、土体产生浮托力。因此，《建筑地基基础设计规范》（GB 5007—2011）第5.1.5条规定：基础宜埋置在地下水位以上，当必须埋在地下水位以下时，应采取地基土在施工时不受扰动的措施。

六、基坑突涌

当基坑下伏有承压含水层时，开挖基坑减小了底部隔水层的厚度；当隔水层较薄经受不住承压水头压力作用时，承压水的水头压力就会冲破基坑底板，这种工程地质现象被称为基坑突涌。

七、地下水对混凝土的腐蚀性

土木工程建筑物，如房屋及桥梁基础、地下洞室衬砌和边坡支挡建筑物等，都要长期与地下水相接触，地下水中各化学成分与建筑物中的混凝土产生化学反应，就会使混凝土中某些物质被溶蚀，强度降低，结构遭到破坏。除此之外，还有可能在混凝土中生成某种新的化合物，这些新化合物生成时会产生体积膨胀，使混凝土开裂破坏。

地下水对混凝土的腐蚀性除与水中各种化学成分的单独作用及相互影响有密切关系外，还与建筑物所处环境、使用的水泥品种等因素有关，必须综合考虑。

第四章　路线布置的基本方案

山区地形不外乎是河谷、山脊、深沟和山岭的综合排列。因此，根据路线的走向与通过地区大的地貌、地形特征的相互关系，路线布设一般有三类基本形式，即沿溪（河）线、越岭线、山脊线，有时还会提到山坡线，所谓山坡线就其部位而言，其是位于沿溪线和山脊线之间，往往作为越岭线的一个组成部分或山脊线的一段过渡段出现，因此在这里就不再专门叙述。

一条长的路线，往往是各种线形的交替组合，而不可能单一地只布成沿溪线或越岭线。因此，设计人员必须掌握各种布线方案的基本特点，使路线整体布置和局部处理协调一致。

第一节　沿溪（河）线

沿溪（河）线是沿河谷两边台地上布置的路线，其主要特点是河谷的河床纵坡一般比较平缓，除个别段落外，一般均未超过道路的平均纵坡；山区的城镇和居民点多分布在河谷两岸，沿河修建的道路服务性能好，并有利于农业运输。同时，沿河谷一般有砂砾，石料，还有充足的水源，可供修建和养护道路使用。除上述特点外，沿溪（河）线工程数量小，线形标准比较好。因此，布设路线时，首先应当考虑和选择沿溪线。但是，山区河流的两岸，常常出现复杂的不良地质地段，河洪常使路基稳定受到影响；河流两岸又多悬岩陡壁，某些地段会大大增加工程数量，因此如何利用其优点，避开其缺点，因地制宜地选岸布线，是布置沿溪线的主要问题。

一、河岸选择

在沿溪（河）线布线中，首先遇到的是路线走那一岸的问题。由于河谷两岸情况各有利弊，并且常常交替出现，因此布置路线时，应当根据两岸的地形、地质，水文以及居民点的分布情况，结合农田水利规划等因素综合考虑。

（1）从地形地质条件来看，路线一般应选在地形宽坦，台地较多，支沟较少，水文及地质良好的一岸，而这些有利的因素常常交错出现，因此必须适当建造跨河结构物。

（2）积雪和冰冻地区的选岸。我国不少山区属于高寒地区，一年有几个月是积雪和冰冻期，这些地区的阴坡和阳坡，迎风面和背风面的气候条件差别很大，阴坡积雪严重，且延续时间长。选岸时在不影响路线整体布局下应尽可能选择在阳坡和迎风一岸，以减少积雪危害，有时即使阳坡面的工程数量大些，也应当从延长通车时间和保证行车安全角度出发，选择阳坡面布线。

（3）和城镇居民点的联系。山区居民和城镇往往分布在沿河两岸。因此，除特殊要求的公路外，一般路线应尽可能选在村镇多，居民点密集的一岸。但路线应尽量避免穿过村镇，力求利民不害民，靠村不进村。

二、路线的高度

沿溪（河）线的线位高低，是根据河岸地形，地质条件及河流的水流情况，结合线路标准和工程经济来确定的，比较理想的是将路线设在地质、水文条件良好，且不受洪水影响的平整台地上。但山区河流由于流速大，常年的切割作用，河床往往呈“V”形或“U”形，旁山临河路线往往缺乏有利地形，因此路线的高低应慎重考虑。

低线一般指高出设计水位（包括浪高和安全高度）不多，路基临河一侧的边坡常受洪水减胁的路线；高线一般指高出设计水位较多，不受洪水减胁的路线。两种路线各有利弊。低线在满足规定频率的设计水位的前提下，一般路线很低，由于地形很好，故其不但能节省造价，而且路线标准也可以提高，就一般而言其优点如下。

①平纵面线形比较顺直、平缓，易达到高标准；边坡低，塌方亦少，土石方工程一般也较小。

②布置路线活动范围大，便于利用有利地形、地质地段。

③遇支流时便于在沟口直跨，路堤不至太高，桥涵工程不致太复杂，必要时跨越主流引线也较易处理。

④防护工程较矮、简易，路基损坏后易于修复，养护材料及用水等均较方便。

其缺点如下。

①受洪水威胁大，防护工程较多，山区河流水流猛涨猛落，沿河路基易发生水毁。

②河边较好的地形，往往是农田，故线路占田较多。

③遇到个别山嘴废方较多时，需要远运，以免废方堵河。

高线一般多用于大段较高台地，或为了及早提坡越过山嘴或翻越垭口。其优点是不受洪水减胁，其废方亦易处理。

其缺点如下。

①路线通过山坡或山腰，山嘴和山沟相连，鸡爪地形较多。路线平面曲折，纵坡起伏，工程量大，遇有缺口需设较高的挡土墙或其他构造物。

②跨河较难，跨主河时由于路线与河底高差较大，常需展线急下才能跨过；跨支流时，多需修建大跨高桥，或路线沿支流绕进很多，使路线标准降低，里程增长，工程增大。

③遇到不良地质地段时，避让或处理都比较困难。

④施工和养护用料、用水都不及低线方便。

低线的优点多，一般多采用。但低线也有不少水毁的教训。因此，在采用低线方案时，要特别重视洪水调查，收集可靠的水文资料，把路线放在安全高度上，同时采取有效防洪措施，以确保路基稳定，行车安全、畅通。

三、跨河方案

按路线与河流的关系，沿溪（河）线有跨支流和跨主流两种桥位。一般跨支流较多，支流由于河道小，而路线又必须跨越，因此它的跨越位置一般属于局部方案问题，而跨主河的桥位则涉及路线布置的问题，往往是路线的控制点，河流越大，则越应重视。跨越方案与河岸选择两者是互相依存，互相影响的。

跨支流时，一般有从支沟口和绕进支沟上游跨越两种方案。到底采用何种方案为宜，这要根据路线等级，支流大小，沿支流两侧布置路线的标准和工程量情况，还有在支流前后路线所走的高度等情况综合比较确定。在支流和主流河道交叉地点，往往会形成扇形堆积，从地质角度来看不够稳定，建桥往往要采用深基础，在定方案时要给予足够重视。

在跨主河时，桥位的选择则应全面从水文、地质、桥头线形等诸方面综合研究确定。跨主河时由于路线与河流接近于平行，桥头布线一般都比较困难，因此必须很好处理桥头引线的顺适性和桥位的关系，采用微弯的斜桥跨河，使引线和桥位都得到较好配合。中小桥可考虑设置斜桥以改善桥头引线。如为大桥不宜设斜桥时，则需对桥头引线进行适当处理，必要时可增大工程量以保证桥头直线和适当弯道。山区河流由于河床两侧山坡横坡陡峻，有时开挖很大的工程量，亦不能保证桥头应有的直线段和弯道半径，此时则宜另选桥位。

四、占用土地问题

沿溪（河）两岸往往是农田集中的地带，并有密布的水利灌溉设施，布线时要尽量和当地的整地造田，水利规划等密切配合，找出既有利于支农，又能提高路线标准和使用质量的布线方案。既要不占或少占耕地，又要防止片面节约用地不顾路线标准偏向。

在山区沿坡脚布线，从线位和横断面设计来看，都不占田土，但施工时开挖后即发现严重的压田现象，人们习惯上把这一情况称为明不占暗占。这种情况布线时应结合地形，控制好路线所走的位置和高度。

（1）在横坡较缓地段，路线宜走较高处，采用半挖半填路基，填方边坡坡足刚好落在农田边缘，这既不占农田，同时又有利于农业运输。

（2）在横坡较陡地段，路线走得太高，由于要设计成全挖路基，会大大增大工程数量，同时废方会压坡足的田土。此时，路线宜走低点，并且可以利用其开挖路基的废方在填方边坡处采用填石护坡，或用低挡土墙。

五、几种特殊条件下的路线布置

（1）河道弯曲迂回的路线布置。山区河流由于受水流的动力作用，致使河流迂回曲折，山嘴河弯错综排列，如路线采用沿河岸自然地形遇沟就进，遇嘴就绕，遇弯就转的沿河布线方案，会使路线平面弯曲，工程增大。对于等级高的道路可采用截弯取直或隧道、深路堑等方案通过。

路线如沿河布线，不但线形差，而且工程数量很大，于是可将河道改移，拉直路线。这样做虽然工程数量仍然很大，但线形得到了改善。改移河道后，由于改变了原来水流的规律和路线，因此应做好导流防护设施。以免冲毁路基和冲坏河道。

（2）陡岩峭壁河段的布线。沿溪（河）线常常遇到陡岩峭壁，其往往错综排列交错出现在河流两岸，这种河段一般被称为峡谷地段。它的特点是河床狭窄，水流急湍。路线通过时可根据路线性质、标准，工程量大小，施工条件等因素，选择是绕避还是穿过。

（3）翻上岩顶布线。岩顶布线，线位一般不宜过高，上、下岩顶的过渡段最大纵坡一般仍应按沿溪线的标准要求掌握。岩顶线位越高，过渡段就越长，而过渡段的工程量一般都比较集中。因此，悬岩过高或可利用的岩顶路段不长，均不宜采用翻岩顶的绕避方案，此时可考虑半隧道或修防护工程等方案通过陡岩。

（4）有跌水及河床纵坡陡峻的河段布线。山区河流河床纵坡一般较大，有时在河谷个别地段，河床在短短距离内高差突然增大，这就是人们习惯上称的“瀑布”或“跌水”的河谷地段。若在河流下游向上游布线时，路线贴近河床底部进入瀑布，要上到瀑布顶部，就必须利用支谷或侧坡延展路线。

在山区有些河流，河床纵坡本身就大于路线平均纵坡，在这种河段上布线时，一般仍沿河谷底台地前进，当纵坡跟不上后，就利用其侧岸有利地形展线后再沿河谷前进。

过去沿河布线道路修建后路基常发生水毁现象，因而设计时怕走沿溪（河）线，或者不敢走低线，这样就使路线曲折起伏，距离增长。因为路线走得高，往往要绕进一些支流小沟。我们不能否认山区河流由于河床纵坡大流速大，其冲刷力很强。但是我们也不应该认为它是不可制服的，关键是如何做好调查研究，掌握河流特性和规律，采用相应且有效的防治措施，而过去在修建沿河道路时有很多好的经验，值得学习运用。

第二节　越岭线

越岭线是路线方向与山脊方向近于垂直的情况下，路线由山岭的一侧翻过山脊，到达山岭另一侧的路线。越岭线的布置，主要是如何利用有利地形，使路线沿山坡上到山脊，并选择地势低，位置适中，地质稳定的低垭口翻越。越岭线是山区公路布线中常遇到的一种布线方案，也是较复杂的一种线形，在布线时应着重解决好下列几个问题。

①如何以最短的距离克服最大的高程，并根据实地地形，地质情况采用最佳的展线方案。

②越岭线由于纵面上连续升坡，平面上迂回曲折，因此必须很好地处理平、纵线形的协调关系。要解决好这个问题，在做好路线总体布置和定好越岭方案后，关键就在放坡定线上了。

③确保路基稳定，尽量减少工程数量。

在越岭线布局中，要解决的问题主要是哑口选择和垭口两刨路线展线。

一、垭口的选择

垭口是山脊的缺口，标高比山脊低，在一般情况下，越岭线路都是在符合路线总方向上的低垭口通过。因此，垭口是越岭方案的主要控制点。选择垭口时，应全面考虑标高、位置、地形条件，地质状况和展线条件等。

（1）垭口的位置。垭口的位置应在基本符合路线走向的前提下，结合两侧山坡展线一起考虑。首先考虑垭口较低，而且展线落坡后能与上下控制点衔接，不需无效延长路线，这种垭口最理想；其次再考虑稍微偏离路线方向，但接线较容易，且不要过于增长里程的其他垭口。

（2）垭口的高度。垭口的高低及其与山下控制点的高差，会直接影响到路线的长短，同时亦关系到工程和运营条件，故一般都选择标高低的垭口通过。在高寒地区，由于积雪、结冰对行车影响很大，因此即使方向有些偏，距离略有绕远，也应走低垭口。但如积雪积冰不是太严重，基本符合路线走向，地质条件和展线条件都较好时，即使垭口稍高，也不应该轻易放弃。

（3）垭口两侧的展线条件。山坡线是越岭线的主要组成部分，在选择垭口的同时，必须注意垭口两侧山坡的地形、地质及路线布置的可能性。

（4）垭口的地质条件。所谓垭口是指山岭地区的马鞍形凹陷地带，这种有利的地貌往往也是地质上复杂的地方。从地质构造角度来看，垭口往往是由于岩性或岩层构造变化而形成的，在山区常见的垭口有以下几种类型。

1）较弱岩层垭口。在单斜岩层地区，某些强度较低的岩层，如页岩或千枚岩等，它们经过长期的雨水浸蚀以后就会形成垭口。

2）构造破碎型垭口。这一类垭口包括由褶曲轴部或断层带经过地段，经侵蚀而成的垭口。它们的主要特点是岩层十分破碎，地表水容易往下渗透，岩体被开挖后极不稳定，是最不利的地质条件。垭口正处于背斜顶部。这种垭口开挖路堑时，从岩层产状来看是有利的，可以取比较陡的边坡，但由于其顶部受张力作用，往往裂隙比较发育。其裂隙发育的程度就给边坡稳定和地下水的渗透带来直接不利影响。

又如垭口位于断层带上，这种由断层破碎带软弱面被侵蚀成的垭口是很容易见到的，这种垭口情况比较复杂，路堑边坡的稳定性取决于破碎带的大小和破碎的程度。大的断裂带往往也是地下水富集的地带，对于路基、路面也可能有严重影响。这种类型垭口，通常应当避免通过。如路线必须通过时，设计人员应详细调查断层方向、宽度，裂隙破碎程度，胶结程度，含水情况等，分析有利和不利因素，设计一定的防护和排水措施，以保路基稳定。

3）溶蚀型垭口。这种垭口是由可溶性岩石，如石灰岩等在地下水的溶解侵蚀作用下，地下溶洞或暗河的顶板岩层塌落而形成的垭口。线路通过这种垭口时，必须注意地面地下漏斗、竖井、溶洞及暗河的发育情况，以免修建成路后，再度引起溶洞塌陷而破坏路基。

4）综合类型的垭口。自然界的现象往往不是单一存在的。例如，一个垭口往往包含着软弱层的强烈风化作用，又有大的破碎带通过，或者根本就处在断层破碎带之中，岩层又是构造褶曲强烈，裂隙十分发育。不但这些复杂因素一起出现，而且由于垭口地貌本身的特点，两侧山坡流水会顺坡而下，使坡面上风化的松软土质（如拈土，砂、碎石等）被带至低凹处堆积，以致使垭口中心凹地的坡积残层远比两边山坡上的厚得多。这些坡积层的特点是容易透水，并容易沿下伏基岩交界面滑动，成为产生滑塌病害的主要原因，严重时可使线路无法通车。

二、垭口两刨路线的展线

1. 展线布局的原则和步骤

越岭线克服高程主要是通过垭口两侧山坡展线来实现的。虽然山坡地形千差万别，展线形式多种多样，但路线的布局首先要以纵坡作为控制。这与平原区的选线要以控制点间的“空中方向”为主导，显然是不同的。在布置越岭线时，可以利用有利地形、地质地段，通过合理调整纵坡或设置必要的回头曲线来实现。因此，展线布置必须从纵坡的安排开始，其工作步骤如下。

（1）在踏勘调查阶段确定的主要控制点间，再进行广泛勘察，调查周围地形及地质情况，了解研究有几个可行的方案，然后选择其中最好的方案进行试坡。试坡的目的是进一步落实初步拟定的路线方案的可能性，还有加密中间的控制点。

试坡是从已定的控制点的垭口向下放坡，由于垭口是死控制点，上下展线的起点是活的，因此一般是由上向下放坡，便于自然接上沿河线，不致浪费距离和损失高程。试坡一般都用平均纵坡，在地形复杂或绕避地质不良地段，可略低于或略高于规定值。在试坡过程中，遇到必须避让的地物，工程艰巨和地质不良地段及采用的回头地点时，要把路线最适宜通过的位置，暂时作为中间控制点，把大致的里程高度及可活动范围记录下来，供权衡比较后，调整落实时参考。坡度点应留下显著标志。

（2）分析落实控制点，决定路线布局。试坡时所定的一系列中间控制点，其中有些是必须通过的，如某陡岩顶部，还有某些受限制很严的回头地点等。有些控制点则不论从位置，高程上都有活动余地，如侧沟展线的跨沟地点，宽阔平缓山坡的回头地点等。对必须通过的或活动范围小的控制点，在保证路基稳定和填挖经济的前提下，通过纵坡的合理调整，路线应尽可能选择最优位置通过，然后再调整活动范围大的控制点通过位置。这样逐段分析加密控制点，路线的整体布局就基本上出来了。

越岭线中合理投制纵坡是一个关键问题，纵坡大小应适当，不宜过缓亦不宜过陡，一般到接近规定的平均纵坡为宜。根据具体地形和前后相邻坡段的坡度，一般地形整齐，平面线形顺适，纵坡可大一些；地形曲折地段可稍缓些。除必要设置的缓和坡段和必要考虑的曲线纵坡折减外，坡度分配应力求均匀，尽量避免不必要的起伏、波折。

2. 各种展线方式

路线由河谷升到垭口，为了克服高程，要延长路线，其必要的距离为 $L=H/i_{平均}$。

在平均坡度一定时，高差 H 越大，则克服此高差所需要的路线就越长。

越岭线展线的基本形式，根据地形的自然规律，一般大体上可以分成山谷展线和沿侧坡展线两种基本类型。

一条较长的越岭线，由于地形变化，设计人员必须多跑多看，将各种展线方式充分利用。利用山包延长路线，可在垭口处开松深路堑或设隧道穿越，隧道由于造价较贵，施工技术复杂，只有在下列情况下才予考虑：①经过窄而高的山脊，开挖较短的隧道可大大缩短路线长度，消除过大纵坡；②垭口地段一年中部分时间被雪阻塞，使行车受到很大影响；③垭口附近山坡陡峻，如果翻越垭口，需要修建挡土墙等人工构造物。由于隧道可大大缩短路线，随着工程施工机械化，及汽车运输量不断增加，在布线中可酌情采用隧道方案。

第三节　山脊线

山脊线是沿分水岭，或接近分水岭的一侧山坡上布置的路线。其具体走向常被主山脊上一些垭口所控制。其纵面上的起伏，平面上的曲折程度，视分水岭地形及垭口的高差而异。由于路线接近分水岭，一般有平缓的山坡可以利用，路基稳定，桥涵工程较少，因而工程较省。但山脊线由于远离河谷，对当地运输不方便，支线联系困难。在符合路线总方向的前提下，很难找到一条长的山脊可以利用。因此，在一般丘陵地区和山区，要选择一条长的山脊线是相当困难的，它往往作为沿河线或山坡线的过渡段和比较线而出现。但是在我国西南高原山区，尤其在海拔 3 500m 以上的地区，地形很开阔，许多地段有高原上的平原之称，有长达数十公里的山脊，而这些地区山下居民点极少，这时选择山脊线，往往是最好的方案，川藏线和青藏线都有较长的山脊线。

采用山脊线大致有下列两种情况。

（1）作为路线的主体。在符合路线总方向的前提下，如有较长的山脊，而分水岭平面合适，只偶尔有起伏较小的垭口，山下沟谷狭窄无居民点，这时可把山脊线作为主方案，在个别受限制的段落，采用山坡线连接。

（2）作为沿河线或山坡线的比较线。在布置沿河线时，有时由于受到河流两岸悬岩陡壁的限制，当山不高时，只有将路线提高到岩口上部走半山坡或山脊，跨过岩口后再利用有利地形逐渐下到河谷。采用这种短段的山脊线，虽然路线略有增长，但造价会显著减少。

第四节 线形的综合分析

综上所述，山区布线主要有沿溪（河）线，越岭线和山脊线三种线形。它们各有特点，在进行方案比较时，要结合具体条件，经过综合分析比较后，才能决定其取舍，如有些长的路线从起点到终点，需要横跨几条河流和几座山脉，就全线来看，必然是各种线形的交替组合，而不可能单一布置成一种线形。此时的关键问题是如何根据横跨山脉的高差，符合路线总方向的垭口位置，还有最佳的跨河点，把三者线形有机组合。就一般而言，如河流和山脉相对高差大，路线跨河后就应及早提坡翻越垭口，这样就能不损失高程，少延展路线；越岭之后，又尽快绕线下山，在这种情况下，则宜少布置山脊线和沿溪线。但有时虽然相对高差大，而山下有城镇需要通过时，亦必须布置沿溪（河）线，然后展线翻越垭口。如相对高差不大，路线方向与河流流向基本一致，所需翻越的山脉间有较长的距离时，布置较长的沿溪（河）线是有利的。山脊线只有在山下联系点极少，而又有较长的山脊可以利用时才布置。

选择路线方案时，应综合考虑以下因素。

①路线是为运输服务，服务性能的好坏应作为其主要因素来考虑。广大山区交通很不方便，使工农业生产受到很大影响，路线应尽可能为建设山区创造条件，尽可能联系更多的城镇和居民点。

②路线应尽可能不占或少占耕地，力求全线占用土地最少，并尽可能为沿线农田水利建设（水库、排灌系统、造田等）创造条件。

③从运输求出发，路线的长度与线形标准直接影响到运输周转率和运输成本，因此要尽可能选择路线短，标准高的方案。

④投资、工期和所需劳动力亦是审定方案应考虑的因素。

选择路线方案的因素是多方面的，而各种因素又是相互影响和相互联系的，因此选择方案时应根据路线的使用任务和性质综合考虑，分清主次，全面衡量。

对于具有重要政治、经济、国防意义的高级公路和主要干线公路，由于交通量大，行车速度要求高，因而路线应尽可能短直，以节省运行时间，提高运输效率，故路线起终点间应尽可能接近空间直线。

对于沟通县、镇、村直接为地方运输或农业运输服务的支线公路，路线则应多从联系当地城镇和居民点方便出发，而不强求在总方向上短捷。

综上所述，沿溪（河）线一般优于其他线形，布线时宜优先选用。

第五章　纵坡的掌握与放坡

合理的控制纵坡，是山区公路布线中很关键的一个问题，尤其是越岭线或高程起控制作用的路线。因为它直接影响到路线的长短和今后道路使用质量。在纵坡的掌握中主要是控制坡度和坡长，并且合理地使用平均坡度。

第一节　最大纵坡

为了保证汽车能以一定车速在公路上安全行驶，公路工程技术标准规定了各级公路纵断面的最大坡度值，此坡度被称为该级路的最大纵坡，最大纵坡是公路设计的一项重要指标。纵坡的大小直接影响到路线的长度、道路的使用质量和行车要求、汽车行驶速度和运输成本、民间运输工具的行驶，还有整个道路工程造价等一系列问题。

一、确定最大纵坡的影响因素

1. 汽车的动力性能

按照道路上所行驶的车辆类型（包括汽车、汽车列车、农业机械及兽力车）及其动力特性，来确定汽车在规定车速下的爬坡能力，以确定道路的最大纵坡度。

2. 道路的等级

道路等级越高，行车密度越大，则要求车辆能以较高的车速行驶，也就要求纵断面的坡度愈平缓，以保证道路能有最大的通行能力，并节约燃料，降低运输成本。相反如道路等级低，行驶车辆少，为了减少工程量和投资，纵坡就可用大点。

3. 自然因素

道路所经地区的地形、海拔高度、气温、雨量等自然因素均影响汽车的行驶条件和爬坡能力。

我国《公路工程技术标准》（JTG B01—2014）规定了各级公路最大容许的纵坡度，四级公路在工程特殊困难的山岭区，最大纵坡可增加 1%，但在海拔 2 000m 以上的地区不得增加。

纵坡大了究竟有什么害处呢？从行车来看，汽车沿陡坡上行，因克服升坡阻力及其他阻力，需增大牵引力，使行车速度降低。若陡坡很长，还会使汽车水箱开锅，机械轴承间易磨损。下坡由于制动次数增加，制动距离长，制动器易发热、失效，容易发生车祸，特别在道路泥泞或冬季结冰时更为突出。

如果坡度太大，即使道路处于干燥状态，车速仍然会很低；若道路处于最不利的泥泞状态时，坡度大了车辆则无法行驶。相反，如纵坡减小，车速则提高很快。

工程人员一般认为在山区三、四级公路上最大纵坡定为 8% 是比较合理的。

在有汽车列车行驶的道路上，必须按照汽车列车行驶的必要条件，计算最大容许纵坡值，一般以不超过 6% 为宜。

二、纵坡折减

在海拔很高的高原地区，汽车发动机的功率因空气的稀薄而减小，相应地降低汽车的爬坡能力。海拔越高，空气越稀薄，氧气供应越减少，此时汽车气缸内部的压力和爆发力亦减小。

此外，在高原地区，汽车水箱中的水易于沸腾而破坏冷却系统，由于这些原因，所以我国《公路工程技术标准》（JTG B01—2014）规定，在海拔 3 000m 以上的高原地区，各级公路的最大纵坡应按定值进行折减。不论任何情况，当最大纵坡折减后，如果小于 4% 时，仍用 4%。

当平曲线的地段具有纵坡度，尤其是在纵坡度既大，而平曲线半径又小的情况下，行车条件更为不利。在小半径的弯道上，因平曲线内侧长度较短，使路面内侧边沿的纵坡比路中线的纵坡为大。

弯道内外侧边缘的曲线半径和弯道中线的曲线半径相比较，可明显看出内侧半径减小，而外侧半径加大。因此，在弯道上内侧边缘的距离比中线的距离短，而外侧边缘的距离则比中线的距离长。

另外，在山区公路布线中，由于其受到地形限制，平面上转折较多，在四级公路平面上，平均每公里约有10个弯道，而这些弯道半径都不大，常需设置横坡大于路拱横坡的超高。设置超高后就改变了原双坡横断面的结构，此时行车部分的最大纵坡，并不是在路中线的方向上，而是在纵坡与横坡之间的斜向位置上。否则，在路面潮湿泥泞的情况下，停着的、慢驶的或制动着的车辆，就会有沿着最大斜向坡度向下滑移的危险。

我国《公路工程技术标准》（JTG B01—2014）中规定，当二级公路的平曲线半径等于或小于100m，三、四级公路平曲线半径等于或小于50m时，其规定的最大纵坡应予折减。实际应用时，则以折减后原坡度作为平曲线路段容许的最大纵坡度。如有一条二级公路，山岭地形，规定的最大纵坡为7%，但有一段平曲线半径为80m，则此段最大纵坡应为（7%-1%=6%）6%。

我国有些地区属于长期冰冻区，应考虑纵横向滑移的不利条件，在不增大工程量下，可适当增加纵坡折减值。

综上所述，道路上所规定的最大纵坡值，是一极限值，使用时必须根据上述各项要求进行折减，同时，在一条线上应尽可能少用最大纵坡。但在某些线路上，如行驶车辆不多，路线很短，且重车多是下坡方向，而不是上坡方向，坡度稍增大点会大大节省工程数量，此时纵坡可适当增加1% ~ 2%。

第二节　坡长限制与缓和坡段

一、坡长限制

坡长限制包括两方面的内容：一是最短坡长的限制；二是最大坡长的限制。

之所以限制最短坡长，这是由于纵坡上转坡点过多，使车辆行驶时过于颠簸，车速越高则越显得更突出。为了提高行车平顺性，一般要求纵面上转折要少，相邻转坡点之间的最短距离应不小于相邻两个竖曲线的切线长，以便插入适当的竖曲线缓和转坡点。此外，为保证行车安全，还必须使两个凸形转坡点之间的距离满足设计视距要求。如相邻坡段坡度相差较大，汽车运行需要变换排档时，其坡长则更不应太短。各级公路纵断面上坡段的最小长度，在不过分增加纵向挖填时，建议不小于推荐值。

根据汽车行驶性能，过长的陡坡对行车是很不利的。因为汽车以低排档长距离爬坡，将引起发动机过分发热，容易发生故障，而在下坡时也容易发生车祸，尤其在海拔较高的山区，冬季路上覆冰易滑时更不安全，因此对陡坡的坡长应予严格限制。我国《公路工程技术标准》（JTG B01—2014）规定，当二、三、四级公路连续纵坡大于5%时，其坡段长度不得大于规范规定。

在实际工作中，设计纵坡时，有时某一坡度的坡长还未达到规定长度值，此时可变换坡度，但其长度应按坡长限制的规定进行折算。如8%的坡段长度拖了120m，该长度是相应限制坡长300m的2/5，则相邻的坡长只可采用相应限制坡长的3/5。如相邻坡段的纵坡为7%，其坡长则不应超过400×3/5=240m，也就是说8%的纵坡拖了120m后，还可接着拖以480米的6%的坡度，当中不设缓坡段。

由于纵坡越大，其坡长越长对行车越不利，目前不少生产单位在使用表规定的坡长限制值时，都用以下长度：5%——800m；6%——400m；7%——300m；8%——150m。

二、缓和坡段

为了改善汽车行驶状况，充分发挥汽车动力性能，使它能以一定的车速安全畅通行驶，在较长的陡坡道后，应设有便于汽车行驶的较平缓的坡段。

《公路工程技术标准》（JTG B01—2014）规定，当二、三、四级公路连续纵坡大于5%时，应在不大于规定的长处设置缓和坡段。缓和坡段的纵坡度应不大于3%，长度不小于100m。当受限制时，四级公路的缓和坡段的长度可减至80m。

上述缓和坡段长度的确定，主要考虑到驾驶员换挡方便，还有汽车换挡后在此长度内能加速或减速至正常速度，并便于拖挂汽车行驶。驾驶员都反映，缓和坡段应尽可能设长点，太短起不到缓和作用。如汽车以时速V=20km/h行驶，在100m长的缓和坡段上，汽车只运行18s，在这样短的时间内，司机要想在缓和坡段上反复变换排挡（从到达缓和坡段时由低挡，变到高挡，驶离缓和坡段时由高挡变为低挡），从操作上来看是有困难的。如不变换排挡仍按原排挡行驶，由于运行时间短，对该排挡亦起不到多大的缓和作用。从这个观点来看，缓和坡段最好能设150m，最短亦不小于120m。

第三节　平均纵坡

各级公路的纵坡设置，虽然满足了最大纵坡、最大最短坡长和缓和坡段等要求，但还不能完全据以保证使用质量。例如，有一公路虽然单一陡坡并不长，并且按要求插入了缓和坡段，但由于平均纵坡较大，爬坡用二挡较大易开锅，下坡则容易烧坏刹车片而发生事故，所以有必要从行车安全和行车速度来控制平均纵坡。

平均纵坡可以从越岭路线的相对高差和其中任意长一段距离内的纵坡两个方面来控制。这样既可保证路线总长度内的平均纵坡不会过陡，也可避免局部地段使用过大的平均纵坡。

我国《公路工程技术标准》(JTG B01—2014)规定，越岭路线的平均纵坡，一般以接近5.5%(相对高差为200 ~ 500m)和5%(相对高差大于500m)为宜；并规定任何相连3km路段的平均纵坡不宜大于5.5%。

关于平均纵坡的大小和用多长路段来控制，各地在运用时略有差异。有的以该级路最大纵坡的2/3作为平均纵坡，用此值来控制的优点是反映了道路等级，也就是道路等级越高，其平均纵坡则越小；其缺点是未反映相对高差，如相对高差小和相对高差大，都用最大纵度的2/3来控制，则相对高差大的其行驶条件就差些。其控制长度有的以1km为准，这样使路线纵坡均匀，但这不能很好利用有利地形，活动范围受到限制。相关标准以相对高差作为控制，这是一个很大优点，但其缺点是未反映道路等级。如四级路最大纵坡是8%，用此指标来控制是比较恰当的；如二级路最大纵坡为5%或7%时，如仍用此指标控制则显得偏大。其长度以3km为控制长度，在实际使用时，活动范围较大，在个别地段为了利用有利地形，而平面线形又顺适时，则可用较大的平均纵坡冲坡。而在某些情况下为了避让障碍，又可用较缓的平均坡度，这样虽然某1km平均坡度可能大点或小点，但在3km总长内，并没有超过规定值，但任何1km亦不能让平均坡度超过6%。

在实际运用时，建议将相对高差和最大纵坡的2/3两者结合起来，综合使用。

我国不少山区地面相对高差都在500m以上，有的还高达数千米，故往往有长达数十千米的越岭线，在使用平均纵坡时，还可灵活使山下的平均纵坡略偏大规定值，越往山上越偏小，这是因为汽车长距离爬坡，越到后来爬坡能力越低。为了适应这一特点，当相对高差在500m以上时，平均纵坡可由山下的5.5%逐渐减小到山上的4.7%；相对高差在500m以下者，则由山下的5.8%逐渐减小到山上的5.2%。

在实际工作中，考虑到今后交通运输发展需要提高等级的公路，应充分利用有利地形，尽量采用较小的平均坡度，以减少改建时的困难，避免因原路纵坡过大而不得不将路线大段废弃。

第四节　放　坡

以上所讲的最大最小纵坡、最大最短坡长以及平均纵坡，是纵断面设计的几项控制指标。但要控制好，绝不能只依赖于在已测好的纵断面图上来调整，因为这会受到限制，而应重点放在定线前的放坡上。

在越岭线或高程起控制作用的线路上，布置路线时放好坡度，既能使纵坡均衡，又可让布线者根据高程情况，处理好平、纵、横之间的关系。因此，放坡是布线中一个十分重要的环节，它对争取高程，保证测设进度起了很重要的作用。

目前，一般选线放坡都用带角度的手水准。使用时用手水准瞄准前方目标，旋转上分度圈的游标，使气泡居中，此时在分度圈上游标零点所指的度数，即为视线高至目标的倾斜角度。分度圈以度为单位，每度为两格，游标刻画到 10 分。

带角度的手水准，每一度约为 1.75% 的坡度。

放坡一般由对路线熟悉和有经验的技术人员担任，其任务是根据实际地形和线路标准，采用合理坡度，沿路线前进方向放出坡度线，并用标志把坡度和相应坡长标志出来。

一、两种放坡方式

（1）按平均坡度放坡：其坡度值一般用该级路最大纵坡的 2/3。如最大纵坡为 8%，则平均坡度用 8 × 2/3=5.4%。此实用于踏勘调查。

（2）放真坡：所谓真坡是针对今后纵断面上的设计纵坡而言，即定线时所放的坡度基本上就是今后纵断面的设计坡度。这既满足纵坡的要求，又不会损失高程，目前在山区公路定线中，一般都采用此方法。

二、放坡者应掌握的问题

由于坡度要求很严，放坡者要熟悉地形、熟悉线路，并且掌握好以下几个问题。

1. 要有距离的概念和实际测定距离的能力

在纵坡设计时，按要求某一坡度其坡长应有所限制，而在一定范围内，其坡度的平均值亦不应超过某一定值。如 5% ~ 6% 的纵坡，坡长不应超过

800m；7% 的纵坡坡长不超过 400m。这个长度是今后纵断面设计线的限制长度，由于所放坡度线并不是道路中线，所以坡度线的长度并不是道路中线的长度，并且原放坡时所测定的距离和敷设中线实测的距离有出入，故实际放坡时的坡长应略低于规定坡长值，否则由于距离和坡度有出入，致使纵坡上不去，或纵坡度偏大。

如何测定距离呢？目前生产单位一般采用以下几种方法。

（1）目测法：有的技术人员，由于有长期实践工作经验，用目测的距离和最后实际丈量的距离基本吻合，于是每放完一杆坡度后，其就用目测确定长度。在实际工作中，技术人员要有绝对把握时，才采用此方法。

（2）用手水准读视距：在地形困难，而又是连续升坡的路线，如目测没有绝对把握时，在每放完一杆坡度后，工作人员可用手水准读花杆的视距，而测得距离。带角手水准前方目镜为一方形，可利用其方形的上下浅，在花杆上所卡的读数，乘以放大倍数，而得实际距离，此放大倍数可根据其所用的手水准，在放坡前事先测定出来。如距离长，亦可利用手水准物镜上卡水泡居中的十字丝，读半数乘以 2 倍和放大倍数，而测得实际距离。用这种方法所测的距离比较准确。

（3）用花杆量距：在放完 A 到 B 的坡度后，由执花杆者用花杆量 A 到 B 之间的杆数，乘以花杆长度而得距离。为了保证距离的准确度，量距时花杆必须放平。在山区由于地形纵横向坡度变化大，加之草树障碍较多，花杆测量不便。

2. 要有线形的概念

山区的地表面总是曲折和起伏的，故路线在平面上必然有转折、纵面上有坡度、横向打挖填。在平面转折处，根据可能定出的半径，应对纵坡进行折减。路线在山沟处要转折，放坡者则应根据该山沟的地形，判断可能敷设多大的半径还有相应的能放多大的坡度。

3. 要能根据实际情况，长短坡大小坡相结合

放坡者应熟悉地形，如地形好，线路平面顺适，横向挖填小，坡度就放大点放长点；地形差、弯道多、半径小，坡度就放缓点；前面有一陡岩，为了使路线从岩顶通过，就提前冲一段坡。技术人员要结合地形、利用地形，在满足标准要求下，灵活运用长短坡和大小坡。

三、几种特殊情况坡度的处理

1. 回头弯处坡度的处理

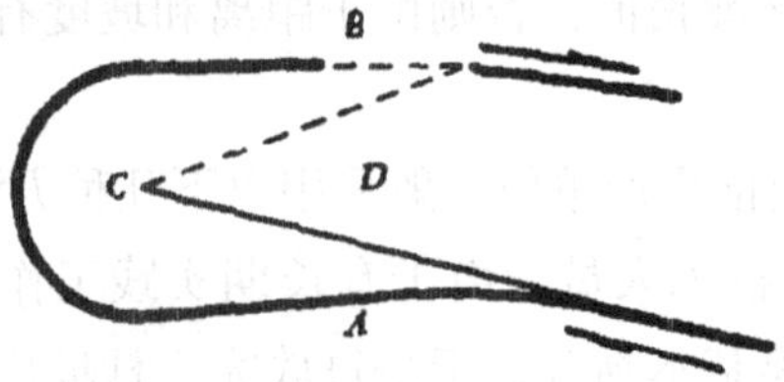

图 5-1

如图 5-1 所示路线在 C 点处要设置回头曲线，按标准规定回头曲线处纵坡最大只能放 4%，因此技术人员一般把回头曲线处设为缓坡段，用 3% 的纵坡。如用 5% 的坡度放到 A 点后，放坡者从地形判断前面就要设置回头曲线（回头地点一般是事先和布线者一道在实地确定的），并在回头处设置缓和坡段，如从 A 到 B 能满足缓坡段长度 100m 的要求，于是就可以不用 3% 的坡度放，而是从 A 点下降 3m 的高程，设为 D 点，然后再用某一坡度从 D 点开始又继续往前放。在 A/D 点都应挂出坡度旗，D 点处挂双旗以示择别。另一种方式是从 A 点用 3% 的坡度沿曲线位置放，并将坡度旗挂密些，以显示出回头曲线的位置。

2. 垭口处坡度的传递

如图 5-2 所示放坡者放到 A 点后前面有一垭口，垭口最高点 B 高程比 A 点高，视线受阻不能继续往前放。此时放坡者和执花杆者可把 A 点到 B 点的高差抬出来，然后从 B 点开始在垭口的另一侧，用同样方法抬出与 A 点同高的 C 点。准确估计出从 A 到 C 的距离，如为 40m。如此段仍然用 6% 的坡度下坡，到 C 点则应下降 $40 \times 6\%=2.4m$，在 C 处下降 2.4m，设为 E 点，然后从 E 点开始继续往前放。

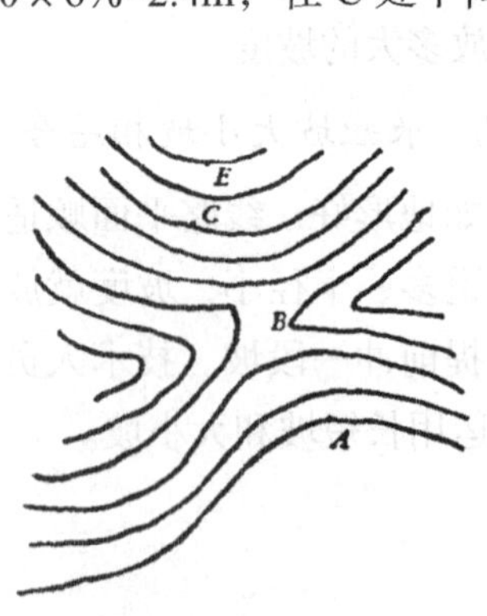

图 5-2

3. 过山嘴处声程的传递

如图 5-3 所示放坡者放到 A 点后，前面山嘴横坡较陡，且草树很密，绕放很困难，于是此时可从 A 点把到山嘴 D 点的高差抬出，又由 D 点到 C 点抬出和 A 点同高的高程点 C，算出由 A 点到 C 点绕放时的下降值后，由 C 点量出此下降值得出 E 点后，再由 E 点继续往前放。

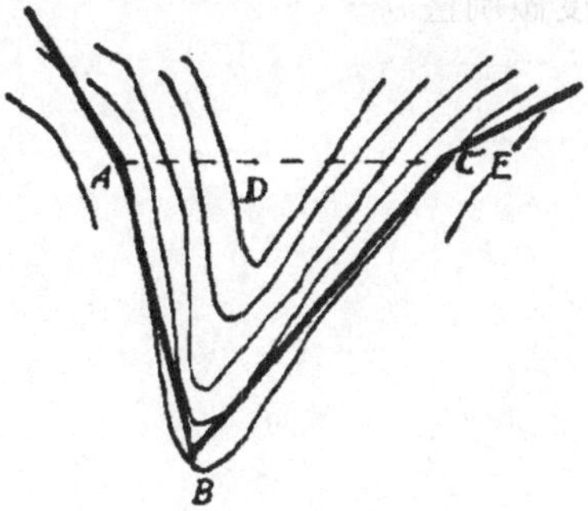

图 5-3

四、具体放坡方法

放坡一般由两人组成。一人拿带角手水准，一人拿花杆，拿手水准者在后，执花杆者在前。开始时执手水准者立于起坡点，执花杆者沿路线前进方向在执手水也者视线能及的前方抬平花杆，花杆所抬高度与执手水准者视线等高，此高度可根据两人的高度事先定下来。放坡者在起坡点上根据应放的坡度值，在手水准上拨成角度，看执花杆者，并指挥其或上或下，到达要求位置后，执杆者于所站的地下留下标志（一般用红纸作标志），供执手水准者到达后，作为下一杆的起点。在山区，由于地表多植被，地下所留标志难于寻找，此时执杆者可在地下标志的上方树枝等显眼处，挂上标志。此标志既让后面执手水准者到达后很快能找到位置，更重要的是让定线者到达后一眼就可看到高程点的位置。在变坡点处，为了以示区别，一般挂双旗，提醒定线者注意此处变坡了，同时在旗上标明坡长和坡度。就这样依次落坡插旗到达目的地为止。

在放坡时如因人力较少，且地表植被不多，视线开阔时，也可一人倒退放坡，即一个人既拿手水准，又兼插坡度旗。一人放坡时其方法是先在起坡点标出坡度旗，然后沿路线前进方向倒退下去，等到要标第二处坡度旗时停下来，用要求的坡度倒看第一坡度旗（顺看时上坡是仰角，反看时下坡是俯角），试探定出。照此方法后退放坡前进。一人放坡较慢，因为远了视线容易模糊不清，故每杆的距很短，同时每一坡度旗所挂高度应与视线同高，因为退到下一点时，由于地面点不易看见，只有看所挂的坡度旗，否则放出的坡度会因旗子挂的高度不一而发生误差。

坡度旗所挂的高度由于高低不一，定线时应以地面所留的高程点为准。

在山区由于布线很难，放坡者一般都紧靠定线者，这样可随时根据实际情况和布线者意图对坡度做调整。

第六章　路线的平面布置及定线

在山区由于地形错综复杂，任何一条线路从起点到终点，都不可能沿空间线布置成直线，而是在满足行车要求下，适应地形特点，平面上有转折，转折点叫角点，角点间直线叫导线。这些导线是工作人员在实地经过分析比较而定出来的。因此，工作人员在地面上按规定技术标准，将公路中线位置合理定出来的过程就叫定线。定线是一项综合性的实地设计工作，它是整个公路勘测设计过程中最关键性的一环。为了使所定线路达到既符合标准满足行车要求，又能保证公路上的所有建筑物稳定耐久易于养护，同时达到建筑费用和运输费用最省的目的。定线时，工作人员应力求路线在平面上里程最短、线形顺直；纵面上坡度均衡；横断面造型合理、坚实稳定。具体定出角点落实导线时角点直线段应有多长；为了使行车顺适，角点处应设置多大的半径，它和直线间的关系等问题。这都是布置每一条导线所必须解决的问题。

第一节　平面上直线和曲线的组合

路线在平面上有转折，在转折处为了适应行车要求，应敷设曲线，故公路在平面上是由直线段和曲线段组成。二者的配合应根据道路等级、地形条件，从运输经济和工程费用等角度来决定，争取使路线长度短，工程费用小，并达到行车安全、快速、经济、舒适的要求。在障碍物较少的平原区，无论高级或低级道路，平面线形上尽可能采用长直线和大半径曲线，这既缩短了线路，又少占农田，有利于农田规划。在山区由于地形复杂，线路平面上转折较多，曲线半径也受到一定限制。但路线转折，曲线半径，还有曲线部分应采取的工程措施，必须与路线所承担的运输任务和行车要求相适应。

为了有可能设置两相邻的弯道，两相邻弯道之间的距离，对于无超高的两同向曲线来说，应能布置下两曲线的切线长。当两曲线都有超高时，其连接方式因二曲线的超高横坡度是否相同而异；当超高横坡度相同时，曲线可直接连接，只需在两角点两头直线上设置超高缓和段。如果两条曲线的超高坡度不同时，也可以直接连接，但在半径较大的曲线内，应设置一段由大的超高坡度过渡到小的超高坡度的过渡段，而在两头的直线上仍按要求设置超高缓和段，其过渡段的长度应不小于两曲线超高缓和长度之差。如果超高相同而加宽不同，则在大半径的曲线内设置 10m 长的加宽过渡段。

如果两相邻同向曲线切线之间有较长的直线段，可在直线段内设置两曲线的超高缓和段，而在直线段的中间再设置双坡的横断面段。但是，双坡横断面的直线段若很短，则不适宜。因为这时就要在很短的路段上改变行车部分结构和行车条件，对车辆行驶反而不利。这时可增长其中一条曲线或两条曲线的缓和段长度，使两缓和坡段直接相连接。

两反向曲线，当不设超高时，曲线可直接相连，构成反向复曲线；要设超高时，一、二级公路应有设置两缓和曲线的长度。三、四级公路除需要有设置两曲线的超高缓和段外，如地形许可，两曲线之间还应有一定长度的直线段，这是因为两超高缓和段的超高方向各不相同，如直接连接，对行车极为不利。此直线段视地形条件而异，最短不应小于 10m。在工程特殊困难的山岭区，如不能满足上述要求，可将超高加宽缓和段的不足部分插入圆曲线内，但两曲线间的直线长度应分别不小于 20m 和 15m。

从以上所讲的直线与曲线的连接、角点间应有的最短距离来看，这些与曲线半径都有极大关系，因为半径确定后，相应的切线长，所需的超高缓和段、加宽缓和段也就定了。在山区定线时，除个别段地形好，能布置长直线外，许多线段都是按标准定线，而在山区公路中，曲线部分往往占道路总长的一半以上，因此如何合理确定平曲线半径，是定线中的一项重要工作。

第二节　平曲线半径的确定

一、平曲线的几何要素

两导线的交点叫角点，两导线相交的外角叫偏角。公路上的平曲线，一般都是按圆弧测设，在偏角一定时，圆弧的曲度随半径 R 而变化。因此，圆曲线就用偏角 α 和曲线半径 R 表示。

二、平曲线半径

敷设平曲线时，最主要的是确定平曲线半径值。采用大半径的平曲线，可以缩短线路、增加车速，降低运输费用，提高车辆行驶的安全和舒适程度。但是，在实地定线中，有时由于地形、地物、地质水文条件的限制，或者为了减少工程数量等原因，必须采用较小的半径值。

从汽车的构造上来看，由于车辆具有一定的长度和高度，转动时要求有一定的机械转弯半径，以国产某型卡车为例，车厢全长 6.67m，其最小转弯半径，如以前轮翼板为准，则有 9.2m；如以前轮轮迹为准，则有 8.7m。这个半径是指车辆以不熄火时的最低车速行驶时的最小转弯半径。但是我们设计路线时，是从保证车辆以设计车速安全行驶时所必须具备的最小半径为准。此值是从保证车辆以一定车速在曲线上安全行驶的横向稳定作为依据，而加以确定的。

1. 汽车在弯道上行驶的离心力

在曲线上行驶的物体，就某一瞬时点来看，其行驶方向总是沿曲线的切线方向，而在法线方向总要产生一定的离心力。汽车在曲线上行驶的情况亦是这样。车辆由于受到离心力的作用，可能使汽车产生横向倾覆，或者横向滑移。

2. 汽车在弯道上行驶的横向力

汽车在弯道上行驶，除离心力向外，由于道路有横坡，汽车在倾斜的横坡面上做曲线运动时，作用在汽车横截面上的力有垂直向下的车重 G、水平方向的离心力 C、车辆与路面间的横向附着力，车重 G 可分成两个力，与路面垂直方向的分力为 $G\cos\alpha$。

选定平曲线的半径，是一个技术经济的综合问题。各级公路的平曲线半径原则上应采用较大的半径，以提高公路使用质量。在地形许可时，采用大于不设超高的半径值；在一般情况下，则因地制宜地使用最小半径与不设超高的半径之间的数值；只存在地形实在困难或有较大障碍时，不得已才采用最小半径。但就一条公路而言，不应任意采用最小半径。

在山区，由于地形一般都比较困难，确定半径时，一般要考虑下几方面因素。

①从线型上来考虑，使直线曲线比例协调，保证曲线间有足够的直线段。

②从工程数量和路基稳定来看，在曲线部分不过分增大挖填，即减少工程量、又保证路基稳定，一般用外距值 E 来控制。

③在陡坡尽头、桥头及长直线尽头，一般都宜采用大半径。

④不论在任何情况下，应使曲线的切线长 T 小于 10m，或曲线长 L 不小于 20m。

第三节　曲线间的直线段

对曲线间的直线段，就一般而言，以偏长为好，但山区由于受地形限制较大，往往不可能布置过长的直线段，但亦不能过短，而应有一定限度，其最小长度应满足设置超高、加宽缓和段或缓和曲线要求。

一、应有足够的加宽缓和段

在弯道上行驶的车辆，由于各车辆所走的轨迹半径不同，后面内侧车辆行驶的半径最小，而前面外侧车轮行驶的半径最大，曲线半径越小，其差值越大，故曲线上汽车所占有的行车部分的宽度比在直线段上行驶时为大。因而当半径小于某一定值时，则要求将行车部分加宽。

曲线加宽是根据双车道对向车辆会车时车辆之间及汽车与行车部分边缘之间所需要的距离而决定的。它与曲线半径、车型尺寸及行车速率等因素有关。

汽车在弯道上行驶，多偏内侧转动，且曲线内侧半径较曲线外侧半径小，同一宽度的车轮所占据的宽度较外侧大，故曲线上行车部分的加宽，一般都在弯道内侧加宽。只有在加宽内侧工程量很大时，才允许部分或全部分在外侧加宽。曲线加宽以路面为主要对象，路基可不加宽，但加宽路面后所余的路肩宽度，二级路在平原、微丘地形的路段不得小于 1.5m，而在山岭、重丘不小于 0.75m；三、四级路平原、微丘区不小于 1m，而山岭、重丘区不小于 0.75m；四级路设有护栏者可减至 0.5m。如路肩宽度不足上述要求者，则加宽路基。

在平曲线两端，从直线段的正常宽度，突然到曲线上的全加宽度，中间需插入一个逐渐过渡段，此段就叫加宽缓和段。

加宽缓和段如有超高缓和段及缓和曲线时，加宽缓和段长度等于它们的长度；如果不设缓和段，而只设加宽缓和段时，其长度可采用 10m。

在加宽缓和段上，可按直线方式逐渐加宽，为消除与主曲线连接点的不圆滑转折，可将加宽缓和段延长，使其与主曲线相切即可，延长的长度可近似按比例求得。

为了美化路容，加宽缓和段亦可以采用多圆弧曲线或抛物线方式联结，但此在一般道路上很少采用。

二、必要的超高缓和段

1. 为什么要设置超高

汽车在弯道上行驶时，由于离心力的作用，其稳定性比直线上差。尤其当汽车沿着双坡横断面的外侧车道上行驶时，由于车重的水平分力与离心力的方向相同，均指向曲线的外侧，使行车的稳定情况更为不利。为解决此问题可增加路面与车轮间的附着力和加大平曲线半径，但在地形复杂的山区，加大半径往往使工程数量增加很大，因此在某些情况下不是最好的途径，绝大多数是在设计中，将外侧车道升高，使内外侧车道构成向内单向倾斜的坡面，这样的设置被称为超高。为使行车部分从直线段的双坡断面，逐渐平顺过渡到主曲线段的单坡倾斜面，需要在平曲线两端设置超高缓和段。在正确设置了超高之后，便能充分保证汽车在弯道上稳定和安全行驶。

2. 超高值的确定

当平曲线半径较大时，计算而得的超高值可能小于路拱横坡值，此时则要设置等于路拱横坡度的超高；当平曲线半径很小时，则需要很大的超高横坡度。但是，如果设置了很大的超高横坡度，只有当汽车以相应的设计车速在道路上行驶时，方能保证汽车稳定。

此外，设置大的超高横坡，会使路基外侧边缘值抬高很大，将大大增长超高缓和段的长度。这样，在山区由于地形困难，相邻角点间距离短时，又不够敷设两相邻的超高缓和段；距离长时，又给布线造成困难。

由于上述原因，山区不能设置过大的超高横坡度。为确保车辆行驶的安全起见，可以按照汽车静止在泥泞的超高横坡上，而不致顺坡向下滑移的条件，来规定超高的极限坡度值。按照气压，轮胎在结冰或极泥泞路上的抗滑性能（抗滑摩擦系数约等于 0.1），则超高的最大坡度应不大于 10%。只有在很少下雪和无冰冻地区的个别情况下，才允许采用 10% 的超高横坡度。对于冰冻期较长，且冰冻期内运输量仍然很大的地区，建议采用不大于 4% 的超高横坡度，但应将曲线半径相应的加大。

在一般情况下，超高横坡度应根据设计行车速度、平曲线半径及路面类型在 2% ~ 6% 的范围内选定。

在有纵坡的路段上设置超高后，在偏离路中线的方向上将产生纵坡与超高横坡合成的最大坡度，其值可按几何原理算得。当这一斜向坡度大于超高横坡时，则停留在超高段上的或行车速率较慢的车辆可能会沿着这一斜方向滑移。因此，应限制超高横坡度，或限制道路的纵坡度，使得这一斜向坡度不超过道路规定的最大坡度值。

在城市道路，或公路通过居民点，或是在有混合交通的地方性道路上，设置超高将使某些车辆和行人感到不便，在这些情况下，可不设超高，而设立限制车速的标志。

在山区，由于地形多为鸡爪地带，且地表横坡较陡，有的弯道曲线中心位于山外方（在山凹中），为消除司机心理上的影响，不得设置超高，在个别情况下，甚至可将路面部分做成向山内方倾斜的横坡，其被称为反超高，但该曲线半径如小于规定的推荐半径值时，则应限制车速。

三、缓和曲线

汽车从直线（可认为半径为无穷大）行驶到半径为一定值的圆曲线上时，若突然受到很大的离心力，这即影响行车稳定，又增加旅客的不舒适感。为了解决这个问题，人们常在曲线和直线之间增加一个半径随距离而变化的平缓曲线，这一曲线就叫缓和曲线。

第四节　具体定线的方法

公路详细技术测量定线是根据上级批准的任务书和踏勘调查（或者踏勘测量）中已确定的路线走向、主要控制点和路线等级标准而进行的。它的主要任务是在已定的线路整体布置下，再根据实地情况逐段安排，具体选择线路，定出转角点，以落实中线位置；在角点处提出曲线半径的推荐值；跨越水道时，从线路和构造物的最佳方案出发，合理确定跨越的位置。

在踏勘测量所定出的路线整体布局下，定线工作者应在相邻的控制点之间通过现场反复踏勘及试定放坡等工作，逐段进行安排，以加密控制点，在此基础上，才进行具体的定线工作。

选定路线的具体操作方法随地形不同而异。在平原及微丘区由于通视条件好，纵坡不受限制，平面上除避免占用农田或绕越其他障碍外，路线一般都比较顺适。选线时一般为前点一人，后点一人，中间点二人。前点是根据路线总方向和地形地物情况，初步定出路线中线；中间点在综合考虑前后两条导线后，落实角点位置，测出偏角提出曲线半径推荐值；后点是主要敷设角点桩和标志桩。

在山区由于地形复杂，路线平纵面常受到限制，且沿线多草树，阻碍视线。选线一般分成放坡、定点和测角三组。放坡由二人组成，并由有经验的技术干部担任，其任务是根据实地地形和标准要求采用合理坡度，沿路线前进方向放出高程点，并用显著标志将坡度坡长在实地标志出来。因此，放坡者应对踏勘调查或踏勘测量所定的路线总方向、大控制点有所了解，在某些控制点间还必须反复试坡查看。放坡后面是砍草定点，定点时人员组合仍分前点、后点和中间点，定点的负责人应是测量队的技术负责人。在山区由于地形困难，有时还需将导线的偏角和视距准确测出后，才能合理布出导线故紧接定点后就是测角。因此，在山区公路选线时，选线组一般都包括放坡、砍荒、定点及测角等几个小组。

定点时，前点是根据放坡者所标的坡度旗（即高程点）穿出路线中线。中线和高程点的关系，随地形横坡大小而定。

从路线中线和每个断面高程点的关系来看导线所应摆的最优位置。但每一条导线都有一定的长度，当中的地形并不是千篇一律的，而是有所变化的，单从横断面的角度来看，每个断面都能找到一个中线的最优位置，此点被称为断面控制点。因此，一条导线上往往就有若干个控制点，有时除地形上的控制点外，还有地物（如房屋等）上的控制点。这些点若定线时都要照顾到，那导线就不是直线，而成了一系列短折线。因此，在这些点当中要分析那些点是主要点，抓住主要点，其他点合理兼顾，这就叫以点连线。前点工作人员作了这些工作后标出中线位置，然后再指挥砍荒者砍荒落线。

第七章 路线的敷设

第一节 直线段路线的敷设

穿线定点和导线转折角测量后，工作人员就要沿路线中线进行距离丈量和敷设各种标志。三、四级公路一般用花杆对向后，以竹尺量距；一、二级公路原则上应用经讳仪对向，以钢尺丈量距离。丈量时所量距离一般叫链距，此距离应和测角时读测的视距进行复核，其要求是三、四级路链距和视距的精度是 1/200，精度超过上面要求者应复链，两次链距的要求为 1/500；一、二级路导线距离应当丈量两次，精度为 1/1000。

丈量距离的同时，工作人员应按要求沿路线中线敷设各种桩志。这些桩志既起固定路线的作用，又为绘制路线纵、横断面提供资料。公路上敷设的各种桩志统称为中桩，中桩按其作用和性质又可分成以下几类。

1. 里程桩

里程桩是指百尺桩和公里桩，这种桩由距离控制，而不取决于地形、地物变化。所有桩上应用红油漆注明路线里程被称为桩号。

2. 曲线主点桩

曲线立点桩，即曲线起点 ZY，曲线终点 YZ，曲线中间点 QZ 三个桩。曲线主点桩要求计算到厘米，敷设时可写出至 10cm。主点桩上 ZY、YZ、QZ 三个符号应用红油漆写于桩顶。

3. 地形加桩

地形加桩是指沿路线中线纵横向地形变化的地方而敷设的加桩。纵向变化的加桩主要是用于点绘纵断面地面线；横向加桩主要用于设计横断面和准确计算土石方数量。在天然水沟处为了布置桥涵需要，可设置 3 个、5 个或更多的加桩。在特殊工程如隧道、挡土墙等地段的两端或中间都应设置加桩。

4. 地物加桩

沿线路两侧很近的房屋、围墙、水井等地物处都应设置加桩，把它们和路线的关系反映出来，便于施工人员确定拆迁或采取其他工程措施。土壤地质显著变化处亦应设置加桩，供设计人员设计路基时分段确定边坡值或采取防治加固措施之用。

5. 关系桩

在新线测量中，正线和比较线、正线和改线、正线和分线等起讫点的里程关系都应设桩。改建路为了反映新旧路里程关系，在原路里程桩处一律应打设里程对照桩。

除上各种加桩外，有时为了今后施工控制挖填，一般规定每隔一定距离，不论地形变化情况如何，都应设置加桩，此距离视道路等级而定。

以上各种加桩除地形加桩外，其他各桩都比较死板，因此工作人员对地形加桩应予视，因为它的位置与数量将直接影响到土石方数量和线路纵断面。

所有桩志在现场敷设时，除将里程书写清楚外，在每个桩的背面应从零到一百依次编号，其目的是便于以后各组测量时按号寻找，不致遗测。

第二节　圆曲线的实地敷设

目前，公路上已根据角点的偏角大小和曲线半径 R，制成了《公路曲线测设用表》，以供查阅。

一、圆曲线各主点桩的里程计算及敷设

曲线上各主点桩里程计算方法和敷设步骤如下。

第一，角点间链距的计算。角点间链距的计算，也就是导线长度的计算，它是距离丈量到角点后记录员的第一项工作。当链距和视距符合要求后，才进行曲线主点桩里程计算。

第二，曲线要素计算。

第三，各主点桩的里程计算。

第四，挂链。设置曲线上各桩时，在查表、计算、量距、钉桩等过程中，都可能发生错误，因此对于设置好的曲线桩要检查其位置是否正确。这种检查通常是利用弦弧差的关系，丈量曲线上两点之间的弦长，以核对其弧长是否正确，此种检查习惯被称为曲线挂链。

二、曲线上加桩的敷设

在地形变化不大，且曲线长度小于 40m 时，敷设三个主点桩后已基本能满足要求。如果曲线较长，曲线内地形变化大，只设三个主点桩既不能准确反映曲线位置，又不能反映曲线内地形变化情况，这时就应该在曲线内地形变化处设置加桩，同时还要设置位于曲线上的百尺桩，公里桩。有时为了满足线形和施工上需要，在曲线上每隔 20m 就需要敷设一桩。

第三节　纸上定线

定线就是具体定出公路中线的位置。目前公路定线通常采用现场定线，因为现场定线面对实际地形、地质和水文条件，只要定线人员肯多跑、多看、多比较就能够定出比较合理的路线，即使地形稍复杂，只要反复试插，多次改善，在个别不合理的线段，再配以纸上移线，亦能定好线路。

纸上定线是利用已有的地形图，或新测的地形图，先在图上定出路线，再到实地放线。纸上定线，需要精度较高的大比例尺地形图（一般都要用 1/500 ~ 1/2000），当无此种现成的地形图时，测图工作量很大。纸上定线由于图幅受到限制，到现场放线时，还需结合实地地形，现场修改，反而费时费工。因此，在目前公路定线中，只有有现成的地形图可以利用，或在路线等级高，地形又特别复杂的个别段落，才采用纸上定线。

目前，随着航空摄影测量和地面立体摄影测量发展，飞机能很快测出精度较高，范围较大的地形图。而现场定线由于地形曲折起伏，视线受到阻碍，需要反复踏勘布线，如利用航测图，则起到了把野外实地地形搬到室内来的作用，布线人员在图上视野开阔，就很容易布出合理的路线来。除此之外，电子计算机的广泛使用，更能合理选出最优方案。因此，纸上定线今后会被广泛采用。事实上在我国许多地区，目前已有现成的航测照片，只要利用纠正仪将航测照片进行纠正后，再利用立体测图仪绘制成地形图，从图上定线后，再到现场修改落实，就会大大节省时间，减小劳动强度。

一、纸上定线的方法和步骤

第一，先在地形图上拟定路线的整体布置和主要控制点。

第二，根据平均坡度线，结合当中的实际情况和纵坡要求，采用长短坡，大小坡间隔布出导纵，定出角点，计算出偏角，并敷设曲线。

第三，沿路线中线，在地形纵横向变化及地物处敷设加桩后，标出地面标高，绘制纵断面，并按纵坡要求，及土石方纵横向平衡等设计纵坡，算出各桩的计算标高。

第四，为了能更经济合理的定出路线，还可把上面算出的各桩挖填高度，在各桩的横断面上，标高相应的点子点出来，并把这些点子反映在平面图上，这些点子的连线是具有理想纵坡和不挖不填的一条折线，然后再根据平面线形的要求进行修改，这样反复让平纵横三方面都处于最优位置后定出路线的中线。

二、实地放线

纸上定线所用的地形图，如比例大，而所定的线路较短时，可将纸上定线的路线图和从图上点绘设计的纵横平断面图直接作为设计成果，交付施工单位。如纸上定线的路线较长，有时还需结合实际地形进行修正时，则应将纸上定出的路线放到实地，供详细测量之用。

在现场找到测地形图时敷设的各相应导线点（如为航测图可利用事先敷设的三角控制点，或地形，地物特征点）后，工作人员可按图上量得的支距，用皮尺和方向架在实地定出各点，插上标志旗。

放出的各点，由于量距和放线工作误差，不可能恰好在一条直线上，多形成折线，此时可用花杆穿线，长直线亦可用经纬仪穿线，穿线时应以大多数点子为准，穿出直线后再根据实地地形看路线前后布置是否合理，否则要于现场进行必要修改。中线放出，或钉出角桩后，只完成定线工作，以后各组应按新线测量要求进行测量。

第四节　纸上移线

在山区由于地形复杂，现场定线时，由于定线人员视野受到限制和错觉影响，或放坡时距离坡度误差，会使个别段线位定得不恰当，增大了工程数量，或路线平、纵面线形不够理想时，此时可在测出的平、纵、横图纸资料上，研究移动线路，这就叫纸上移线。它对提高设计质量，降低成本起着一定作用。

一、应纸上移线的情况

第一，在路线平面布置上，个别段存在问题，如前后线形不协调；个别段直线长度不够；弯道半径过大或过小等。

第二，路线位置过于靠山，使路基挖方边坡太高，土石方数量大，并有害路基稳定。原中线靠外、要修挡土墙或砌石工程。移动后可不修挡土墙，或可大大减少挡土墙高度和长度。

第三，当路中线的位置与纵坡设计均不够合理时，需要移线和调整坡度。

第四，增加工程数量不多，即能显著提高平纵面标准时。

二、纸上移线的方法与步骤

（1）绘制需要移线地段的大比例尺平面导线图，比例尺以 1/200 ~ 1/500 为宜，平面导线图上应将转角点编号，曲线半径及曲线起点，终点及中间点，还有原敷设所有加桩除标明桩号外，应将各桩的横断面方向线用细线划出。

（2）根据挖填用的路基模板在各桩号的横断面图上左右移动，初步找出各桩最经济或控制性的路基中心线位置。量出偏移原中心线的距离，分别用不同符号标记在移线平面导线图的断面线上。参照这些标记，在保证重点照顾多数的原则下，经多次反复试定修改，直到定出满足移线要求，线形合理的移改导线，于每条导线上选择 2 ~ 3 个断面线标明移线距离。

（3）用正切法量算各交点转角，移线与原线角度应闭合，否则应进行调整。拟定半径，计算曲线元素，并绘出平曲线和敷设曲线主点桩。从移线起点找出和原线的桩号关系后，推算移线后各新桩的桩号。算出长短链，注于移线终点。

移线后新旧角桩的对照，里程桩的对照，还有起终点的关系桩都应列入对照表中。

（4）按各桩的移距，从横断面图上读出新老桩比高。根据此比高在原纵断面图上点出移线后的地面线，重新设计纵坡。

（5）当移距较大（超出各桩横断面宽度），移线路段较长时，工作人员应根据纸上移线资料进行实地改线，并于现场重新测设所改线段的有关资料。当移距不大（在 10m 以内），移线不长时，无须到现场另定中线，而只将原线和移线的成果资料交付施工单位，施工时则根据移距放样施工。

纸上移线具有一定作用，但当移距太远，超过地形图或横断面图范围，或横断面地面线有错，地面加桩数量不够时，亦影响移线质量。因此，在实地勘测时，要求布线者，在现场多分析研究，不应存在仅依靠纸上移线的思想。

第五节　山区公路布线中值得重视的几个问题

山区由于地形、地质、气候等特点，给路线布置带来了很大的困难。要解决好路线标准与自然条件之间的矛盾；行车要求与工程经济之间的矛盾，确是一项艰巨的任务。要布置和定好山区公路的路线，相关工作人员应对下面几个问题应予以足够的重视。

一、加强调查研究

我国《公路勘测设计规范》规定公路根据其修建任务得紧缓和工程难易，分别采用两阶段设计和一阶段设计，但无论采用什么阶段，在勘测前均应进行踏勘调查。其目的主要是确定路线的方向方案及主要控制点，收集有关技术、经济资料，并根据地形、地质及筑路材料的供应情况，概估工程数量和工程投资，为编制踏勘测量或详细技术测量的任务书提供依据。因此，详测前的踏勘调查主要是解决路线整体布局问题，而详测时的布线定线，主要是做好路线局部安排，即选定导线敷设角点。为了使路线布局合理，仍强调加强调查研究工作。在山区由于居民点稀少，访问群众受到影响，这就要求布线者重视实际调查，坚持多跑、多看、多问、多分析研究。调查研究是公路测设工作多年来行之有效的工作方法，有利于加快测设进度，提高测设质量，是一种多快好省的设计方法。

详测布线时的调查研究主要强调吃透两头，所谓两头，一头是指对该路修建的目的、使用要求、目前和今后的运输任务，必须充分掌握，布线时才能有的放矢，远近结合；公路的修建会加速地区工农业生产的发展，但反过来工农业的发展，又对公路的通过能力和载重等提出新的要求，公路虽然是一条线，但其服务范围和吸引的车流将是一个很大的面，不少实例可以证明，许多公路修建后，几年之内运输则大大超过原预计数量，对这些特点工作人员必须要有充分估计。另一头是要求布线者很好掌握路线所经地区的各种自然条件，经济状况及社会要求，合理处理行车和自然条件，特别是和地形条件之间的矛盾，充分满足运输发展需要。详测时接触群众较多，并且通过实际调查可以容易发现问题。如发现踏勘调查所定方案确实存在问题时，工作人员应本着认真负责的态度，通过实地调查比较后，允许作合理的修改，同时对一些局部方案还应组织人员再反复踏勘比较。在大控制点间，工作人员可结合地形情况，采取从上到下或从下到上的方式加密控制点。具体定线时，在困难地段亦必须反复插点穿线，使每条线、每个点（指角点）既利用了有利地形，又能满足标准要求，并节省工程投资。

二、正确合理地掌握工程技术标准

山区由于地形困难，布线者一定要从实际出发，正确合理地掌握工程技术标准。我们国家为了使公路便于管理和统一指标，根据公路的性质、位置和作用，将公路分成行政等级和技术等级。行政等级如国道、省道、县道和农村道路，它是根据道路的位置和使用要求来划分的；技术等级（即现在使用的公路工程技术标准）则主要是根据运输量的大小和行车要求来划分的。目前我们国家将公路分成四个技术等级，各技术等级又有若干指标，这些指标就叫技术标准。

技术标准是根据一定数量的车辆在达到一定车速在道路上行驶时，对路线和各项工程的设计要求。人们把这些要求列成指标，并用准则规定下来，以指导勘测设计工作。技术标准一般可归纳为三类，即“线形标准”“载重标准”“净空标准”。对路线布置来说，三类中的关键是线形标准。我国面积广大，就全国或某一省来看，各地地理位置和自然条件各不相同，故对标准的掌握，应视具体情况，在满足基本要求的前提下，结合实际，灵活运用。

在布置路线使用标准时，必须防止各种倾向，如不考虑路线的作用和运输要求，只是从地形出发，采用低标准以压缩工程费用，结果造成修后就改；盲目轻率，贪大求全，采用高标准，既增加投资，又多占用土地；钻标准的空子等不利局面。在线形标准中，平曲线半径和纵坡是关键，一般平曲线半径宜大，曲线间直线段宜长，直曲线比例应协调，避免长直线夹小半径，或大半径配短直线，这些都会使行车不利，易出事故。纵断面上大坡宜短，缓坡宜长，纵坡转折宜少，转折处半径宜大。

公路技术标准的正确掌握取决于两个阶段。第一阶段是在计划任务书编制阶段，公路技术等级选定要正确合理，因为计划任务书是进行勘测设计的主要依据之一，在技术等级选定以前，设计人员一定要征询各方面意见，深入实地进行踏勘调查，掌握第一手资料，然后结合目前和远景使用要求，慎重进行选择。如果选择不当，偏高或偏低，不仅直接影响公路建成后使用效果，也直接会影响工期和造价。第二阶段是根据计划任务书中已选定的技术等级，在勘测设计过程中，工作人员对各项具体指标如何正确合理掌握的问题。实践证明，计划任务书中技术等级规定得正确，不等于公路技术标准具体掌握得正确合理。因此，布线者应在方案上多下功夫，力求选择路线短、工程量小的最优方案，而不要在标准上斤斤计较。布线时工作人员应避免以降低标准作为减少投资的主要途径。

1964年，在四川渡口地区，从华坪到渡口需要修建一条公路，当时测设队接受任务后，重视了踏勘调查，以五倍路线的长度在现场反复调查比较，合理确定了路线的整体布置。在详测布线前，工作人员又分段试坡布线确定小方案。定线时平面上没有盲目追求长直线，而是在弯道上下功夫，使全线平曲线半径都用得较大。纵面上严格控制最大纵坡和最大纵坡的长度。这条路通车后司机反映很好，其关键就在于平纵面线形标准较高；直曲线组合协调；平面纵面配合较好。

三、重视工程地质问题

公路是修建在大地表面的线形人工构造物，由于路线延伸很长，会遇到各种不同的工程地质问题。它对路线的布置、路基、路面、桥涵和其他人工构造物的强度与稳定有着密切关系。山区由于地形、地质、气候条件变化急剧，不良地质现象突出，路线通过这些地段将会造成长远的路基病害和繁重的养护工作。过去人们在布线和测设中多注意路线的线形标准，而对路线地质调查则不够重视，往往从解决路基边坡、确定土石成分、寻找筑路材料等方面着手，而不是从路线布置上来研究地质问题，即使做了些调查亦不够深入，而只是简单的目估判断，致使许多路线破土施工后即发现地质状态很坏。在我国已建成的公路和铁路中是有不少经验教训的，例如解放初期修建的某一公路，地质地貌条件都十分复杂，设计人员设计了几条比较线，都有各种不同的工程地质问题。通车以后，经常出现大规模的不良地质病害。例如，在某地西侧的下山路线，路基基本上在断层破碎带之间展线，崩塌、滑坡等不良地质现象分布密集，规模颇大；高边坡的大量崩塌及废弃的土石方；在较大范围内形成坡面泥石流。这些道路是经常发生车祸事故和断道阻车的地点地段。又如有一条铁路路线，经过某一地段，初期勘测时，地质人员没有注意区域地质，以致使有一段线路选在断层破碎带上，其中有一座隧道通过断层破碎带，塌方严重，后来改线作为明挖通过。

事实上道路的运输能力不能只看到标准高低，提高标准主要解决通过能力大小的问题，而清除路基病害才能保证道路的畅通问题，故在公路勘测设计中，必须重视工程地质调查。

工程地质调查，一般包括收集和研究已有的有关资料和野外调查等内容。

（一）收集研究已有资料

在进行勘测前，工作人员当从任务书中明确路线大致方向后，应向有关部门收集下列资料。

（1）区域地质资料：工作人员主要是通过区域地质图、构造地质图、剖面图、柱状图等查明岩层类别及其构造情况。

（2）地形、地貌资料：工作人员通过地形图、地貌图查明地表地形起伏状况，判断出地形类别。

（3）水文地质资料：工作人员通过这类资料主要查吸地表水的分布，地下水的类型、分布情况、埋藏深度、补及条件及变化规律等。

（4）不良地质现象：此类资料被用来分析当地有无滑坡、崩塌、岩堆、冲沟、泥石流等，它们的分布情况、活动范围及发育程度。

（5）气象资料：其包括气温、降雨量、湿度、冰冻深度、风向风速等。

（6）地震资料：其主要内容为测区及其附近的地震烈度、次数、破坏情况及其与地貌地质构造的关系。

（二）野外调查

收集研究已有的资料，主要是大范围的调查，在野外还必须沿线路进行调查，通过自然迹象和岩层露头的直接观测与钻探获得以下各项资料。

（1）岩层的层序、厚度、土石的类别。工作人员通过形态、颜色、硬度并配合野外简易试验，确定土石的主要物理力学指标。

（2）查明岩层的产状（主要指走向、倾向、倾角）、断层及裂隙性质、破碎程度，倾角较大时，路线走向不宜平行于岩层走向。

（3）详细查明不良地质地带的种类、规模、发育程度及其危害。就一般而言，如有不良地质地段，路线以避开为宜。经过比较，若路线不能避让，则应采取各种防治措施，如排水、支撑、防护、加固和减重等，其中以排水最重要。此外，在施工养护中，注意及时整治，以防病害发生和发展。

其调查方式，除目估外，应辅以简易的坑探，有条件时应进行钻探。电探由于仪器设备轻便，工作效率高，在公路上应大量应用。

在山区布线还应注意，有些地段由于路基开挖，加之在水的作用下，岩层本身失去平衡亦易引起滑塌。因此，山坡一般不要把路基切割得太深，路基边坡值应根据当地地质条件合理确定。

四、认真贯彻山、水、田、林、路综合治理原则

布置路线时，在不影响公路总方向和技术标准下，应路堤结合，路渠结合，桥闸结合，主动为农业运输和农田基本建设创造条件。农业是国民经济的基础。公路运输由于具有机动、灵活的特点，可以深入广大农村，对促进农业生产发展有着重要作用。但公路建设又要占用部分农田，并影响农田排灌、水土保持。广大山区可耕种的土地本身就很少，仅有的少许田土往往集中在有一定水源的台地，河湾等处，而这些地带往往又是公路通过的合适地段。因此，路线占用土地问题，就要慎重研究。公路测设部门在长期的实践中总结了“先山后土少占田，山坡取土变梯田，梯田取土变平田，想方设法开新田”的布线原则。

我国山区所占面积较大，而人口又特别稀少，因此它是发展森林的好地方，同时山区都具有丰富的地下矿藏，公路应尽可能为培育森林，开发山区创造条件。

第八章　山区公路路基病害的防治方法

第一节　路基病害防治概述

对路基病害的整治，应在勘测、设计、施工、养护的各个阶段均予重视。已成公路应经常检查路基边坡的坚固性与稳定性，及早发现病害隐患，应采取有效的防治措施。

一、坍塌（包括堆塌）的防治

1. 设支撑建筑物

设置挡土建筑物可加强边坡的支撑力量，使路基内侧（挖方）坡脚变陡，减少边坡挖方数量，加强坡脚土体稳定性，保证边沟水流通畅。

2. 做排水设施

根据地形情况、水系的分布、边坡土石成分等，确定天沟或截水沟的建筑位置、结构形式及施工方法。对于地下水的排除，根据地质条件，采用支撑盲沟、纵横向盲沟可以获得良好效果。至于像泄水洞、渗井等，其造价昂贵，不易获得理想效果，一般采用较少。

3. 做坡面防护

根据地形、土石成分、地表水系的分布，边坡的高度与坡度，可采用铺种草皮、三合土捶面、铺砌块石护坡等方法，增加边坡防止冲刷的能力。

4. 刷方或减重

刷方或减重常在防止坍场中采用，其数量需根据边坡地形特点及土石物理力学性质进行验算，并考虑边坡地质条件。

5. 改线绕避

当坍塌规模较大或岩堆处于发展阶段，一时难于根治，而路线又可能绕避时，可考虑改线，但应做比较线而后确定。

路线通过岩堆地区时，应根据岩堆的厚度、岩堆底层基岩横向坡度的陡缓、岩堆石块的大小与含土成分等因素来确定路线通过岩堆的位置（上、中、下部）及挡土墙的断面尺寸。

二、崩塌（包括落石、剥落）的防治

在进行了调查试验工作以后，工作人员可以认识不同的崩塌性质及其变化规律，并确定适当防治方法，人们通常采用以下各项措施。

1. 坡面防护与加固

崩塌地区可以采用岩层表面喷浆，岩石裂隙用砂浆勾糙，对岩体使用块石支垛等措施。在落石地区对危石的稳定性加以检查和评定后，可采用支撑及加固等办法。在剥落地区主要是对斜坡表面岩层进行防护，通常采用铺种草皮、三合土抹面等保护层，亦可采用提高土石强度的方法。

2. 整治地表水与减少地下水的影响

修建排水建筑物，例如排水沟、截水沟、盲沟、渗井等设施，可以减少水对崩塌的影响。

3. 刷方或清除

处理崩塌或落石，可根据岩石性质、气候因素及地形条件采用刷方或清除的办法，但须考虑这样做以后边坡是否稳定。

4. 改线绕避

如有可能应尽量考虑路线绕避崩塌地区，但做决定前应将绕避线与防治措施进行经济比较。

最后应该说明，工作人员为了进一步了解崩塌的形成原因及活动变化规律，对其稳定性作出正确评价，还应进行定期的连续观测。例如，岩层裂隙变化情况与风化作用的关系，岩石性质受风化影响而发生的变化，地下水或地表水与崩塌的关系，气象条件对崩塌的影响规律，防治措施对崩塌实际效果的评价等，都需要进行长期调查观测与分析研究，才能逐渐掌握与认识。

三、滑坡的防治

防治滑坡的措施可以概括为两方面，即消灭或减轻水的危害与增加滑坡体的重力平衡条件。确定整治滑坡方法时，应当考虑以下几点。

（1）在可能发生滑坡的地区，事先采取预防滑坡发生与发展的措施，定期观测，防止滑坡活动。

（2）在滑坡地区，应弄清发生滑坡的主要与次要原因及其性质，再根据它们对公路的影响程度，采取相应措施。

（3）对性质复杂的滑坡，一时对其发生的原因与活动变化的规律难于弄清的，则应采取预防与整治相结合的处理方法，并观测整治中的效果与变化，随时修正不正确的措施。

（4）对路线危害性甚大的滑坡，必须及时采取有效措施。例如，修筑排水建筑物、减重或修建支撑建筑物等，防止滑坡继续发展。

滑坡整治措施如下。

（一）减少水的危害

1. 排除地表水

（1）切断滑坡体以外的地表水，不使水流入滑坡体内。按当地汇水面积大小及降水情况，设置截水沟，根据地形情况使截水沟能将地表水全部向天然沟谷排出。但应注意天然沟谷及地下水露头与滑动面的关系，修围隔水或引水建筑物，防止水渗入滑坡体内部。

（2）防止滑坡体本身范围内的地表水渗入滑坡体内，应结合滑坡体的地形及水量情况，在滑坡区以内设置树枝状的排水系统。它的主沟最好与滑动方向一致，这样不仅可减少滑坡滑动时沟渠破裂，还可以防止沟水集中下渗。支沟一般与滑动方向成30° ～45° 角。还应视土壤情况采用夯实、三合土捶面或铺砌沟底，防止沟内水渗入土体。

（3）填平山坡洼地、池塘，整平夯实山坡坡面、填实裂缝，防止积水下渗。

（4）在山坡上种树铺植草皮，以便吸收地表上的水分，且可借植物根系增加地表土体的稳定性。

2. 排除地下水

（1）支撑盲沟。当滑动面埋藏不深，滑坡体内有大量积水，或地下水分布的层次较多时，可采用支撑盲沟排除地下水，它是具有排水作用与支撑作用的建筑物。

（2）截水盲沟。当滑坡体的上方有地下水时，可在垂直于地下水流的方向，设置截水盲沟，将地下水截住，由滑坡体两侧排出。这样可以排出多层的地下水或坡中水。截水盲沟须修建在稳定的土层上，其底层应设于滑动面之下。

3）泄水洞。当大型滑坡地下水埋藏很深时，可采用泄水洞等拦截或疏干地下水。如地下水集中于一层或集中于滑动面附近，使用泄水洞效果很好，否则必须在泄水洞之上，按集水情况设置必要数量的垂直渗井，将土体中各层的水引入泄水洞内排出。

所有盲沟与泄水洞，均应视土壤及流速情况，设阀制滤层，避免潜蚀作用引起陷穴，并防止泥沙流入，淤塞排水孔道。

（二）增加滑坡体的重力平衡条件

滑坡体所受力包括上部分的下滑力量及下部分的抗滑力量，如暂不考虑水的影响，通过验算，减少下滑力量或增加抗滑力量，均可堆加滑坡体的重力平衡条件，使滑坡稳定。

（1）减重。在滑坡体的上部进行减重，其数值按平衡条件经验算后确定，并采取适当的安全系数。

（2）修建支撑建筑物。在滑坡体的下部修建支撑建筑物，增加抗滑力量，可通过滑坡验算设置抗滑挡土墙。建筑物的基础均应埋于滑动面以下的硬层或基岩上，以保证建筑物基础稳定性。

四、泥石流防治

选线时一般应注意使路线在狭窄的泥石流搬运区（具有明显的沟槽处）通过，对于不稳定的河床，则应选在冲刷淤积平衡（即相对稳定）地段通过，否则要使路线在泥石流沉积区以外绕过。当上述两点都不能办到时，可考虑以下的防治方法。

（一）预防泥石流发生的办法

1. 水土保持工作

保护草木植物，使地表周围盖层不被破坏，并在补给区的山坡上植树造林，形成一个防护林带。这样可以防止山坡水流的冲刷并减缓岩层的风化作用，植物根系还可吸收土壤水分，树木可拦截坡面上滚动的石块。绿化种植宜采用枝叶繁茂和耐旱的树种，最好是乔木与灌木相互间植。

水土保持是根治泥石流的一种方法，但因泥石流范围较大，要使树木形成一个有效的防护林带，需要较长的时间，所以在此期间还要采取其他适当措施，以防止泥石流的危害。

2. 整理地表水流

（1）在山坡上修建排水沟，使地表水流及时排出，防止水流的冲刷，并减少水的下渗。

（2）在补给区沟谷的陡坡地带，修筑各种挡墙，拦挡泥石流，使陡坡成为阶梯状，坡度变缓。

除此之外，还可以采用防治坍场、滑坡、崩塌的各种措施，消除这些不良地质现象的影响。

（二）控制泥石流的措施

1. 修建泄泥石流建筑物

（1）在泥石流地区最好修建单孔桥，桥下有足够的净空，保证泥石流能顺利宣泄。为此，应防止河谷中泥石沉积，适当的加深河床，取直河道，修建导流建筑物，使泥石流沿桥洞顺利通过。

（2）当路线在稳定的冲积扇下部以路堤形式通过时，可以在固定的泥石流流动的沟谷上修建桥梁。当泥石流数量较大时，而建桥上游地形许可，则可在桥上游适当地带作分流渠，并修建桥梁，以保证正桥下有足够的宣泄面积。

（3）一般在泥石流地区不宜修建涵洞，因涵洞易被泥石堵塞，而冲毁路堤。同时不宜采用路堑，只能以路堤通过，路堤本身可以起到拦挡泥石流的作用，

2. 修建泥石流拦挡建筑物

阻拦冲积物有两种办法：一种是修建拦挡坝，使泥石流速度减小，固体物质沉淀，水继续流走；另一种是选择适当的地形挖沉积池，使冲积物淤积，而后清除泥石，这对量小的泥石流是很有效的。

修建拦挡坝应与河槽同宽，并可沿河床纵坡做成台阶状。一般根据泥石流的规模大小与当地出产的建筑材料，还有施工条件，选择拦挡坝的类型。

对边坡泥石流的防治，一般采用排水设备，设置拦泥墙，还有必要的泄泥构造物等防治措施。

各种路基病害的防治方法是多种多样的，大体上可归纳为以下几种。

①设置支挡建筑物，如修建各式挡土墙、土垛、石砌支柱、石垛，拦挡坝等构造物。

②减少坡面荷重，如进行刷坡、减重、清方等工作。

③设置排水系统，如修建天沟、排水沟、支撑盲沟、截水盲沟、泄水洞等建筑物。

④坡面防护与加固，如采用草木、石料，混合料、机械等加固边坡的方法。

上述防治方法常综合利用，以期收到最大的效果。

第二节　支挡建筑物

各种路基病害均可设置不同形式的支挡建筑物。在坡脚设置挡土墙后，则不会因坡脚土体变形而引起上部边坡土体坍塌，特别在雨季时，边坡土层易积水，且坡脚较边坡上部含水量高，设置挡土墙后，则可避免坡脚含水量大的影响，改变排水情况，增强边坡稳定性。其他如石垛、立柱、挡墙、拦挡坝等对防治病害亦能起到积极效果。

支挡建筑物有施工容易、技术要求不高、材料来源丰富、适于就地取材、造价低廉、效果良好等优点，宜广泛使用，常用的支挡建筑物有干砌、浆砌、木质、笼式挡土墙及抗滑墙，土垛，石垛，干砌或浆砌块石堤填等。

一、设计支挡建筑物应收集的资料

（一）路线资料

路线资料包括纵断面图、横断面图（视地形地质的复杂程度，每 5 ~ 10m 作一个横断面）、有关的大比例尺平面图等；支挡建筑物的位置及其设置的原因。例如，位于沿河地区或斜坡地区；修建形式、结构及设置范围；墙背的填料种类与排水措施，施工方法；附近的桥涵位置，还有冻结深度与冰冻时期等。

（二）地质勘测资料

①地形地貌特点，山坡天然水系及河流特点，还有地下水的分布、藏量、露头位置、水位标高等。

②斜坡坡面植被覆盖层与堆积层的形态及其稳定性，坡面自然倾斜角。

③基本岩层的构造，不同岩层的分布、层理及主要节理的倾向与倾角；岩层的性质、风化程度、抗压强度、摩擦系数与黏结力的数值，基岩上堆积层的厚度，支挡建筑物基础的土壤承载力。

④进行地质勘测的观测点数目与位置，还有试坑的数目与位置。

⑤所在地区的各种不良地质现象，地震情况（分布、烈度）。

⑥所在地区能够采用作为支挡建筑物的材料名称、数量、运距等。

（三）水文资料

当路线为沿河线，或修建沿河挡土墙与挑水坝时，工作人员需进行水文调查，应至少测一个河床横断面，测至洪水线以外，记明河床变化情况（冲刷或是淤积）与地质情况（土质类型、岩层露头，砂砾石的粒径大小等），沿河挡土墙的基础情况（基岩或沙砾石层）及埋置深度与处理措施，还要测量河流低水位、常水位、洪水位的标高，洪水时主流流速与流向等。

（四）试验资料

取支挡建筑物设置地点的原状土进行试验，其中包括容重、内摩擦角、粘结力、孔隙比、稠度（黏土类）、饱和度、含水系数（沙土类）、相对密度（沙土类）。通过试验确定地基的承载力、墙与填土的摩擦角、基础与土壤的摩擦系数。根据支挡建筑物结构形式的需要，取地下水样进行水质分析，确定水质是否对圬工有侵蚀性。

二、设计时的参考数据

当设计支挡建筑物时，如无现场的试验资料，或为了核对试验的结果，可以参考下列经验数据。

①土壤主要物理力学性质。

②地基土壤的容许承压力（kg/cm^2）。

③填土与墙背摩擦角参考值。

④摩擦系数值。

三、挡土墙土压力的计算

设计挡土墙时，只有知道传递到墙上侧向的土压力的大小、方向、分布情况与作用点时，才能确定挡土墙的尺寸。土体在挡土墙上所引起的压力不仅与墙的结构形式、材料性质、高度、倾斜度以及填土表面的形状与力学性质有关，而且也与墙和地基的刚性及其变形情况有关。要考虑上述全部因素来计算墙所承受的土压力，目前仍无法解决。因此现有的一切计算方法，都建立在不完全相同的假定上，故计算结果亦不相同，目前只能根据各种计算方法的适用条件结合挡土墙具体情况，以下述三点作为选择的依据。

第一，计算理论比较严谨，有充分科学根据；

第二，理论计算结果与试验或观测资料比较吻合；

第三，计算方法比较简单，又能适合各种具体情况。

历来对于土压力的计算方法，普遍采用的有两种：一种是以散粒体极限平衡理论，按平面问题建立简化的计算理论，其基本假说是当挡土墙背土体发生破坏时，土体将沿某一平面滑动，以此假设求出土压力，即库仑理论；另一种是把挡土墙的土压力问题看成是散粒极限平衡理论问题中的一个组成部分，它是根据土在塑性平衡阶段最大和最小主应力的关系公式来解的，亦称主应力理论，以朗金为代表。这两种计算方法以库仑理论的实用价值较大，计算简便，有足够精确性，特别是在实用中土体为黏性土的不多，大部为沙性土。

土压力有主动土压力、被动土压力与静止土压力的区别。挡土墙受到土体侧压力的作用而向外移动，使土体的强度逐渐减少，直到发生一个破裂面，当挡土墙开始离开土体移动的一瞬间，土体作用在墙背部的压力被称为主动土压力。挡土墙受外力作用后，向着土体方向推压，使土体强度逐渐增加，当达到极限平衡时，土体便沿着发生滑动面向上凸出，此一瞬间挡土墙所承受的来自土体方面的侧压力被称为被动土压力。由于土体向上凸出时，挡土墙要克服凸出的滑动土体重量，故被动土压力要比主动土压力大得多。如果挡土墙是绝对刚性，不会向任何方向移动，那么墙后土体的移动只有靠土体本身的压缩才有可能，此时土体在挡土墙上所产生的压力被称为静止土压力。

挡土墙土压力的大小，根据墙的侧向移动情况而定，当挡土墙向外移动而土体到达极限平衡时，侧压力为最小极限值（主动土压力）；当挡土墙向内移动推压土体而使土体到达极限平衡时，侧压力则为最大极限值（被动土压力）。

四、干砌挡土墙

干砌挡土墙是一种常用的支挡建筑物。按照干砌挡土墙后承受滑动棱体破裂面的情况，其可以分为两种。第一，一般挡土，即墙后滑动棱体产生最大土压力时为直线破裂面，按库仑公式计算土压力，例如防治路基坍塌、堆塌，河岸冲刷所设置的干砌挡土墙，一般为此类型；第二，抗滑挡土墙，即墙后土体的滑动面根据地质构造、岩层土壤性质而定，可以是直线形或折线形，也可以是弧形，一般按已知滑动面以上的滑动土体来计算下滑力，如果下滑力不大，则应按库仑公式计算出土压力，采用其中的最大值，如为防治滑坡所设置的干砌挡土墙即为此种类型。在斜坡地区路堤下侧的挡土墙，当考虑其沿斜坡面滑动时，亦按抗滑挡土墙计算。根据挡土墙设置在路基上的位置其可分成上方挡土墙与下方挡土墙。如果按所用材料的不同，又可分为干砌块石与干砌条石挡土墙。

在山区公路上宜设置于砌挡土墙，其取材容易，施工简单迅速，墙体稍有变形或破坏容易修复。干砌挡土墙的透水性及通风性好，因此对防治路基坍塌、堆场或河岸冲刷，收效均好。但对大中型滑坡，由于其要求挡墙体积较大，施工困难，稳定性差，一般不宜采用。

许多山区公路已修干砌挡土墙的高度均在 2 ~ 4m，超过 6m 的不多；但个别的有高达 12m 者，仍完好无损。经验证明，干砌挡土墙如果经过很好设计，基础深度符合要求，严格掌握材料规格，保证施工质量，一般都能起到良好效果。墙高一般小于 4m，如采用大块石（体积大于 $0.02m^3$），或平均厚达 0.4m 的条石砌置，墙高可达 6m；如果高度大于 6m，则应根据工程地质调查资料进行详细设计，而后施工。

第三节　膨胀土勘察与路基施工

膨胀土是一种富含膨胀性黏土矿物（蒙脱石、伊利石 / 蒙脱石混层黏土矿物等）的非饱和黏土，分布广泛，并对工程建设有特殊危害。我国过去修建的公路一般等级较低，膨胀土灾害问题不太突出。随着近年来高等级公路兴建，不少地区都遇到了膨胀土问题，如许多新建公路在施工过程中就开始出现各种变形病害，有的地段土基一边施工开挖，一边溜塌、坍滑；有的地段土基刚刚施工建成，就出现整段土基吸水膨胀软化，地基表层膨胀，导致无法铺筑路面等。这种从施工开始就病害不断的膨胀土，如果处理不好，将会造成严重经济损失，并严重影响行车安全。

一、膨胀土概述

（一）膨胀土的定义及特征

膨胀土是一种吸水膨胀、失水收缩开裂的特种黏性土，其矿物成分以强亲水性矿物蒙脱石和伊利石为主。在自然条件下，其多呈硬塑或坚硬状态，裂隙较发育，常见光滑面和擦痕，裂缝随气候变化张开和闭合，并具有反复胀缩的特性，多出露于二级及二级以上的阶地，山前丘陵和盆地边缘，主要特征有胀缩性、裂隙性和超固结性。

膨胀土在我国分布范围较广，分布于我国广西、云南、四川、陕西、贵州、广东、江苏、黑龙江和湖南等20多个省（区）的180多个市、县，总面积在10万km^2以上。从地理位置来看，我国膨胀土主要集中分布在珠江、长江、黄河中下游及淮河与海河流域的广大平原、盆地、河谷、河间地块及平缓丘陵地带，常呈地毯式大面积覆盖地表或地表下浅层，与公路建设关系极为密切。

（二）膨胀土的判别

膨胀土的判别标准，国内外尚不统一，各行业亦不统一，根据多年来工程实践中的经验总结和工程地质特征，采用现场定性和室内试验指标相结合的方法判别较为合理。工程中大多采用自由膨胀率 Fs，它是与其他指标相配合的判别方法。自由膨胀率 Fs 是以一定体积的扰动风干土，在水中增加的体积与原有体积的百分比来表示的土的膨胀性。采用自由膨胀率的缺点是忽略了土的结构性。

1. 初判

工作人员在判别时可根据地形地貌，土的天然结构特征，膨胀土具有的裂隙性、胀缩性等特征，进行初步判别。

（1）建筑、水电等系统提出的临界判别值如下。

自由膨胀率 $Fs > 40\%$

液限 $W_L > 40\%$

（2）铁路系统提出的临界判别值如下。

自由膨胀率 $Fs > 30\%$

液限 $W_L > 40\%$

（3）塑性图判别法。塑性图是以塑性指数为纵轴，以液限为横轴的直角坐标图。《公路土工试验规程》（JTG E40—2007）对膨胀土的定义为，高液限黏土（CHE），分布范围为大部分在A线以上，$W_L > 50\%$。

2. 详判

膨胀土分类较为复杂，目前尚难统一。为解决膨胀土地区路基修筑的关键技术问题，交通部（今交通运输部）在西部科研项目专门立题进行研究，中交第二公路勘察设计研究院在“膨胀土地区公路勘察设计技术研究”课题中，通过对膨胀土的各种判别分类方法的优缺点、全国膨胀土工程性质及内在关系研究，初步提出了按标准吸湿含水量和塑性指数进行判别与分类的方法，其标准可参考采用。

（三）膨胀土主要工程性质及其对路基稳定性的影响

1. 胀缩性与收缩性

影响膨胀土胀缩性的因素有矿物成分、颗粒组成、初始含水量、压实度及附加荷重等。其中除了矿物成分和颗粒组成的内因影响外，初始含水量、压实度及附加荷重等外因影响也很大。

（1）初始含水量的影响。膨胀土的膨胀量与含水量成反比，含水量越小，遇水后土体吸水越多，膨胀量越大；收缩量与含水量成正比，含水量越小，干燥失水后收缩量越小。公路沿线土体的天然含水量是变化的，各处膨胀土的膨胀量和收缩量不是定值，同一种土的膨胀量随当地含水量变化而变化。

（2）压实度的影响。压实度测定采用重型压实标准，由不同压实度下膨胀量试验可知，压实度增大，膨胀量有所增加，而压实度对收缩量影响很小。

（3）附加荷重的影响。土体膨胀量受附加荷重（压力）控制，压力越大，膨胀量越小，当压力为 0 ~ 0.05MPa 时，影响最显著。工程施工中可采用增加上覆压力来减少膨胀量。膨胀土填方路堤因土的自重压力作用，下部、内部的膨胀是很小的，膨胀量大的部位是路堤顶部和边坡表层，路堤破坏往往先从这些地方发生。

2. 抗剪强度特性

（1）膨胀土胀缩等级的影响。膨胀土随胀缩等级提高，土体内摩擦角会降低，黏聚力却与等级无关。因此，为保证膨胀土路基的稳定性，对膨胀等级不同的膨胀土应区别对待，分别采取相应措施，强膨胀土不能作为路基填料。

（2）含水量的影响。无论哪种等级的膨胀土，含水量减小，摩擦角、黏聚力则增大。当最佳含水量收缩到塑限时，抗剪强度则成倍增长。膨胀土变湿时抗剪强度比修筑时小得多，因此当采用膨胀土修筑的路基边坡无覆盖时，其抗剪强度可能全部丧失，这是造成边坡溜坍、坊塌和浅层滑动的主要原因。

（3）上覆压力的影响。随土层深度加大，膨胀土摩擦角、黏聚力值也增大。利用膨胀土的这种特性，填筑路堤时应充分考虑增大压力来提高抗剪性。许多路基产生变形从坍肩开始就是没有上覆压力造成的。

（4）填筑条件的影响。土体填筑干容重越大，抗剪强度就越大，含水量越高，抗剪强度越低。但击实土在膨胀后摩擦角和黏聚力的最大值却是出现在最佳含水量击实到最大干容重的条件下。因此，为保证用膨胀土填筑路基在施工中及建成后都具有较高的强度和稳定性，仍应采用在最佳含水量条件下压实到最大干容重来控制施工。

3. 渗透特性

膨胀土的体积变化主要是土中水分变化引起的，了解土的渗透性对分析已成路基和边坡水分变化的原因有重要意义。膨胀土渗透性差，其渗透性与上部压力、土体密实度有关。压实度增大，膨胀性越强的土，渗透性越小。但膨胀土一经暴露于大气，在风化营力作用下失水收缩开裂后，透水性将会显著增大，这点在工程设计中应充分考虑。

（四）膨胀土地区的公路病害及原因分析

1. 边坡风化剥落、坍塌和滑坡

无论是用膨胀土填筑的路堤还是通过膨胀土地段的路堑，滑坡都会时有发生，对公路危害较大。路堤滑坡有两种情况：一种是滑动面在用膨胀土填筑的路堤填土内；另一种是滑动面穿过路堤填土和地基土层而发生在地面下的淤泥或膨胀土的软土层内。路堑滑坡体则较易观察。

2. 路面纵向裂缝、溅浆冒泥、沉陷和鼓包

（1）路面纵向裂缝。在填方路段，因路床填料采用未经改性的膨胀土，在碾压施工中含水量偏大，这是膨胀土产生收缩变形的内在因素。在未对上路堤顶部以上边坡进行有效封闭的情况下，路堤边坡临空条件一致，大气影响也相近，致使路床填料膨胀土在大气影响范围内明显收缩，形成拉开裂缝，并反射到路面结构，形成路面纵向裂缝。

（2）路面溅浆冒泥、沉陷和鼓包。这种病害在挖方和填方路基均有发生，其原因如下。

①未对挖方路基的路床膨胀土进行超挖处理；

②填高小于 1m 的路基未挖除地表以下膨胀土；

③一般填方路基路床填料采用未改性膨胀土，CBR（路基填料强度）强度低，这样在中央分隔带渗水、超高段左侧路缘带边部渗水、边沟渗水和路面结构渗水等综合因素影响下，路床膨胀土浸水或含水量增加，路床膨胀土软化或形成泥浆，在行车荷载反复作用下，形成较强的孔隙水压力，造成溅浆冒泥。渗水还会导致路床膨胀土软化和干湿循环胀缩变形，在行车作用下发生路面沉陷和鼓包。

二、膨胀土的勘察

膨胀岩土地区的勘察除按一般地区的要求外，应着重下列内容。

（一）工程地质测绘与调查

膨胀岩土地区工程地质测绘与调查宜采用1：1 000～1：2 000比例尺，应着重研究下列内容。

①微地貌、地形形态及其演变特性，划分地貌单元，查明天然斜坡是否有胀缩剥落现象。

②查明场地内岩土膨胀造成的滑坡、地裂、小冲沟等的分布。

③查明膨胀岩土的成因、年代、竖向与横向分布规律及岩土体膨胀性的各向异性程度。

④查明膨胀岩节理、裂隙构造及其空间分布规律。

⑤调查地表水排泄、积聚情况，地下水的类型、水位及其变化幅度，土层中含水量的变化规律。

⑥搜集历年降雨量、蒸发量、气温、地温等气象资料。

⑦调查当地建筑物的结构类型、基础形式和埋深，建筑物的损坏部位，破裂机制、破裂的发生发展过程及胀缩活动带的空间展布规律。

⑧调查当地天然及人工植被的分布，浇灌方法。

（二）勘探

勘察方法及工作量根据工程等级及勘察阶段决定。

①膨胀岩土地区勘探点的深度应考虑基础埋深及土层湿度和土层湿度变化的影响深度，一般不小于5m，部分勘探点深度不小于8m。

②控制性勘探孔和一般勘探孔均应取岩土试样以测定天然含水量。

③膨胀岩土应测定自由膨胀率、收缩系数及膨胀压力。对膨胀土需测定50kPa压力下的膨胀率。对膨胀岩还应测定黏粒、蒙脱石或伊利石含量，体膨胀量及无侧限抗压强度。为确定膨胀岩土的承载力、膨胀压力，工作人员可进行浸水载荷试验、剪切试验及旁压试验等。

（三）试验

对膨胀岩土除进行一般物理力学性质指标试验外，尚需进行自由膨胀率、膨胀率、收缩系数、膨胀压力等工程特性指标方面的试验。除上述外，为了确定地基土承载力和浸水时的膨胀变形量，还需进行野外现场浸水载荷试验等。

三、膨胀土的地基评价

（一）膨胀土的地基评价

按场地的地形地貌条件，可将膨胀土建筑场地分为以下两类。

第一类，平坦场地。平坦场地地形坡度小于5°；地形坡度大于5°小于14°且距坡肩水平距离大于10m的坡顶地带。

第二类，坡地场地。坡地场地地形坡度大于或等于5°；地形坡度小于5°，但同一类建筑物范围内局部地形高差大于1m。

（二）膨胀土地基承载力确定

膨胀土地基承载力确定可以通过试验法、计算法（根据岩土工程勘察有关规定）、经验法（据已有的地区经验）来确定。

（三）坡地膨胀岩土地基稳定性验算

坡地膨胀岩土地基稳定性验算可分为以下三种情况。

①土质均匀且无节理面时按圆弧动法验算。

②岩土层较薄，层间存在软弱层时，取软弱层面为潜在滑动面进行验算。

③层状构造的膨胀岩土，层面与坡面斜交且交角小于45°时，验算层面的稳定性。

四、膨胀土路基施工

（一）膨胀土路堤施工

高等级公路不得已时才允许采用膨胀土或经处理后的膨胀土作为填料填筑路堤。

1. 膨胀土路堤技术要求

（1）膨胀土路堤边坡形式如下。

①直线式：一坡到顶的直线形边坡，适用于用弱膨胀土填筑的低路堤。

②折线式：填土较高或用不同土质分层填筑的路堤，可采用折线形边坡，一般为上陡下缓，但边坡太高则难以保证稳定。

（2）坡度。

采用弱膨胀土及中膨胀土填筑路堤，其边坡坡率应根据路堤边坡的高度、填料重塑后的性质、区域气候特点，并参照既有路基的成熟经验综合确定。

（3）填方路基。

高速公路及一、二级公路路基填土高度小于路面与路床的总厚度，基底为膨胀土时，宜挖除地表0.3 ~ 0.6m的膨胀土，并将路床换填非膨胀土或掺灰处理。若为强膨胀土，挖除深度应达到大气影响深度。

强膨胀土不应作为路堤填料。

高速公路及一、二级公路采用中等膨胀土作为路堤填料时应经改性处理方可填筑。弱膨胀土作为路堤填料时，若胀缩总率不超过0.7%，可直接填筑，并采取防水、保温、封闭、坡面防护等措施，否则应按公路等级、气候、水文、填土层位等具体情况，结合实践经验进行处治。膨胀土改性处理的掺灰最佳配比，以其掺灰后胀缩总率不超过0.7%为宜。

路床应采用符合《公路路基设计规范》（JTG D30—2015）规定的材料填筑。若采用弱膨胀土及中等膨胀土作为路床填料，应经改性处理方可填筑，改性后的胀缩总率不得超过0.7%。

（4）路床填料最小强度和压实度要求。

当采用细粒土填筑时，路堤填料最小强度应符合设计的规定。

路堤应分层铺筑，均匀压实。

强膨胀土不得直接用于填筑路基，但是公路所经膨胀土地区路线长，膨胀土分布范围广，找不到非膨胀土填料时，除强膨胀土外，中、弱膨胀土也可用于路堤填料，但必须采取相应的治理措施，增加其稳定性。

①在有多层膨胀土分布的地区，应选择膨胀性最弱的土层做填料。蒙脱石含量高的白色、灰绿色膨胀土，由于土的亲水性特强，极易风化，强度衰减很快，不能用作填料。

②在有砾石层出露或膨胀土中有结核层分布的地区，应尽可能选用砾石料或结核料填筑路基。

③地表经过风化、流水淋滤和搬运，或已被耕种的表层土，一般膨胀性较弱，可用做路堤填料，但只可用于路基下层，而不能用于路床（路面下0 ~ 80cm）。

④高速公路及一、二级公路采用中等膨胀土作为路床填料，应先进行改性处理。限于条件，必须直接使用中、弱膨胀土填筑路堤时，路堤填成后，应立即进行浆砌护坡封闭边坡；当填至路床底面时，应停止填筑，改用非膨胀土或用经改性处理的膨胀土填至路床顶面设计标高，并压实。如当年不铺筑路面，作为封层的填筑厚度，不宜小于30cm，并做成不小于2%的横坡。

可用接近最佳含水量的中等膨胀土填筑路堤，但两边边坡部分与路堤顶面要用非膨胀土或经改性处理的膨胀土作为包心填方，外包层一般厚1.2 ~ 1.5m。

⑤对于三、四级公路可直接用中等膨胀土做路基填料。当铺筑有铺装路面、简易铺装路面时，上路床填料应进行改性处理。如不得已全用膨胀土填筑，可将膨胀性强的土填在最下面，膨胀性弱的土填在上面，同一种土填在同一层上，且厚度均匀，以免引起不均匀变形。

⑥膨胀土改性处理。膨胀土掺灰改性处理，石灰的剂量一般控制在6% ~ 10%（质量比）。掺灰的最佳剂量，应根据公路不同等级对路基不同部位压实度及填表料最小强度的要求，通过反复试验确定。经改性处理后，胀缩总率以不超过0.7，自由膨胀率不大于40%为宜。

2. 膨胀土路堤施工要点

（1）膨胀土路基的施工安排。

①膨胀土路基施工应避免在雨季进行，并同时加强现场排水，以保证地基和包填筑的土方工程不被水浸泡。

②膨胀土路基开挖后，各道工序必须紧密衔接，连续作业，分段完成。路基填筑后，其边坡防护等不能间隔时间过久，以免边坡长期暴露。除此之外，还要做好膨胀土路基的防水、保湿、防风化工作。

③膨胀土路堤施工前，应就地按规定制作试验路段。

（2）路堤基底处理要点。

①应将路堤范围内的树根、灌木全部挖除，把坑穴填平夯实，排除积水，挖除淤泥，切断或降低地下水，清除草皮，清除深度一般不小于30cm，彻底清理后应对基底进行压实。

②高速公路及一、二级公路对填高不足1m的路堤，须挖去地表80 ~ 100cm的膨胀土，换填非膨胀土或经改性处理的膨胀土，并按规定压实。

③原基底为过湿土时，应挖去湿软土层，换填沙砾土、砾石土、石碴，或将土翻开，掺入石灰或NCS固化材料处理。其最佳掺入剂量，要按相关要求处理。

④地面横坡为1 ∶ 5 ~ 1 ∶ 2.5时，原地面应挖成台阶，台阶宽度不小于1m。当地面横坡陡于1 ∶ 2.5时，为防止路堤沿基底滑动，可先将基底分段挖成不陡于1 ∶ 2.5的缓坡，再在缓坡上挖宽1 ~ 2m的台阶。

⑤高速公路和一级公路陡坡地段的半填半挖路基，必须在山坡上从填方坡脚起向上挖成向内倾斜的台阶，台阶宽度不小于1m，其中挖方一侧，在行车范围之内的宽度不足一个行车道宽度时，则应挖够一个行车道宽度，其上路床深度之内的原地面土应挖除、换填，并按上路床填方的要求施工。

（3）路堤填筑与压实要点。

①路堤、零填、路堤基底均应进行压实，压实标准按有关标准处理。

②最佳含水量与最大干密度标准值的修正。经改性处理的膨胀土测定的最佳含水量和最大干密度的标准值应进行修正，即实施填筑的含水量大于最佳含水量的标准 1% ~ 2%，实施填筑最大干密度低于最大干密度的标准值 0.05 ~ 0.15g/cm^3，并且要严格控制路基压实度，每一压实层检验合格后，方可填筑上一层。

③路堤填筑要求连续施工，每一施工段（长度视实际情况酌定）中间施工不暂停。对于已发生的暂停施工，恢复施工时，应采用刮除松层、晾晒、复压等措施，经压实检验合格，再填上层土。如果施工间隔时间较长，不采取防范措施，任其风吹日晒，土基水分蒸发，将产生干缩现象，易产生裂缝，影响路堤密实度和整体强度。

④路堤与路堑分界处即填挖交界处，两者土内的含水量不一定相同，原有的密实程度也不相同，压实时应达到压实均匀、紧密，避免发生不均匀沉陷。因此，填挖交界处 2m 范围内的挖方地基表面应挖台阶翻松，并检查其含水量是否与填土接近，采用适当的压路机具，压实到规定的密实度。

⑤施工机械与压实工艺。一般以重型履带式铲运机或推土机，清除表层膨胀土，推土机可带松土器进行翻松、晾晒，然后用平地机整平。最后采用三轮静力式压路机（18 ~ 21t）先进行碾压基底，达到规定压实度。

为使土块中水分易于蒸发，从而减少土块本身的膨胀率，提高压实效率，土块应打碎至粒径 5mm 以下，压实土层松铺厚度不大于 30cm。

自由膨胀率越大的土应采用越重的压实机具。因此，分层建筑填平后要配合振动压路机分层碾压，并逐层检查压实度。

压实工作由低一级压实标准转变到高一级压实标准（即由 90 区进入 93 区或进入 95 区）时，压实机械的重量与碾压遍数，应根据试验路段提供的数据进行相应调整。

⑥压实度不足路段的补强。部分路基由于涨缩循环影响，或者间隔一段时间再行填筑，而又未能进行复压处理，从而造成密实度不足的夹层，此情况可用夯击板进行夯实，或用履带式吊车将重 1 ~ 3t 的钢板或钢筋混凝土块，吊高 1 ~ 3m 进行击实，使其达到规定的压实度。

（4）路堤排水与边坡防护。

①路堤排水。路堤排水对膨胀土地区的路基路面的稳定具有特殊的重要意义。使地面径流形成良好的排水网系，可防止地面径流冲蚀路基，消除膨胀土湿胀干缩的有害影响。所有的排水工程都要采取浆砌加固。

②路堤边坡防护。膨胀土路堤边坡的防护，经改性处理或用非膨胀土外包封闭的可按一般路基进行防护处理。路堤的边坡防护通常采用植被防护和砌石防护。

（二）膨胀土路堑施工

1. 膨胀土路堑施工技术要求

（1）膨胀土路堑边坡形式如下。

①直线式。该形式一般在土质均匀、膨胀性较弱，且边坡高度在10m以下的路堑采用。边沟外侧设平台，以防边沟水浸湿软化坡脚，同时避免剥落或溜塌的土堵塞边沟。

②折线式。该形式在土质较均匀或下部为砾卵石土，上部为膨胀土时采用。其缺点是在变坡附近易受水流冲蚀，同时临空面增加使土体更易风化。

③平台式。该形式适用于边坡高度大于10m的任何类型膨胀土路基。平台的级数应视路堑边坡总的高度而定。平台的宽度应能保证上一级边坡的起坡线在一级边坡最危险破裂面以外0.5m，一般不得小于2m。各级平台的位置，在均质土层的单一边坡，可按其高度适当划分；在多种类型膨胀土组成的复合边坡，应按土体结构面设置。

（2）路堑边坡坡度。

膨胀土路堑边坡坡度的确定是一个比较复杂的工程地质问题。膨胀土路堑边坡应尽可能减小挖深，挖方边坡坡形和坡率应符合有关规定，按膨胀土类别、边坡高度确定边坡坡度。

高速公路、一级公路除满足上述规定外，还应结合膨胀土斜坡破坏类型、路堑边坡形式及水文地质条件，考虑膨胀土变动强度和强度衰减的特性，对深路堑边坡应进行稳定性验算；层状构造膨胀土，如层面与坡面斜交，且交角小于45%时应验算层面稳定性。验算稳定时应取土体沿滑动饱和状态时的抗剪强度值，稳定系数取1.2。

2. 膨胀土路堑施工要求

膨胀土地区挖方地段，由于路堑开挖，其上部或侧向荷载卸除，土体内部应力逐渐释放，孔隙水压力相应变小，再加上边坡开挖以后，增大了土体与大气的接触面，地表水很容易渗入，再被蒸发，形成反复胀缩作用，从而使土体强度衰退，造成边坡溜塌或滑坡等变形，即使施工期间及运营初期不发生变形破坏，经过几个雨季的反复作用，其土体强度将大幅下降，仍会产生变形破坏。因此膨胀土路堑边坡的处理不是简单的坡比设计，或常规稳定性验算就能解决问题，设计人员需要充分了解膨胀土的特性、工程地质条件、大气风化作用层深度及土体的结构性能，才能得出满意的处理方案。

（1）一般原则。

路堑施工一般原则为，施工应尽量选在旱季进行，并遵循先排水，后主体，集中力量，连续快速开挖，及时防护，自上而下，分层逐级施工的顺序。

为预防雨水冲蚀边坡，在路堑正式开挖前，应先开挖截水沟、天沟或吊沟，以截流路堑坡顶的表面径流，使坡顶汇积的雨水排离两边，并与涵管连通。除此之外，所有排水沟渠均应进行铺砌。

（2）膨胀土地区路堑开挖方法。

①挖方边坡不要一次挖到设计线，要沿山坡预留 30 ~ 50cm 一层，待路堑挖完时，再削去边坡预留部分，并立即浆砌护坡封闭。

②膨胀土地区的路堑、高速公路、一级公路的路床应超挖 30 ~ 50cm，并立即用粒料、非膨胀土分层或改性膨胀土回填，按规定压实。

③膨胀土边坡宜采用台阶形，这样就把高边坡降低为矮边坡的组合形式，不仅减轻了高边坡土体对坡脚的压力，而且减弱了地面水对坡面的冲蚀，同时平台对坡脚有一定支撑作用。

④沿线弃土堆应设置在路堑顶部 10m 以外，弃土堆可堆成梯形横断面，边坡不应陡于 1 ： 1.5。

（3）边坡坡度的选择。

由于膨胀土工程性质极为复杂，环境条件影响很大，很难确定边坡坡度和破坏位置。膨胀土边坡坡度并不都是越缓越好。坡越缓，水分越容易渗入边坡，越不利于防水防风化，而且坡越缓，边坡开挖与防护的工程量越大。因此，对于弱膨胀土挖方边坡，按设计坡比或以 1 ： 1.5 的坡比修整即可。对于中—强膨胀土边坡坡度，以工程地质比拟法为主，以 1 ： 2 的自然坡度为主，坡度的变化范围在 1 ： 1.5 ~ 1 ： 2.5，视土质状况及坡体地质结构而定。如为中—强膨胀土软弱结构薄层，坡度可稍陡；如坡体整体为强膨胀土，则坡度应缓。若一个边坡需几种不同的坡比，则可设计为折线形边坡。

（4）零填及路堑路床的处理与压实。

膨胀土地区的零填及路堑路床挖到设计标高后，对于高速公路、一级公路的路基应超挖 1 ~ 1.2m，随即用粒料、非膨胀土或改性土回填，并按规定压实。

（5）防渗排水设施。

①所有排水设施均应精心设计，以使危害路基稳定的地面水、地下水能顺畅排走，防止积水浸泡路基和地下水侵入路基。

②边沟应较一般地区适当加宽、加深。路堑的边沟深度不得小于80cm，外侧应设平台，以保护坡脚免遭水浸，并且防止边坡剥落物堵塞边沟。

③堑顶设截水沟，以防水流冲蚀坡面和渗入坡体。

④台阶式高边坡应在每一级平台内侧设截水沟，以截排上部坡面水，并宜在截水沟与坡脚之间设一定宽度的平台，以利坡脚稳定。

（6）路堑边坡防护。

膨胀土素有“逢堑必滑，无堤不塌”之说，故防治膨胀土滑坡必须坚持“先发制坡，以防为主”的原则，在制坡当中要本着“治坡先治水，防滑先防水”的原则。常采用的防护加固措施如下。

①表水防护。在坡面要设置各种排水沟，建立地表排水网系，截排坡面水流，使地表水不致渗入土体和冲蚀坡面。

②坡面防护加固。由于膨胀土风化、胀缩变形而引起的边坡变形危害，比其他任何土质边坡都表现得更加普通而严重。因此，对膨胀土坡面的防护加固显得特别重要。目前常用的主要措施如下。

a. 铺植草皮。该方法适用于边坡高度不高的土质边坡。草皮对边坡的隔热、保湿、保温、防止土体干缩湿胀有一定作用，但草皮固着深度有限，在暴雨季节易被冲刷，因此设置一些支撑土体的浆砌片石骨架，效果会更好。

b. 骨架防护。该方法广泛用于各类膨胀土中任何坡度的边坡，其作用主要是对强风化层土体起支撑稳固作用。骨架防护实际上是将长大坡面分割为若干由骨架支撑的小块土坡，常用的骨架形式有两种，一种是方格骨架护坡，方格大小有2m×2m、2.5m×2.5m、3m×3m三种，可根据边坡具体情况选用，虽然受力条件与支撑作用不如拱形骨架，但施工较方便；另一种是拱形骨架护坡，拱形骨架对边坡坡面强风化土体有支撑稳固作用，较之方格骨架具有明显的优点，但施工较方格骨架困难。

c. 挡土墙及抗滑桩。其主要用于膨胀土路堑边坡，挡土墙埋深在1.5m以下，墙背设较厚反滤层，墙顶宽可取高一半，应用较广泛。

d. 片石护坡。片石护坡主要用于边坡土体产生局部塌滑后的整治加固，也适用于新线路堑预防边坡破坏发生。

e. “土钉”加固土坡。“土钉”是用有规则排列的金属杆体使土在原位得到加固，它由面板（或挂网砂浆）、金属杆件、砂浆和土体所组成，其共同形成一个“土挡土墙”。工程施工自上而下，分层，边开挖边加固，等到开挖一旦完成，加固也立即结束，故土体中膨胀还来不及发挥或不能充分发挥，“土钉”就对土体进行了锁固，于是整个堑坡的稳定性就易得到保障。但它只适用于干坡，且要注意坡内排水，对经常浸水或地下水位较高、经常有水流渗出的膨胀土坡不宜使用。

对强膨胀土和中等膨胀土路堑边坡应进行全封闭，可采用浆砌护坡或结合浆砌挡土墙综合防护加固。挡土墙可设一级、二级或多级，每级高度不大于3m，每级挡土墙平台均应浆砌封闭。对弱膨胀土边坡应采用拱形植皮草防护。

（三）膨胀土工程病害处治方案

无论采用物理方法还是化学方法来改良、处治膨胀土，其关键是保湿防渗，即尽可能使边坡土体保持其湿度不发生大幅度变化。因为膨胀土路基边坡发生破坏的重要原因是土体的干缩湿胀、表层风化，以至抗剪强度大大降低，所以对边坡面需快速有效封闭。其处治方法如下。

①膨胀土路基施工完成后，在路基设计施工中必须考虑膨胀土长期保湿抗渗，封闭严实，土体不受外部气候、雨水影响，如加固防护工程，使路基处于整体稳定状态。

②已出现纵向裂缝的路堤应采用非膨胀土或浆砌片石封闭堤身（包盖法），用非膨胀土包盖时厚度不少于1m，同时灌浆封闭裂缝，有条件的地方则换填石灰土改良。

③填挖交界处和已采用了膨胀土作路堤填料的路段需增设盲沟排水。

④用抗滑桩、换土、挡土墙等方法处理路堤滑坡。

⑤根据用地条件和比较工程量大小，将部分挖方边坡放缓至有关标准中对弱膨胀土路堑边坡规定的边坡量。

⑥尽可能采用浆砌片石满铺护面代替采用浆砌片石骨架草皮护坡，这是最安全的路堑边坡防护方式，但一定要注意做好排水设施。因其造型呆板，应配合以爬壁藤绿化美化。

⑦边坡坡顶至截水沟之间应封闭，不得让雨水渗入。

第四节　黄土评价与路基施工

黄土是一种分布较广的特殊土，黄土受水浸湿后会产生较大的沉陷，对公路建设的危害和潜在威胁很大，不少工程在施工过程中就因此出现了不同程度的湿陷破坏事故。为了确保公路路基及其构造物的安全和正常使用，黄土地基的湿陷性病害必须引起相关人员的高度重视。

一、黄土概述

（一）黄土的定义及工程分类

1. 黄土的概念

黄土是在第四纪干燥气候条件下形成的具有多孔性、有垂直节理的黄色粉状性土，有湿陷性，即黄土受水浸湿后会产生较大的沉陷，属低液限黏土，其 $W_L < 40\%$。其主要特征为，颜色以黄色为主，有灰黄、褐黄等色；含有大量粉粒，一般在 55% 以上；具有肉眼可见的大孔隙，孔隙比在 1 左右；富含碳酸钙成分及其结核；无层理。这些特性导致黄土地区的路基容易产生各种特有的工程地质问题和病害。

黄土在我国分布面积约有 64 万 km^2。广泛分布于黄河中游的河南西部，山西、陕西和甘肃大部分地区，还有青海、宁夏、内蒙古的部分地区，而以黄土高原的黄土分布最为集中。这些地区的黄土分布厚度大，地层全面而连续，发育亦较典型。此外，在河北、山东、新疆以及东北三省亦有分布。

2. 黄土的地层划分

我国黄河中游地区，黄土层厚度达 80 ~ 120m，在一些区域最厚可达 175m。黄土地层中常具有红褐色或灰棕色的古土壤，它是黄土在两个干旱其间堆积减缓或间歇（湿润期）时表层土壤化的产物，这是划分黄土地层的一个重要标记。

黄土的工程性质与其成因、时代和埋藏深度有关。老黄土具有良好的工程性质，土质致密、低压缩性，强度高，无湿陷性。新黄土有湿陷性或强烈湿陷性，强度一般，分布广泛。新近堆积黄土土质疏松，压缩性高，湿陷性变化范围大，强度低。

（二）黄土的工程特性

1. 黄土的结构与构造

（1）黄土的结构。

黄土的颗粒组成以粉粒（0.05 ~ 0.005mm）为主，可达 50% 以上，其中 0.01 ~ 0.05mm 含量又大于 0.01 ~ 0.005mm 含量。

（2）土的多孔隙性

黄土结构中的孔隙可分为以下三类。

①大孔隙：基本上是肉眼可见的，直径 0.5 ~ 1mm。

②细孔隙：其是架空结构中大颗粒的粒间孔隙，肉眼看不见，可在双目放大镜下观察。

③毛细孔隙：其由大颗粒与附在其表面上的小颗粒所形成的粒间孔隙，肉眼更不可见。

这三种孔隙形成了黄土的高孔隙度，故又称黄土为“大孔土”。

黄土的孔隙率变化在 35% ~ 60%，有沿深度逐渐减少的趋势；在地理分布上则有着自东向西、自南向北孔隙率增大的规律。

黄土中的孔隙呈垂直或倾斜的管状，以垂直为主，上下贯通，其内壁附有白色的碳酸钙薄膜，碳酸钙胶结对黄土起着加固作用。

（3）黄土的节理。

黄土节理以垂直为主，一般在干燥而固结的黄土层中比较发育，土层上部较下部发育，有时在黄土层中也发现有斜节理。

2. 黄土分区工程特征

根据黄土地区黄土分布的特点，黄河中游黄土可分为以下四个区。

（1）东南区：介于吕梁山与太行山之间。本区黄土多分布成零星小块，厚约 50m，由西向东逐渐减薄。黄土主要分布在盆地边缘或河谷阶地上，下伏基岩地形起伏较大，山顶与谷底相对高差一般在 300m 以上，地形不够开阔。

（2）中部区：介于六盘山与吕梁山之间。黄土在该区连续覆盖，仅在沟底部及少数山顶才有基岩出露。黄土厚度一般为 100 ~ 150m，中间地区最厚。黄土的沉积覆盖了原基岩地形，起伏地形已不易辨认，但仔细分析黄土地貌，仍可见到黄土塬的下伏基岩比较平坦，梁、峁以下则多为基岩丘陵。

（3）西部区：介于乌鞘岭与六盘山之间。该地区除较高的山顶、大河河谷及深切沟谷下部有基岩出露外，大都为黄土覆盖。黄土厚度一般为 50 ~ 100m，以新黄土为主，并由东向西逐渐减薄。本区下伏基岩的起伏较大，基岩山顶和谷底的相对高差大都在 300m 以上，有时可达 500m。

（4）北部区：位于上述三区的北部。其北接沙漠，气候干旱，多分布有沙黄土。

3. 黄土的水理特性

（1）渗水性。

由于黄土具有大孔隙及垂直节理等特殊构造，其垂直方向的渗透性比水平方向大。黄土经压实后大孔构造被破坏，其透水性也大大降低。此外，黏粒含量也会影响黄土渗透性，黏粒含量较多的埋藏土及红色黄土经常成为透水不良或不透水的土层。

（2）收缩和膨胀。

黄土遇水膨胀，干燥后又收缩，多次反复会形成裂缝及剥落。由于黄土在堆积过程中，土的自重作用使粉粒在垂直方向的粒间距离变小，所以具有天然湿度的黄土在干燥后，水平方向的收缩比垂直方向的收缩大，一般大50% ~ 100%。

（3）崩解性。

各类黄土的崩解性相差很大。新黄土浸入水中后，很快就会全部崩解；老黄土则要经过一段时间才能崩解；红色黄土浸水后不崩解。

4. 黄土的抗剪强度

由于垂直节理及大孔隙的存在，原状黄土的强度随方向而异，黄土水平方向的强度一般较大，45° 方向仍居中，垂直方向强度较小。但是，冲积、洪积黄土则因存在有水平层理的关系，以水平方向强度为最低，垂直方向强度最大，45° 方向仍居中。

原状黄土抗剪强度的峰值和残值差值较大，是黄土地区多崩塌性和高速滑坡的重要原因之一。

5. 黄土的湿陷性

黄土受水浸湿后，土的结构受到破坏，在外荷载或土自重作用下，而发生显著的下沉现象，称为湿陷。受水浸湿后在土的自重压力下发生湿陷的黄土，叫作自重湿陷性黄土；在自重压力下浸湿不发生沉陷，但在附加压力下发生湿陷的黄土，称为非自重湿陷性黄土。黄土湿陷对路基工程的危害很大。根据国家标准《湿陷性黄土地区建筑规范》（GB 50025—2004）中对建筑工程地基湿陷性所用划等级的评价方法，黄土以黄土自重湿陷量和总湿陷量判定。

（1）黄土地基的勘察工作应着重查明地层时代、成因，湿陷性土层的厚度，场地湿陷类型和湿陷级别的分布，地下水位变化幅度和其他工程地质条件。结合工程要求，对场地和地基作出评价和处理措施建议。

（2）采取不扰动土试样保持其天然湿度和结构。探井中取样竖向间距为 1m，土样直径不应小于 10cm，钻孔中取样，必须注意施钻工艺，应严禁向钻孔内加水钻进。

取土勘探点中，应有一定数量的探井。在自重量陷性黄土场地，探井数量不得少于 1/3。

（3）为评价地层均匀性和土的力学性质，勘探点中应有一定数量的静力触探孔，并可采用标贯试验或弯压试验等原位测试手段。

（4）取样勘探点。工作人员初步勘察时应按地貌单元和控制性的地段布置，其数量不得少于全部勘探点的 1/2；详细勘察时不得少于全部勘探点的 2/3，若勘探点的间距较大或数量不多时，全部勘探点可作为取样勘探点；勘探点深度应大于压缩层深度，应有一定数量的取样勘探点穿透湿陷性土层。

二、黄土湿陷性评价

（一）湿陷性的判定

湿陷性的判定主要是利用现场采集的不扰动试样，通过室内浸水压缩试验求得湿陷系数据以判定其是否有湿陷性和自重湿陷性。

（二）湿陷等级的划分

场地的湿陷类型应按实测自重湿陷量或计算自重湿陷量判定。当自重湿陷量小于 7cm 时，应定为非自重湿陷性黄土场地；当自重湿陷量大于 7cm 时，应定为自重陷性黄土场地。实测自重湿陷量应按现场试坑浸水试验确定。

（三）承载力的确定

影响黄土承载力的因素主要为黄土的堆积年代，土的含水量、密度和塑性等方面。湿陷黄土承载力除根据经验公式确定外，还可以用野外原位测试方法确定，尤其是载荷试验。

三、黄土路基施工

（一）湿陷性黄土的地基处治原则

目前公路部门没有专用的有关湿陷性黄土地基处理方面的设计规范，国标《湿陷性黄土地区建筑规范》（GB 500225—2004）也因公路的地基特性、结构特点、构造物使用要求等和工业民用建筑之间存在很大的差异而无法直接应用，公路湿陷性黄土地基的设计与施工基本上处于无章可循的状态。笔者参照国内外有关湿陷性黄土地基的规范、规程要求，借鉴黄土地区已建或在建公路项目在湿陷性黄土地基设计与施工方面取得的经验，现总结如下。

1. 黄土地基处治的技术要点

湿陷性黄土地基的处治包括地基处理、防水措施和结构措施三大技术措施。根据公路的地基特性和结构特点，其地基处治应选择以防水措施为主，地基处理为辅，确有必要时可采取结构措施，多措施综合应用。

（1）黄土地基发生湿陷，除土性本身的原因外，外部条件主要是水，预防湿陷性黄土产生路基湿陷病害的主要措施是防水。因此设置完善的防、排水系统，最大限度降低地基受水浸湿的可能性是防止黄土湿陷破坏的首选措施，也是最经济的技术措施。

（2）以防水措施为主时，地基处理措施也不容忽视。对于一般的黄土地基，在完善防、排水系统的前提下，采取简单经济的表层处理措施就可有效减少下层的湿陷概率；对于桥涵及防护构造物，当地基沉降变形或强度满足不了构造物要求时，就必须对地基进行处理。

（3）对位于厚层湿陷性黄土地基上的桥涵及防护构造物，一般地基加固处理难以满足设计变形或强度要求时，就应采取结构措施。

2. 黄土地基处理的厚度

湿陷性黄土地基的湿陷厚度、湿陷类型、湿陷等级等差别很大，公路不同构造部位（路堤、路堑、桥涵构造物）对地基压缩变形和湿陷变形的要求也不尽相同。地基处理究竟到多大范围或多大程度才能既不浪费又能获得明显技术、经济效果，就成为湿陷性黄土地基处理设计中面临的首要问题。

（1）一般路基的地基。

鉴于高速公路一般均按要求设置了较为完善的地表、地下排水系统，地基受水浸湿的可能性相对较小，路基适应变形能力也较好，因此其地基处治的主要目的是在使基底的承载力和路堤工后的剩余压缩变形满足要求的前提下，通过表层或浅层整片（段）处理加固表层土体，提高承载力并消除部分湿陷量。一般路基地基的处理厚度设计要求如下。

①对于非自重湿陷黄土地基，处理厚度 2m。

②对于 2 ~ 3 级自重湿陷黄土地基，处理厚度 2 ~ 3m，4 级自重湿陷黄土地基，处理厚度 4 ~ 5m。

③对于一些新近堆积黄土和素填黄土，在其地基的压缩变形和湿陷变形都无法满足要求的情况下，可考虑将路基以下的全部湿陷性土层进行处理。

（2）桥涵构造物地基。

桥涵构造物位于沟谷底部，黄土地基受水浸湿的可能性相对较大，构造本身对地基承载力要求高，对压缩变形和湿陷变形的适应性差，因此湿陷变形控制、压缩变形控制和强度（承载力）控制具有同等重要的意义。构造物地基的设计要求如下。

①在非自重湿陷黄土地基上，应将基础下湿陷起始压力小于附加压力与上覆土的饱和自重压力之和的所有土层进行处理，并且要处理至基础下的压

缩层下限为止；

②在自重湿陷黄土地基上应处理基础以下的全部湿陷土层；

③处理后的地基承载力应满足构造物要求，且其下卧层顶面的承载力不小于下卧层顶面的附加应力与土自重压力之和。

（二）黄土路堑施工

施工前在准备工作中工作人员要对路堑边坡逐段逐桩进行核实，如遇到路堑边坡设计与土质不相符，应采集原状土样进行必要的力学试验和验算，并同时报告业主与监理工程师，做出必要修改。

1. 黄土路堑边坡形式

黄土路堑边坡的形式要考虑路堑断面的稳定性及经济性，并同时考虑施工和养护方便。以下介绍几种常用的边坡形式。

（1）直线形（一坡到顶）：其适用于均质黄土，结构疏松，边坡高在 12m 以内；均质黄土，结构密实，边坡高在 20m 以内；非均质黄土，边坡高在 12m 以内。

（2）折线形（上缓下陡）：其适用于均质黄土，上部疏下部密实，边坡高 12 ~ 20m；非均质黄土，边坡高在 12m 以内。

（3）阶梯形（小平台）：其适用于均质黄土，结构疏松，边坡高于 12m；均质黄土，结构密实，边坡高于 20m。非均质黄土，边坡高于 12m。

（4）阶梯（大平台）：其适用于边坡高于 30m，高烈度地震区的较高边坡。

2. 黄土路堑施工方法要点

黄土路堑施工方法要点如下。

（1）路堑应按设计边坡放样开挖，开挖中，施工人员若发现边坡土质与设计不符，应采集土样，进行试验确定，并向监理工程师提出正式报告，变更边坡值。

（2）路堑边坡若设计为陡坡时，施工不得放缓，以免引起边坡冲刷。

（3）路堑尤其是地形起伏大的深路堑，应当先做好堑顶截水沟、天沟，处理好地表排水导流工程，然后再开挖路堑。路堑施工期间，应注意检查维护，并对施工中用水加强管理，不可使水从坡面渗入坡体或浸泡坡脚，还要经常保持路堑开挖后的干燥。截水沟、天沟应绘出施工详图，放样施工，并征得监理工程师书面批准。

（4）应严格保证排水工程质量，要求无局部积水、无渗漏、无冲刷等现象，特别对出口的处理尤应慎重。

（5）路堑开挖均须从上而下进行，严禁掏底开挖（俗称挖神仙土），以防坍塌。黄土路堑开挖，严禁采用爆破施工，如老黄土层或红色黄土层含石过多，开挖困难，可用小雷管在很小范围内进行机动破碎施工。

（6）施工中应保持路堑坡面平整，严禁乱挖，如发现路堑边坡有变形迹象，不可随便削方，宜采取应急的合理减载措施，并立即研究相应技术措施。

（7）路堑段坡顶至相当于边坡高度再加 5m 距离内的地面坑洼应填平，松散自然地面应整平夯实。

（8）在路堑段如修建支挡工程，须从两端开始，挑槽开挖基坑，边挖边修，随时增加支撑力。

（9）路堑坡顶有弃土堆时，天沟应置在弃土堆外侧坡脚以外 2 ~ 5m。

（10）黄土路堑施工同时存在湿陷性问题，当开挖到路床时，必须查明湿陷范围、深度，确定其湿陷等级，并采取相应治理措施。

（11）如路堑路床的密实度不符合要求，则视含水量情况，采取洒水或翻松晾晒至要求含水量再行整平碾压至规定实度。

3. 黄土路堑边坡防护与加固

黄土边坡的防护与加固，应根据当地自然条件及边坡土质的具体情况，采取不同的措施。公路常用的边坡防护加固措施如下。

（1）边坡坡面拍实。其适用于土质疏松的边坡。拍实可用三棱板拍打密实，或用小轻碾自坡顶沿坡面碾实。

（2）种草或灌木（小冠花、紫穗槐）。其适用于边坡缓于 1 ∶ 1，草皮能就地取材，且雨量多适宜草类生长的地区，且宜在阴雨天施工。

（3）草泥抹面。其适用于年降雨量较小，冲刷不甚严重的地区，边坡缓于 1 ∶ 1。采用较粘的土，其配合比为每立方米黏土掺入铡碎的草 10 ~ 12kg。为增强草泥与边坡的连接，可在边坡上打入一些木楔，其间距为 30 ~ 40cm。

（4）三合土或四合土抹面。其适于雨雪量大，任何坡度的边坡。三合土材料配比为，石灰∶细砂∶黄土 =1 ∶ 2 ∶ 5（质量比）；四合土材料配比为，石灰∶黄土∶细砂∶炉渣 =1 ∶ 3 ∶ 5 ∶ 9（质量比）。

（5）土护墙。土护墙适用于坡脚已破坏的坡段，修筑方法与打土墙同。

（6）浆砌片石护墙。浆砌片石护墙适用于坡脚易受水冲刷、坡面剥落较严重、坡脚已破坏、边坡含有砂夹层的坡段。

（7）实体护面墙。实体护面墙采用浆砌方式，其厚度视墙高而定，一般采用 0.4m ~ 0.6m，底宽可按边坡的陡度、墙的高度、边坡土质的潮湿程度和基础允许承载力的大小等条件来确定，一般等于顶宽加 $H/10$ ~ $H/20$（H 为墙高）。沿墙身长度每隔 10m 设置 2cm 宽的伸缩缝一道，用沥青麻筋填塞，深入 10 ~ 20cm，心部可空着；墙身上下左右每隔 3m 设泄水孔一个，泄水口大小一般为 6cm × 6cm 或 10cm × 10cm，在泄水孔后面用碎石和砂做反滤层。为增强护面墙的稳定性，墙背每 4 ~ 6m 高度设一耳墙进行加固，耳墙宽 0.5 ~ 1m。基础埋置深度应在冰冻线以下 0.25m。墙底座或向内倾斜的反坡，一般比墙面低 0.2m。

（8）窗孔式护面墙。窗孔式护面墙的窗孔通常为半圆拱形，高 2.5 ~ 3.5m，宽 2 ~ 3m，圆拱半径为 1 ~ 1.5m，其基础、墙厚、伸缩缝及耳墙等要求与实体护面墙相同。窗孔内视具体情况，插面、干砌片石或植草均可。

黄土边坡防护与加固实践经验证明，采用工程防护与植物防护相结合的方法，是一种防护效果好、美化环境、利于生态环境，而且造价低的防护方法。

（三）一般黄土路堤施工

高速公路湿陷性黄土地基的处治方法应根据公路构造部位、地基处治的厚度、施工环境条件、施工工期和当地材料来源，经技术经济比较确定。近几年在湿陷性黄土地基处理方面，传统的土垫层法、重夯法等仍在广泛采用，而新兴的地基处理技术如强夯法、冲击碾压等也开始大规模使用，并取得了良好的技术、经济效果。强夯法则主要用于 1 级以上厚层自重湿陷性黄土地基、非饱和高压缩性新近堆积黄土地基和人工松填黄土（素填黄土）地基的加固处理，有效处理深度一般不大于 8m；其中冲击碾压技术应用于大面积湿陷性黄土地基浅层加固处理和黄土路基的补强加固，具有快速高效的技术优势。

1. 土垫层法

（1）适用范围。

在湿陷性黄土地基上设置土垫层是一种常用的地基处理方法，也是目前桥涵及防护构造物基础下湿陷性黄土最普遍采用的一种处理方法。土垫层有素土垫层、灰土垫层、沙砾垫层之分，其中灰土比为 3 ∶ 7 的灰土垫层应用最广。3 ∶ 7 灰土垫层具有较高的承载能力和良好的隔水性能，随着龄期增长，其压缩模量和强度还会不断增长，隔水性和水稳性也会进一步增强，从而为构造物基础提供良好的持力层，并可大大减少其下部土层浸水湿陷的概率。

（2）施工要点。

①石灰必须采用优质石灰，并与土料按设计比例拌和均匀，加水至最佳含水量充分闷料。灰土垫层必须分层压（夯）实，分层厚度不大于 15cm，按重型击实标准的压实度不小于 95%。

②灰土垫层的总厚度在非自重湿陷黄土地基上不宜于小于 1m，并使其下各天然土层所受的压力小于湿陷起始压力；在自重湿陷黄土地基上垫层的总厚度不宜小于 2m，并应保证其下卧层的顶面的承载力不小于下卧层顶面的总压力。灰土垫层下最好再设置一层 1 ~ 1.5m 厚的素土垫层或采用重锤将其基底夯实。

③为有效防止地表水下渗和地基湿陷后土体侧向挤出，灰土垫层每边超出基础边缘外的宽度不应小于其厚度，并且不小于 150cm。

④灰土垫层施工过程及完工后，绝对禁止受水浸泡。

2. 强夯法

（1）适用范围。

强夯法冲击能量巨大，它能使深层土体产生冲切变形，因此属于深层动力密实法的一种，可以消除较深层黄土的湿陷性并提高地基承载力，主要用于 3 级以上厚层自重湿性黄土地基、高压缩性新近堆积黄土地基和人工松填黄土地基的加固处理。

（2）强夯法主要技术要求。

①强夯技术参数。施工时一般应参照国内强夯法加固地基的成功经验，初步确定各类地基的强夯参数。在大面积强夯施工前，再选择代表性路段（夯区）进行试夯，以确定合理的强夯参数与施工工艺。试夯区的夯点布置不宜小于 5 × 5 个夯点，试夯区宽度不小于 2 倍的预期的控制，且不小于 20m × 20m。

②基土含水量的控制。尽管强夯加固地基时对土体含水量的要求有所放宽，但基土含水量对强夯效果的影响还是比较显著的。强夯法处理黄土地基的施工中，控制土体含水量至最佳含水量附近对改善强夯法处理地基的质量很有必要。

（3）强夯法施工要点。

①地基的处理范围应大于基础的平面尺寸，每边超出基础外缘的宽度不宜小于 3m。

②施工前应按设计要求在现场选点进行试夯。在同一场地内如土性基本相同，试夯可在一处进行，若差异明显，应在不同地段分别进行试夯。

③在试夯过程中，应测量每个夯点每夯 1 次的下沉量（简称夯沉量）。最后两击的平均夯沉量不宜大于 1 ~ 2cm，或按试夯结果确定。

④试夯结束后，应从夯击终止时的夯面起至其下 5 ~ 8m 深度内，每隔 50cm 取土样进行室内试验，测定土的干密度、压缩系数和湿陷系数等指标，

也可在现场进行载荷浸水试验或其他原位测试。

⑤试夯结果不满足设计要求时，可调整夯锤质量、落距或其他参数，然后重新进行试夯，也可修改设计方案。

采用强夯法处理湿陷性黄土地基，土的含水量宜低于塑限含水量 3%；在拟夯实的土地层内，土的含水量低于 10% 时，宜加水到塑限含水量；当土的含水量大于塑限含水量 3% 时，宜采用措施适当降低其含水量。对地基进行强夯施工，夯锤质量、落距、夯点布置、夯击遍数和夯击次数等参数应与试夯所确定的相同，施工中并应有专人监测和记录。

夯击遍数一般为 2 ~ 3 遍，第一遍夯点宜按正三角形布置，夯点中距可为锤底直径的 1.5 ~ 2.2 倍，其他各遍夯点宜满堂布置，土的含水量居中时，各遍夯点可采用连续夯击。最后一遍夯击后，宜以 4 ~ 6m 落距对表层松土夯实，也可将其压实或清除。夯面以上宜设置一定厚度的灰土垫层。

（4）施工质量控制。

强夯法的质量检验分强夯过程中的检验和夯后检验两种，其检验指标分别为施工控制夯沉量和有效处理深度。强夯过程中，每遍夯点的夯击次数一般用最后两击的平均夯沉量控制。对于大于 6 000kJ 的强夯，主夯夯沉量不大于 8cm；对于 6 000kJ 以下的强夯，主夯量不大于 2cm；对于 6000kJ 的强夯，主夯沉量不大于 5cm。此外，夯坑周围地面不应发生过大隆起，不因夯坑过深而发生起锤困难。

3. 冲击压实法

（1）适用范围。

冲击压实机是用三角形或五角形“轮子”来产生集中的冲击能量达到压实土石填料的目的。冲击压实技术目前在黄土地区主要用于处理湿陷性黄土地基和黄土路基的补强。

冲击压实法冲压补强黄土路基，即使用冲击压实机补压经过常规分层振动碾压后已达标的路床，或在高路堤的填筑过程中每间隔一定厚度对高路堤的常规压实层分层冲碾补压。工程实践表明，冲压补强不仅能有效提高黄土路基的整体强度，减少工后沉降和差异沉降，还能及时检测普通碾压机具施工中留下的隐蔽缺陷。

（2）冲击压实法的设计施工要点。

①冲击压实技术应用于湿陷性黄土地基浅层处理加固时，对于 25kJ 三边形冲击压实机，建议按冲碾 40 ~ 50 遍施工，其施工质量控制以冲击压实机碾压遍数为主，然后相应检查测量地面下沉量及冲压前后 0 ~ 120cm 深度内

分层实度和湿陷系数。

②冲击碾压应在场地清理、清表完成后进行。当土体干燥时应提前灌水增湿，使土体含水量达到最佳含水量附近；当土体含水量较大时应适当晾晒，也可在地表铺设一层 10 ~ 15cm 厚的天然沙砾。

③冲击压实技术应用于湿陷性黄土路基的补强加固时，对于 25kJ 三边形冲击压实机，建议按冲碾 25 遍施工，其施工质量控制以冲击压实机碾压遍数为主，然后相应检查测量地面下沉量及 0 ~ 80cm 深度内分层压实度（灌砂法）。冲压补强后压实度增加 3 个百分点以上则可定为合格，否则应当再冲压 5 ~ 10 遍。冲击压实补强应在路基完工后立即进行。

④冲击压实地基加固解决了地基上部地层湿陷问题，为防止其下部土层受水浸泡发生湿陷破坏，路基路面的综合防水、排水设施必须完善。尤其是在农灌区，路基坡脚两侧外边 5 ~ 10m 宽度内宜作表层加固防渗处理或设地下渗墙，尽可能避免路基侧向地下受水浸湿发生湿陷。

⑤为防止地表不平整而影响冲压最佳速度，冲击碾压施工中应配备平地机，每冲压 3 ~ 4 遍，地表起伏较大，即进行整平，然后再接着冲压施工直至冲压施工完成。冲压施工完成后应用钢轮压路机碾压，且达到路基压实标准。

⑥距离桥涵结构物 5m 处，或暗涵顶填土厚度小于 3m 时，禁止用冲击式压实机碾压，以避免对结构物造成损坏。

⑦冲击压实开工前，应选择典型路段，采用多种压实遍数进行试压，以确定经济合理的施工参数。

4. 挤密桩法

挤密桩法是先往基底打入一尖端封闭的钢管成孔，同时将土挤密，拔出钢管后向孔中填入灰土、素土或其他材料加以捣实而成桩。其作用是将周围松散土挤密，使桩和挤密后的地基强度提高，减小地基变形，从而消除深层黄土的湿陷性。

挤密桩的长度视加固路段需要消除的局部湿陷性或全部湿陷性而定。如需消除全部湿陷性，对自重湿陷性黄土，则应达整个湿陷性土层的底部；对非自重湿陷性土，则按湿陷起始压力确定。土桩直径一般为 40cm 左右，视打桩设备的能力而定，可按梅花形布置，其斜边长为土桩直径的 2.5 倍。

（1）土桩施工要点。

先用桩芯打孔，桩芯可用木桩或钢管在其底焊接一管靴。打好孔后，将预先准备好的湿度适宜的黄土（灰土比例通常用 2 ∶ 8）或素土料分层填入孔中，并用“鱼雷锤”逐层分层夯实，直至地基底面标高处为止。

（2）挤密桩法处理效果。

土桩挤密加固后，其地基承载力，可较天然地基提高 40% 以上。例如，直径为 16cm 土桩的有效挤密范围约为 10 ~ 20cm，在距桩边 8 ~ 15cm 范围内，土的密度较天然地基提高 150 ~ 200kg/m^3；距桩边 15 ~ 20cm 范围内，土的密度较天然地基提高 100kg/m^3。

5. 压力注浆法

压力注浆法是利用机械压力将浆液通过注入管，均匀注入地层，浆液以填充和渗透方式，排挤土桩间的水分和空气，浆液凝固可使原土层或缝隙固结成整体。压力注浆包括无机溶液（水泥浆液）和有机浆液（水玻璃溶液、纸浆溶液）两种。为降低造价，宜用部分粉煤灰代替水泥。

在注浆过程中部分采用定量注浆，部分采用压力控制。浆液水灰比为 1.8 ：1 ~ 1 ：1。水泥掺量为施工时便于掌握，每 200L（制浆机每次制浆量）根据需要掺入 50kg、75kg 或 100kg，再用粉煤灰补充。

注浆孔距 2 ~ 4m，用水玻璃为速凝剂，掺量 4% ~ 6%。一般零填路基注浆深度不小于 4m。普通填方路基注浆深度为路基高 $H\times1.2$。注浆压力一般为 0.8MPa，最大压力不超过 1MPa，终止压力为 0.5MPa。注浆过程中，发现跑浆、地面抬升等现象，应及时封堵，降低压力或间歇注浆。注浆时要以压力来控制灌注速度，一般应在浆液初凝时间以前，注完需要的一次灌注量为原则。灌注速度也与土的渗透系数有关，一般砂类土，灌注速度为 0.002 ~ 0.003m^3/min，湿陷性黄土为 0.003m^3/min。

压力注浆是通过灌浆管和灌浆泵来完成的，灌浆工艺则根据浆液凝固时间的长短来决定。压力注浆的施工有打管、冲洗管、注浆、拔管、地面处理、控制等工序。

（1）打管。打管就是采用机械设备把注浆管打到土中预定的位置，注浆管用直径为 37 ~ 42mm 的钢管，其下端为一段（0.5m 左右）钻有孔眼直径 2 ~ 5mm，长 1.5 ~ 2.5mm 的花管，孔眼间距可取 50mm。加固土层深厚时，可将钻孔钻至所需加固区顶面以上 2 ~ 3m，再打入管，打管时不能摇晃，以免造成扩孔。

（2）冲洗管。为保证溶液畅通，钢管应用泵压水冲洗，直至清水流出。

（3）注浆。注浆压力不能超过上面土层压力过多，一般注浆压力随深度变化，每加深 lm，压力可增加 20 ~ 50kPa。

（4）拔管。注浆后要立即拔出注浆管进行冲洗，孔口要采用三角形止浆塞止浆。

（5）地面处理。拔管后要对地面下50cm进行碾压，并在地面上加50cm厚的沙砾垫层，防止地下水及毛细水上升影响路基。

（6）检测。注浆质量采用钻孔取芯、标贯和载荷试验进行控制。

6. 单液硅化或碱液加固法

（1）技术要求。

采用单液硅化或碱液法加固湿陷性黄土地基，施工前应在现场进行单孔或群孔灌注溶液试验，以确定灌注溶液的速度、时间（或压力）和加固半径等参数。

溶液灌注试验结束后，隔半个月左右，宜在现场进行载荷浸水试验，或在试验孔的加固范围内取土样进行室内试验，测定加固土的水稳性和强度等指标。

（2）施工技术要点。

①加固土的半径，应采用压力灌注溶液时，宜为0.4 ~ 0.5m，当溶液通过灌注孔自行渗透时，宜为0.2 ~ 0.3m。

②灌注孔宜按正三角形布置，灌注孔之间的距离，宜为加固土半径的1.73倍。

③对已有构造物地基进行加固时，在自重湿陷性黄土场地，宜采用压力自上而下分层灌注溶液；在非自重湿陷性黄土场地，应让溶液通过灌注孔自行渗入土中。加固时宜将碱液通过灌注孔渗入土内，每个灌注孔的加固半径，宜为0.3 ~ 1.4m。碱性浓度宜为100g/L，并宜将碱液加热至80℃ ~ 100℃再注入土中。

④采用单液硅化或碱液加固已有构造物地基，在灌注硅酸钠或碱液过程中，应对构造的沉降进行监测。已渗入油脂或其他有机物的土，不宜采用硅化或碱液加固法。

7. 孔内深层强夯技术

孔内深层强夯技术（DDC）综合秉承了重锤夯实、强夯、土桩等地基处理技术的优势，集高动能、高压强、强挤密各效应于一体，完成了对厚层湿陷性黄土地基及其他软弱地基的加固处理。DDC法是通过机具成孔（螺旋钻钻孔或特制夯锤冲孔），然后通过孔道在地基的深层部位进行填料，用具有高动能的特制重力夯锤进行冲、砸、挤压的高压强和强挤密夯击作业，不仅使桩体十分密实，也对桩间土进行挤密，从而提高复合地基承载力，使地基湿陷性得以完全消除。

根据DDC法的作用机理和技术特点，DDC法在湿陷性黄土地区最具应用价值的几个方面如下。

①较大面积的厚层高压缩性湿陷性黄土或厚层饱和湿软黄土地基处理。

②深层有采空洞穴或软弱下卧层的不良地基处理。

③高填黄土路堤及构造物台后填土加固处理。

8. 黄土路堤施工中应注意事项

（1）黄土、老黄土（红色黄土）均为路堤适用填料。黄土路堤应分层填筑、分层压实，大于 10cm 的土块，必须打碎，并应在接近土的压实最佳含水量时碾压密实。

（2）黄土路堤施工时，应做好填挖界面的结合（纵向），清除坡面杂草，挖好向内倾斜台阶，如结合面陡立，无法挖成台阶，可采用土工钉加强结合。

（3）黄土路堤的边坡应刷顺，整平拍实，并应及时予以防护，防止路表水冲刷。

（4）黄土路堤的压实要求与一般黏性土相同，应按有关标准压实。

（5）为了保证路堤边缘有足够的压实度，路堤施工时，其边缘应设立明显标志，填筑土路基应按该层的路堤设计宽度每侧超填 30cm，在路面施工前，要对路堤进行修正，路堤设计宽度以外的所有填料应予清理。

（6）如黄土填料含水量过小，应均匀洒水再行碾压；如含水量过大，可翻松晾晒至需要含水量再碾压，也可掺入适量石灰处理，降低含水量。掺石灰后应将土、灰拌匀，其最大干密度应通过击实试验确定。

（7）路堤填筑由于压实和沉降等因素一般要比填土高超填 10cm 左右，如施工有足够的经验保证在土方工程完成后，做到路堤横断面达到设计要求，则不需超填。

（8）在施工中，中途长期停工时，路堤表层不得积水，须整平碾压密实，并做成 2% ~ 4% 的路拱，边坡应整理拍实。复工时，路堤表层含水量在接近碾压最佳含水量时方可继续填筑，否则应换填处理。

（9）路堤压实，黄土地区路堤压实宜采用重型（大于 15t）压实机具，松铺厚度为 25 ~ 30cm，一般碾压 5 ~ 7 遍，即可达到规定压实度。除此之外。如采用 50t 特重型压路机，松铺厚度可达 40cm。

当采用振动压路机时，第一、二遍则不振动静压，采用低碾压速度，先慢后快，一般选 2km/h ~ 4km/h，继而由弱振至强振，但最大不宜超过 6km/h。

在碾压时，严格掌握土的含水量，可略小于试验的最佳含水量，在低于最佳含水量的 1% ~ 2% 时进行，压实效果会更好一些。

碾压时要注意碾压遍数。如多加碾压遍数，会造成路基表面出现土质干裂成粉（1cm ~ 2cm 厚），继续增加碾压遍数，干裂深度会加深，造成表面松散，反而难以压实，因此要保证碾压质量，做到一次压实成功。

（10）黄土路堤施工期间，做好临时排水，在两侧或一侧（超高段）高设置临时阻水、拦水、排水设施，以防雨水冲毁边坡。路堤填至设计高程后，应根据设计及时修筑外侧边缘的拦水埂、截水沟和急流槽等，将水引送到坡脚以外。

（四）黄土高路堤施工

1. 边坡形式

黄土高路堤常用的边坡形式有折线形和阶梯形，设平台 1.5 ~ 2m，边坡值从基底起高 10m，边坡采用 1 ∶ 2，中间段 12m 内采用 1 ∶ 1.75，上部边坡采用 1 ∶ 1.5。

2. 坡面防护措施

高路堤坡面宜设坡面防护工程，采用种草或灌木的措施结合浆砌片石拱形骨架的砌石工程。

3. 施工要点

（1）填筑前对基底做好清理和压实并防止地表水浸入路基，路堤分层填土，压实严格以重型击实试验为标准。

（2）保证高路堤路基边缘部分的压实度，通常两侧每边加宽 30 ~ 50m，路堤完工后再进行刷坡，夯拍紧密。对高等级公路采用重型击实标准的路基（高路堤）目前尚无可靠资料积累，高路堤沉降的资料尤其缺少，因此可按设计要求预留沉降量，也可按填土高度的 1% ~ 2% 估算。

（五）黄土陷穴治理

黄土陷穴是黄土地区一个典型的工程地质问题。其是由于黄土的湿陷性在经水的冲蚀和溶蚀及地下水潜能作用，形成的暗沟、暗穴等。陷穴多发生在新黄土的塬、梁、峁的边缘及起伏多变、地表径流容易汇集的地方。流水沿节理下渗，使黄土细粒不断流失，在黄土层中产生沉陷，继而产生空洞，最终形成陷穴。

1. 陷穴的类型

（1）碟形地。碟形地是具有直径数十米的椭圆形碟状凹地，深度一般为 2 ~ 3.m，边缘坡较陡。多发生在黄土塬部分或没有排水坡度的地方，由于降水不断聚集，并沿孔隙或节理逐渐下渗，黄土不断浸湿，在重力作用下沉陷，形成碟形地。碟形地表示此地黄土有自重湿陷性。

（2）漏斗状陷穴。其产生在黄土梁边缘或谷坡附近，常成群分布，口径从几十厘米到数米，底部有时还散布着小孔穴。

（3）竖井状陷穴。竖井状陷穴边缘陡峭，口径与深度相差可达数倍。一般由漏斗状陷穴发展而成。

（4）串珠状陷穴。串珠状陷穴一般不单独存在，多以暗沟相连，为串珠状，常出现在越岭回头展线，危害路基十分严重。

（5）暗穴。暗穴形态各种各样，可直可曲，忽大忽小，通常为陷穴的通道。其也有单独成盲沟存在的。暗穴由地下水的溶蚀和潜蚀而成，某些特殊的暗穴系古窑洞和墓室造成的。

2. 施工前对陷穴的复查

在勘测设计阶段对黄土陷穴已经做过勘探调查，在施工前尚需进行必要的复查，以确定黄土陷穴治理的施工方案。

（1）沿线目测调查。工作人员要在原有地质调查的基础上对施工地段沿线进行目测调查。调查时可利用冬、春季的气候特点，在地面裂缝处插放树枝或草秆，于次日清晨观察其上是否有冰霜附着，以推测该裂缝下是否有暗穴存在。如树枝上附有冰霜，则其下有陷穴，冰霜愈厚，则陷穴就愈深大。在秋季清晨日出时，如黄土裂缝中冒雾气，则其下有暗穴。除此之外，也可在雨天观察地面裂缝的渗水，如雨水不断向下渗，则其下可能有陷穴。

（2）使用锥针或洛阳铲调查。用锥钎打入或用洛阳铲打入地层，当锥头进入陷穴之中若其土层应力突然消失，锥钎进入变快，则证明其下有陷穴。

（3）电探调查。该方法是利用不同岩石（地层）具有不同的电阻率这一特征来测定地下有无陷穴。

（4）控制调查。该方法是根据目测调查地表裂隙布置控探，这是最直观的调查方法，也可以在探坑中采取原状土样，观察地层变化。

（5）钻探调查。只有在目测调查之后，为证实问题，或其他方法不能推断的时候，才采用钻探调查。

3. 陷穴的治理方法

黄土陷穴对路基的危害甚大，一般均须进行治理，其根治的方法有下列几种。

（1）灌砂。小面积的陷穴，可用干砂灌实，并用黏土封顶夯实，可改变微地貌，防止雨水流入陷穴的地方。

（2）灌泥浆。洞身不大，但洞壁曲面不直且离路基中线较远的小陷穴，可用水、黏土、沙子拌和后进行反复多次灌注。有时为了封闭水道，也可用水泥砂浆。同时也应改变微地貌，防止雨水流入陷穴的地方。

（3）开挖夯填。该方法是最直观的、最可靠的方法。根据洞穴的具体情况，可直接开挖回填，并用黄土分层夯实。

（4）开挖导洞或竖井进行回填。洞穴深，若明挖工程数量较大，可采用开挖导洞方法，由洞内向洞外逐步回填密实。回填前应将洞穴内的尘土彻底清除干净。接近地面 0.5m 厚时，则改用黏土回填夯实（可用红色黄土或者黄土）。

第五节　多年冻土特殊筑略问题与冻胀翻浆路基

一、多年冻土概论

（一）多年冻土的基本概念

1. 多年冻土

冻土是一种特殊土类，它具有一般土的共性，同时又是一种被冰所胶结的多相复杂体系，具有鲜明的个性。由于土中冰的增长或消失会引起冻胀和融沉，这些冻胀和融沉常常导致冻土区各种工程建筑物迅速破坏。

在天然条件下，冻结状态持续三年或三年以上的土层被称为多年冻土。冬季冻结，夏季全部融化的土层被称为季节冻土。冬季冻结，一两年内不融化的土层被称为隔年冻土。

多年冻土的表层，夏季融化，冬季冻结，仍属于季节冻土。考虑其和下部多年冻土的关系，统称为季节冻融层。

多年冻土主要分布在高纬度或高海拔的寒冷地区，它是自然历史和现代气候的产物。多年冻土地区面积约占全世界陆地面积的 1/5，我国约有 190 万 km^2 多年冻土，

2. 多年冻土的上限和下限

多年冻土的上部界限被称为多年冻土上限，简称上限；多年冻土的下部界限被称为多年冻土下限，简称下限。上限和下限之间的距离为冻土厚度。我国多年冻土厚度可达 100 ~ 200m。

在天然条件下形成的冻土上限，称为天然上限；经过人为活动后形成的新上限，称为人为上限，如路堤下的冻结核、房屋下的融化盘。

从地面到冻土上限的深度，称为上限深度。上限深度是工程设计的重要数据。

3. 多年冻土的温度

地温在一年中变化幅度的一半称为地温年较差。地温年较差等于零的深度称为地温年变化深度。

（二）多年冻土的分类

多年冻土按其与上覆季节冻融层的关系，可分为以下两种。

1. 衔接冻土

冬季冻结时季节冻融层与下伏多年冻土层是完全衔接的，称为衔接冻土。这种情况下的季节冻融层，称为季节融化层，因为其只有夏季融化时才能显现出来。

2. 不衔接冻土

冬季冻结时季节冻融层不与下伏多年冻土层衔接的，称为不衔接冻土。这种情况下的季节冻融层，称为季节冻结层。

不衔接冻土分布在不太严寒的地区，在北半球一般分布在高纬度多年冻土地区的南部。

衔接冻土与不衔接冻土相比分布在更为寒冷的地区，在北半球一般分布在高纬度多年冻土区的北部。

（三）多年冻土地区的类型

1. 按平面分布划分

我国目前通常把多年冻土地区只划分为连续冻土区与岛状冻土区两种类型。前者系指冻土面积大于 80% 的地区，它们分布在更为寒冷的地区；后者系指冻土面积小于 80% 的地区，它们分布在寒冷程度较差的地区。

2. 按地理分布划分

多年冻土地区也可根据地理分布划分为如下两种类型。

（1）高纬度多年冻地区。

多年冻土分布在高纬度地区，其类型变化服从纬度（水平）分带规律，即冻土类型从南到北依次变化。在高纬度地区的山地多年冻土区，也同时呈现垂直分带规律，即冻土类型从低到高依次变化。

在北半球高纬度多年冻土地区，连续冻土分布的南界，称为连续冻土南界；岛状冻土分布的南界，称为岛状冻土南界，简称冻土南界。

（2）高海拔多年冻土区。

多年冻土分布在高海拔地区，其类型变化服从垂直分带规律。

高海拔多年冻土分布的下界称为冻土下界；连续多年冻土分布的下界称为连续冻土下界。高海拔多年冻土区又可细分为以下两类。

①高山多年冻土区。其呈零星分布，受日照、土质、地面水、地下水等因素的影响，冻土变化大、变化快。

②高原多年冻土区。其大面积分布，冻土在高原面上也呈现纬度分带规律。

（四）我国的多年冻土地区

我国既有高纬度多年冻土地区，也有高海拔多年冻土地区。

1. 高纬度多年冻土地区

高纬度多年冻土分布在欧亚大陆多年冻土南界以北地区，包括兴安岭和阿尔泰山两部分。

（1）兴安岭多年冻土区。

该区的南界为，大兴安岭西坡约年平均气温 -1℃线；从大兴安岭东坡至小兴安岭西坡约年平均气温 0℃线；小兴安岭其余部分约为年平均气温 1℃线。

由于地处多年冻土南界，年平均气温较高，再加上受季风气候影响，冬季虽然严寒，但暖季温度高、融化时间长，所以该地大部分地区多年冻土稳定性较差。由于降水较多（400 ~ 600mm），再加上暖季温度高，区内植物繁茂，沼泽普遍发育。

（2）阿尔泰山多年冻土区。

该区多年冻土具有明显垂直分带现象。其下界即为多年冻土南界，从北至南下界海拔高度变化为 1 100 ~ 1 800m。

2. 高海拔多年冻土地区

高海拔多年冻土地区分布在欧亚大陆多年冻土南界以南地区，包括天山、祁连山、青藏高原、喜马拉雅山等地区。除青藏高原属高原多年冻土类型外，其余均为高山多年冻土类型。

青藏高原多年冻土区是我国最大的多年冻土区，这样大的高原冻土在世界上也是独一无二的。青藏高原多年冻土分布，既呈现垂直分带规律，也呈现水平分带规律。由于该区巨大的海拔高度，年平均温差较小，冷季时间长，暖季时间短而气温低，故多年冻土较稳定。由于该地区降水较少（＜400mm），风大而多，空气温度小，再加上暖季短暂，夜间时有负温，故区内典型沼泽不发育，只多沼泽化湿地。

（五）冻土的工程性质与分类

1. 冻土的力学性质

（1）抗压强度。

冻土强度主要取决于冻土温度，温度越低，抗压强度越高。加荷时间长短，对冻土强度影响也很大，加荷时间越短，抗压强度越高；反之，越长越低。如瞬间加荷，抗压强度可高达 30 ~ 40MPa；若长期加荷，其抗压强度要小到 1/10 ~ 1/15。

（2）冻结力。

土中水冻结时，产生胶结力，将土与建筑物基础胶结在一起，这种胶结力被称为冻结力。

冻结力只有在外荷载作用时才表现出来，且其作用方向总是与外荷载的作用方向相反，类似于摩擦力。在冬季冻融层冻胀时，冻结力对建筑物基础起锚固作用；在暖季冻融层融化时，冻结力对建筑物基础起承载作用。

冻结力随土的含水量增加而增大，会达到一个最大值，此时土孔隙被冰晶“充满”，胶结面积最大。超过最大值后，含水量继续增加，会使土粒与基础之间冰层加厚，胶结强度变小，直至接近于纯冰的冻结力为止。

冻结力的大小，除与土的温度和含水量有关外，还与基础材料表面的粗糙度有关，粗糙度越高冻结力越大。

（3）冻胀力。

冻胀是多年冻土地区的建筑物基础最常遇到的问题之一。

土中水冻结时，体积膨胀。若土粒之间尚有足够的孔隙供冰晶自由生长，则没有冻胀力的反映，一直到含水量增大到某一程度后，土中水的冻结才会造成土的冻胀。

（4）融沉。

冻土融化下沉是多年冻土地区的建筑物基础最常遇到的问题之一。

2. 冻土的工程分类

（1）多年冻土分类标准。

冻土融沉对建筑物的危害最大，故多年冻土分类以考虑融沉为主，并以融化下沉系数 A（%）作为分类标准，按融沉系数大小冻土可分为五级。

（2）分类指标。

粒度成分、含水特征、温度状况是决定冻土工程性质的三个主要因素。分类取粒度成分、含水特征两个因素作为分类指标。

（3）土类划分。

按粒度成分划分冻土可分为三类土。

①黏性土类，包括亚砂土、亚黏土、黏土及所有塑性指数不小于 3 的细颗粒土。它们具有相似的物理力学性质，具有共同的冻胀性和融沉性。

②粗颗粒土类，包括碎石类土、砾砂、粗砂、中砂，这类土的融沉性和冻胀性，主要取决于粉、黏粒含量。粉、黏粒含量在 12% ~ 15% 时，工程性质良好；含量超过 12% ~ 15% 范围时，工程性质随含水量增加而变差。

③细砂、粉砂的工程性质接近于黏性土，但塑性指数难以测定，性质又与粗颗粒土有较大差别，故单独划分一类。

（4）含水量界限。

为便于实用，人们采用总含水量指标与融沉系数相关的方法，确定分类的含水量界限。通过室内试验，找出三类土与融化下沉系数分界值相当的含水量界限值。

二、多年冻土地区的特殊筑路问题

在多年冻土地区修建公路，有一系列特殊的工程地质问题，如地下冰、冰丘、冰堆、热融沉陷、热融滑坍、热融湖塘、融冻泥流等；还有一些工程地质问题，如沼泽、湿地、冻胀、翻浆等，虽不是多年冻土地区所特有，但在多年冻土地区它们有很大的特殊性，并可达到很大规模。

下面介绍多年冻土地区几种最常见的工程地质问题。

（一）厚层地下冰

含土冰层厚度大于 0.1m 时，或饱冰冻土厚度大于 0.3m 时，称为厚层地下冰。如在上限以下 3m 内有厚层地下冰，则称为厚层地下冰地段。在厚层地下冰发育地段很容易产生热融沉陷、热融滑坍等不良地质现象，对路基稳定影响甚大，在勘测时需十分注意。

厚层地下冰多分布在含水量较大的黏性土地段。青藏高原多年冻土区厚层地下冰比较发育，多分布在高平原及低山丘陵区的山间低地、山前缓坡和平缓分水岭地带。

厚层地下冰的形成过程可做如下推测：当冻结层上水发育，季节融化层达到最大融化深度时，下部多呈饱和状态；在冻结过程中，水分向上限附近聚流，形成冰夹层，因此只要上限位置逐渐上升（如由于游积或堆积使地面升高），就会形成厚度相当大的厚层地下冰，也有少量厚层地下冰可能是埋藏的冰川冰。

（二）冰丘与冰堆

1. 冰丘

冰丘亦称冻胀丘。冬季冻结层上水，由于土层自上而下冻结，过水断面减小，形成承压水。当压力增加到大于上覆土层的强度时，地表便发生隆起，形成冻胀丘，直径从几米到几十米，高从几十厘米到两三米，单个或成串分布。多出现在河漫滩、阶地、沼泽地、山麓地带、洪积扇前缘等部位。

冻胀丘一般为季节性的，每年冷季隆起，暖季融化消失。但也有一些特殊类型，具体如下。

（1）多年性冻胀丘。

由冻结层下水补给形成，规模大，终年存在，如青藏公路昆仑山口洪积扇前缘沟口处的多年性冻胀丘，高 20m，长 40 ~ 50m，宽 20 多米。

（2）爆炸性冻胀丘。

在冻层融化季节，当气温上升很快时，上部冻层迅速融化，因而强度很快降低，如冻胀丘内部应力足够大时，便会喷水爆炸。

（3）春季隆胀丘。

在冬季，由于冻结土层有足够的强度，水压力不足以把土层顶起。直到春季表层融化，土层强度减弱，才被水压力顶起成丘。

2. 冰堆

典型的地下水冰堆，其形成与季节性冻胀丘类似，不同之处在于冻结层上水承压后，突破上覆土层，冻结堆积于地表。这种冰堆多分布在山麓坡脚、洪积扇边缘及山间洼地等处。

河水结冰，过水断面减小，河水承压，突破上覆冰层外溢，冻结后即形成河冰堆。河冰堆一般分布在河漫滩与河床上。

建筑物附近的冰丘、冰堆，多半是工程建筑拦截了地下水的通路，而又未处理好其排泄通道所引起的。

（三）沼泽与沼泽化湿地

在排水不畅的地带，由于地面水、地下水和大气降水的作用，地表长期过湿，沼泽植物发育，并形成泥炭，如泥炭厚大于 50cm，即称为沼泽；如泥炭厚小于 50cm，即称为沼泽化湿地。

在多年冻土地区，多年冻土层构成广泛的隔水层，使表层土过湿，特别是在低地、平地、缓坡等处，大量形成沼泽与沼泽化湿地。

在多年冻土地区的沼泽与沼泽化湿地，由于泥炭、草墩覆盖，冻土上限埋藏很浅，容易产生不均匀冻胀、翻浆、热融沉陷等病害。

（四）冻胀与翻浆

1. 冻胀

土冻结时出现冻胀主要有两个原因：一是所含水分冻结成冰产生体积膨胀；二是从下层吸引更多的水分到冻结区冻结成冰而产生体积膨胀。

路基不均匀冻胀会使沥青路面开裂和凹凸不平，使水泥混凝土路面出现错台。地基不均匀冰胀可使涵管管身脱节，端、翼墙外倾、断裂。地基不均匀冻胀超过允许值，就会引起房屋裂缝，造成倾斜，甚至倒塌。年复一年，可使桥梁桩基上拔，导致桥面起伏不平。

2. 翻浆

含有大量冰体的路基，从上到下融化时，由于水分过多，又不能下渗，在车轮荷载作用下使路面发生弹簧、开裂、冒泥等现象，称为翻浆。

多年冻土地区公路翻浆有以下两个主要特点。

①从上到下单向融化，融化缓慢，融化时间长，易受降水影响形成二次翻浆。

②新建公路或改建公路铺筑黑色路面时，可能形成热融翻浆（多年冻土融化形成的深层翻浆）。

（五）热融沉陷

由于自然因素或人为因素的影响，改变了地面的温度状况，引起融化深度加大，使多年冻土层发生局部融化，导致融化土层在土体自重和外压力作用下产生沉陷，这种现象被称为热融沉陷。在天然情况下发生的热融沉陷，往往表现为热融凹陷、热融湖塘等。此外，热融沉陷与人类活动有着十分密切的关系。在多年冻土地区，几乎每一项工程如道路、桥梁、房屋等，都可能因处理不当而引起热融沉陷，从而导致建筑物的变形、破坏。由于地下冰融化而造成的热融沉陷，是多年冻土地区建筑物变形、破坏的最主要的原因之一。

在采暖建筑物的下面，一般都会形成融化盘，融层在土体自重和房屋荷载的作用下会发生融化下沉和压缩沉降，产生不均匀沉降，一旦超过允许值，房屋就会出现变形，门窗歪斜，外墙裂缝，严重的甚至会倾斜、倒塌。

涵管由于出、入口基础较深，中间基础浅、荷载大，热融沉陷时易形成塌腰，导致涵底漏水。

热融沉陷是多年冻土地区路基路面的最主要病害。由于施工破坏了冻土的保护层、路基填土高度不够、路基排水不好等原因，使冻土上限下降，都可能会产生热融沉陷；由于修筑路堤，使冻土上限上升，导致阻水，也可能产生热融沉陷。兴安岭地区一段铁路路堤，由于热融下沉，每年会下沉 50 ~ 60cm，多雨年则可达 100cm。

（六）热融滑坍

由于自然因素或人为活动，破坏了斜坡的热平衡状态，土体在重力作用下沿融冻界面向下滑移，形成滑坍，称为热融滑坍。热融滑坍主要分布在山岳和丘陵地区有厚层地下冰分布的斜坡上。

热融滑坍的形成，开始于切割（自然的或人为的）土层暴露了地下冰，在融季地下冰融化，使其上部的土层坍落；坍落的物质掩盖了下部暴露的冰层，却使上方新的地下冰暴露；地下冰再次融化，又产生新的坍落。如此反复进行，一直向上发展，直到地下冰分布范围的边缘。

由于滑坍是一块一块发生的，故滑坍体表面为台阶状。由于滑坍主要是自下而上牵引式发展的，故滑坍体轮廓呈舌状或簸箕状。

热融滑坍可使路基边坡或建筑物基底失去稳定，由热融滑坍形成的泥流可掩埋路面、壅塞桥涵。

三、冻胀与翻浆路基

（一）路基冻胀

1. 负温度作用下路基水分迁移

路基表面的土开始冻结时，土孔隙内的自由水在 0℃时首先冻结，形成冰晶体。当温度继续下降时，与冰晶体接触的土粒上的薄冰受冰的结晶力作用，迁移到冰晶体上面冻结。因此，与冰晶体接触处土粒上的水膜变薄，破坏了原来的吸附平衡状态，土粒的分子引力增大，从下面水膜较厚的土粒吸引水分子。同时，当水膜变厚时，膜水内的离子浓度增加，产生了渗透压力差。在土粒分子引力与渗透压力差的共同作用下，膜水就从水膜较厚处向水膜较少处迁移，并逐层向下传递。在温度为 -3℃ ~ 0℃的条件下，当未冻区有充分的水源供给时，水分会发生连续向冻结线的迁移，从而使路基上部大量聚冰。

2. 聚冰层与聚冰的层位

当冻结线在某一深度停留时间较长，水分有较多的迁移时间，且水源供给充分时，可能会在该深度处形成明显的聚冰层；当冻结速度较快，每一深度处水分迁移的时间短，取冰少且均匀分布，则不会形成明显的聚冰层。

路基内显著聚冰的层位，一般也是产生不均匀冻胀的层位，其通常主要出现在路基上部的某一深度范围内。超过该深度时，由于上覆土层冻结所形成的阻力，将使水分迁移大大减弱，不均匀冻胀实际上停止发展。

3. 路基土的冻胀性分类

在寒冷地区的国家，大都有路基土的冻胀性分类。该分类通常是在土质分类的基础上，按土的冻胀性强弱划分为三类（级）或四类（级）。在考虑路基土的冻胀性分类时，多数国家只考虑土的颗粒组成、粉黏粒含量和塑性指数等，有的国家还同时考虑土的含水或供水情况。

（二）路基翻浆

秋季是路基水的聚积时期。由于降水或灌溉的影响，地面水下渗，地下水位升高，使路基水分增多。

冬季气温下降，路基上层的土开始冻结，路基下部土温仍较高。水分在土体内，由温度较高处向温度较低处移动，使路基上层水分增多，并冻结成冰，使路面冻裂或隆起，发生冻胀。

春季（有的地区延至夏季）气温逐渐回升，路基上层的首先融化，土基强度很快降低，以至失去承载能力，在行车作用下形成翻浆。

春季之后天气渐暖，蒸发量增大，冻层化透，路基上层水分下渗，土层变干，土基强度又逐渐恢复，这就是翻浆发展的全过程。

（三）冻胀与翻浆的关系

1. 统一过程的两个阶段

地下水位升高的基础在冬季负气温的作用下，发生水分迁移，使路基上层水分增多，并冻结成冰而形成冻胀。冻胀发生在冬季，是路基上层显著聚冰的直接反映。翻浆虽发生在春季，但是是在冬季路基上层聚冰的基础上，化冻时土基水分过多，温度急剧下降，并经行车作用而形成的。

2. 一致性与差异性

一般情况下，冻胀大的路段，土基聚冰多，春融期水分多，容易翻浆或翻浆较重；反之，冻胀小或不冻胀的路段，土基聚冰少，春融期水分少，不易翻浆或不翻浆。这是冻胀与翻浆的一致性。

但也有不一致的情况；如有时冻胀大的路段并不翻浆，这可能是由于聚冰层位于土基下部或路面较厚等的缘故；又如有时冻胀小或不冻胀的路段反而翻浆，其原因可能是聚冰层虽薄但位于土基上部，聚冰下挤没有表现为冻胀，及路面过薄或结构不合理等。

3. 不同路面有不同反应

有铺装路面对变形特别敏感，容易出现开裂、错缝、折断等冻胀破坏；由于其路面厚、安全系数大，一般较少出现翻浆破坏。

未铺装由于路面薄、安全系数低，较多出现翻浆破坏；由于其可允许较大变形，故很少出现翻浆破坏。

简易铺装路面介于有铺装路面与未铺装路面之间，既有冻胀破坏，也有翻浆破坏，但常以翻浆破坏为主。

因此，在设计时，对有铺装路面要着重考虑冻胀问题，对未铺装路面主要考虑翻浆问题，对简易铺装路面则两者都要考虑。

（四）影响冻胀与翻浆的因素

公路冻胀与翻浆是多种因素综合作用的结果。土质、水、温度与路面及行车荷载等是影响冻胀的 5 个主要因素。翻浆除受这些因素的影响外，还受行车荷载因素的影响。在上述诸因素中，土质、温度和水是形成冻胀与翻浆的三个基本条件。

1. 土质

粉性土有最强的冻胀性，最容易形成翻浆。这种土的毛细水上升较高且快，在负温度作用下水分易于迁移，如水源供给充足可在冷季形成特别严重的冻胀，在春融时承载能力急剧下降易于形成翻浆。黏性土的毛细水上升虽高，但速度慢，只在水源供给充足且冻结速度缓慢的情况下，才能形成比较严重的冻胀和翻浆。粉性土和黏性土含有较多腐殖质和易溶盐时，则更易形成冻胀和翻浆。粗粒土在一般情况下不易引起冻胀和翻浆，因其毛细水上升高度小、聚冰少，且在饱水情况下也能保持一定的强度；但当粗粒土中粉黏粒含量超过一定数量以后，冻胀性明显增加，也能形成冻胀和翻浆。

2. 水

冻胀与翻浆的过程，实质上就是水在路基中迁移，相变的过程。路基附近的地表积水及灌溉会使路基土的含水量增加，使地下水位升高，从而促使冻胀与翻浆的形成。

3. 温度

没有一定的冻结深度或冰冻指数（冬季各月每日负气温的总和）是难以形成冻胀和翻浆的，没有更大的冻结深度或冰冻指数是难以形成严重冻胀和翻浆的。而在同样冻结深度和冰冻指数的条件下，冻结速度和负气温作用的特点对冻胀和翻浆的形成有很大影响。例如，在初冻时气温较高或冷暖交替变化，温度在 -3℃ ~ 0℃停留时间较长，冻结较长时间停留在土基上部，就会使大量水分聚流到距路面很近的地方，形成严重的冻胀和翻浆。反之，冬季一开始就很冷，冻结线下降很快，水分来不及向上迁移，土基上部聚冰少，那么冻胀和翻浆就较轻或不出现。此外，春融期间的气温变化及化冻速度对翻浆也有影响。春季开始化冻时，天气骤暖，土基急剧融化，则会加重翻浆。如春融期间冷暖交替并伴有雨、雪，也会使翻浆加重。

4. 路面

冻胀与翻浆都是通过路面变形破坏而表现出来的，因此冻胀与翻浆和路面是密切相关的。路面类型对冻胀与翻浆有影响。例如，在比较潮湿的土基上铺筑沥青路面后，由于沥青路面透气性较差，路基中的水分不能通畅地从表面蒸发，可能导致聚冰增加、冻胀量增大，甚至出现翻浆。路面厚度对冻胀与翻浆也有影响，路面厚度大时可减轻冻胀，减轻或避免翻浆。

5. 行车荷栽

公路翻浆是通过行车荷载的作用最后形成和暴露出来的。虽然路基有聚冰和冻胀，春融时含水过多，但无行车荷载作用，是不可能产生翻浆的。当其他条件相同时，在翻浆季节，交通量越大，车载越重，则翻浆也会越多、越严重。

四、防治冻胀与翻浆的一般原则

（一）设计原则

（1）冻胀与翻浆地区的路基设计，要贯彻以防为主、防治结合的原则。路线应尽量设置在干燥地段，当路线必须通过水文地质条件不良地段时，就要采取预防措施。

（2）防治冻胀与翻浆应根据地区与路段特点，按照因地制宜、就地取材和路基路面综合设计的原则，提出合理处治方案。

（3）冻胀与翻浆地区路基设计，在一般情况下，应首先搞好地面水和地下水的处理，并注意路基填土高度。

（4）对于高级和次高级路面，除按强度进行结构层设计外，还需按容许冻胀要求进行复核；对于低、中级路面则要根据防治翻浆要求进行设计。

（二）防治的基本途径

（1）调节路基水温状况，防止地面水、地下水或其他水分在冻结前或冻结过程中进入路基上部。例如，在路基中设置隔离层、隔温层，做好路基排水，提高路基等。

（2）如有水分聚积在路基上部，则应在化冻时期将多余的水分及时排除或暂时蓄积在渗水性与水稳性良好的路面结构层中。例如，设置排水或盖水砂（砾）垫层等。

（3）改善土基，加强路面。例如，路基换土或采用加固土，路面采用石灰土、煤渣石灰土等结构层。

在有些情况下，用一种处理措施，往往不能收到预期效果或不够经济合理，这时可采用两种或两种以上综合措施。

（三）防治冻胀与翻浆的工程措施

1. 做好路基排水

良好的路基排水可防止地面水或地下水侵入路基，使土基保持干燥，减少冻结过程中水分聚流的来源。

路基范围内的地面水、地下水都应通过顺畅的途径引离路基，以防水分停滞浸湿路基。为此，设计人员应重视排水沟渠设计，注意沟渠排水纵坡和出水口的设计；在一个路段内重视排水系统设计，使排水沟渠与桥涵组成一个完整通畅的排水系统。

为降低路基附近的地下水位，可采用有管渗沟；为拦截并排除流向路基的地下水，可采用截水渗沟。

2. 提高路基填土高度

提高路基填土高度是一种简便易行、效果显著且比较经济的常用措施，同时也是保证路基路面强度和稳定性、减薄路面、降低造价的重要途径。

提高路基填土的高度，增大了路基边缘至地下水或地面水水位间的距离，从而减小了冻结过程中水分向路基上部迁移的数量，使冻胀减弱，使翻浆程度和可能性变小。

路线通过农田地区时，为了少占农田，应与路面设计综合考虑，以确定合理的填土高度。在潮湿的重冻区内粉性土地段，不能单靠提高路基填土高度来保证路基路面的稳定性，要和其他措施，如砂垫层、石灰土基层等配合使用。

3. 设置隔离层

隔离层设在路基中一定深度处，其目的在于防止水分进入路基上部，从而保持土基干燥，起到防治冻胀与翻浆作用。

隔离层按使用材料可分为以下两类。

（1）透水性隔离层。

透水性隔离层用碎石、砾石或粗砂等材料做成，其厚度一般为 10 ~ 20cm；为了防止淤塞，应在隔离层上、下面设置防淤层，隔离层底部应离出地面水 20cm 以上，并将路基两侧做成 3% 的横坡。

（2）不透水隔离层。

不透水隔离层分不封闭式和封闭式两种。

①不封闭式。不封闭式又分为贯通式和不贯通式两种。当路基宽度较窄时，可横穿全路基，称为贯通式；在路基较宽时，隔离层须稍延出路面边缘外 50 ~ 80cm，此种形式称为不贯通式。

②封闭式。在地面排水困难或地下水位高的路段，隔离层宜采用封闭式的。封闭式隔离层可做成垂直封闭式及外斜封闭式两种。

不透水隔离层所用材料如下。

① 8% ~ 10% 的沥青土或 6% ~ 8% 的沥青砂，厚度 2.5 ~ 3cm。

②沥青或柏油，可直接喷洒，厚 2 ~ 5mm。

③油毡纸、不透水土工布、塑料薄膜（在重盐渍土地区不宜使用）等不透水材料。

（3）隔离层深度的确定。

隔离层的深度 $h=(3\sim3.5)D$（D 为标准轴载的轮迹直径）。其在交通量大、路面等级高、冻胀与翻浆严重的情况下，宜采用较大数值。

（4）隔离层的适用条件及注意事项。

①隔离层对新旧路线翻浆均可采用，特别适用于新线。

②不透水隔离层适用于不透水路面的路基中；在透水路面下只能设透水隔离层。

③在盐渍土地区的翻浆路段，隔离层深度应同时考虑防止盐胀和次生盐渍化等要求。

4. 换土

采用水稳性好、冰冻稳定性好、强度高的粗颗粒土换填路基上部，可以提高土基的强度和稳定性。

（1）换土层厚度的确定。

一般可根据地区情况、公路等级、行车要求及换填材料等因素确定换土厚度。一些地区的经验认为，在路上部换填 50 ~ 80cm 厚的粗粒土，路基可以基本稳定。换土厚度也可以根据强度要求，按路面结构层厚度的计算方法计算确定。

（2）换土措施的适用条件。

①因路基标高限制，不允许提高路基，且附近有粗粒土可用时。

②原有路基土质不良，需铺设有铺装路面时。

5. 注意路槽排水

在冻胀与翻浆严重地段，应注意做好路槽排水，通常采用砂垫层和横向盲沟等措施。

（1）铺设砂垫层。

①砂垫层的作用如下。

a. 融期可起蓄水、排水作用。

b. 能隔断毛细水上升。

c. 融期可防止路基泥浆上挤污染路面结构层。

d. 冬季对路基冻胀可起缓冲作用，从而减轻路面冻胀。

②砂垫层的设计原则。

a. 蓄水原则：用砂垫层汇集春融期从路基化冻土层中析出的全部多余水量。

b. 排水原则：利用暗管或路肩盲沟等排水设施将砂垫层中汇集的水排出去。

按排水原则设计的砂垫层，水分能及时排走，更有利于疏干土基。排除砂垫层中水分的方法，有整体式砂垫层，砂垫层与纵向或横向排水管配合等形式。

③排水砂垫层的暗管材料和设置形式。暗管材料一般用石棉水泥管或陶瓦管。

纵向暗沟中的水应从适当地点排出，如在纵断最低处，或在一定距离处设横向暗管将水排除。

④砂垫层的适用范围及注意事项如下。

a. 适用于砂石地区。

b. 砂垫层的材料可选用沙砾、粗砂或中砂，要求砂中不含杂质、泥土。

c. 砂垫层路段两端，要用不透水的黏性土封闭，以防止翻浆蔓延。

d. 砂垫层要洒适量水，用履带式拖拉机碾压。

e. 透水性很差的黏性土路基，一般不宜使用蓄水砂垫层。

（2）加设横向盲沟。

道路纵坡大于3%的坡腰翻浆路段，当中级路面基层采用透水性材料时，为了及时排出水流和春融期土基化冻时的多余水分，可在路槽下设置横向盲沟。

横向盲沟可设成人字形，纵向间距10m左右，深度20 ~ 40cm，填以沙砾等透水性良好的材料，出口按一般盲沟处理。盲沟往往容易壅塞，使用中应予以注意。

6. 加强路面结构

在冻胀与翻浆地段，常使用整体性好的石灰土、煤渣石灰土、水泥稳定沙砾等半刚性结构层，以加强路面结构。

（1）石灰土结构层。

①石灰土结构层的特点如下。

a. 石灰土具有一定板体性，可使行车荷载传至土基上的应力分布均匀，并逐渐扩散减小。

b. 石灰土水稳性和冰冻稳定性均较好，力学强度也较高。

c. 石灰土属多孔性材料，对土基水温状况有调节作用。例如，石灰土路面下的冻结深度一般均接近于土路肩下的冻结深度，石灰土路面下的化冻速度较碎石路面慢，其路基横断面的化冻线近于平底形，而不是中凹形，因而可减少冻期水分积聚。

②石灰土材料要求如下。

施工时使用的石灰含活性氧化物不少于60%（3级石灰），杂质不得超过10%，块灰占70%以上。如果低于上述要求，可相应提高石灰剂量。

石灰剂量（质量比）应根据强度和稳定性要求，还有砂料质量、路基干湿类型的不同合理选定。

土的塑性指数不进行严格控制，但不易打碎的黏土和腐殖土不应采用，土中草皮、树根等杂质应予清除。一般选用塑性指数7 ~ 15的黏性土较好，粉性土次之，沙土则不宜使用。

③石灰土的适用范围及注意事项如下。

a. 石灰土在轻、中、重冰冻地区，第 1、2 地带类型，还有第 3 地带类型，填方路基符合规范规定的新、旧路上的翻浆路段都可直接采用。

b. 石灰土在重冰冻区，第 1、3 地带类型不符合规范要求的填方路基，不能直接采用，须与其他措施联合应用，如在石灰土下铺砂垫层。

c. 石灰土可做基层使用，也可做垫层使用。但因其在冬季易产生低温裂缝、受水浸易出现唧泥现象，一般不宜用作高等级公路路面的上基层。

（2）煤渣石灰土结构层。

煤渣石灰土结构层防治冻胀与翻浆的作用，与石灰土大致相同，水稳定性则比石灰土好。

煤渣石灰土可处理轻、中、重冰冻地区的各种翻浆，既可做基层，也可做垫层，特别适于做基层。

煤渣石灰土所用的土、石灰的要求与石灰土相同。煤渣选用烧透的碎块，其中大于 2mm 烧结块的含量应超过 75%，大颗粒不得超过 3.5cm，细粉末不宜过多。施工要求与石灰土相同。

煤渣石灰土不耐磨耗，其上必须加铺面层或沥青磨耗层。

（3）水泥稳定沙砾结构层。

水泥稳定沙砾结构层防治冻胀与翻浆的作用，与石灰土、煤渣石灰土类似，但其强度和水稳定性则比石灰土与煤渣石灰土高。

水泥稳定沙砾可用于各级公路路面的上基层和底层，更多的是用作上基层。

水泥剂量从保证最低强度和减少收缩裂缝考虑，最低范围为 2% ~ 3%，最高范围为 6% ~ 7%。水泥属快凝材料，从拌和、摊铺至压实的各道工序必须在终凝前完成，因此宜选用终凝时间长、强度等级较低的普通水泥、道路水泥及矿渣水泥。

7. 加设防冻层

在中、重季节冻结区和多年冻土区的有铺装、简易铺装路面，在有可能冻胀的路段，为防止不均匀冻胀，路面总厚度不应小于规范规定。如按强度计算的路面厚度小于表列规定时，应用冰冻稳定性良好的材料加设防冻层补足。

防冻层材料应选用冰冻稳定性良好的沙砾、粗砂、矿渣、煤渣等粒料，也可采用水泥或石灰煤渣稳定粗粒土、石灰粉煤灰稳定粗粒土等。采用沙砾和粗砂时，小于 0.074mm 的颗粒含量不应大于 5%；采用煤渣时，小于 2mm 的颗粒含量不宜大于 20%。

8. 铺设隔温层

在重冻区，有条件时也可采用铺设高效隔温层的方法，减小土基冻结深度或使土基不冻结，以防治冻胀，从而也可防治翻浆。隔温层采用导温性能差的材料，铺在土基内、土基顶面或路面结构层内。

在林区的临时道路上，隔温层多采用压实的泥炭、树皮、木屑等当地材料，铺在土基内或土基顶面。在正规的公路上，过去多采用煤渣做隔温材料，但受湿后效果不理想，现在开始采用泡沫塑料、苯乙烯海绵塑料混凝土、含有多孔填充料的轻混凝土等高效隔温材料。煤渣隔温层铺设于压实的土基顶面，为防煤渣受湿隔温性能降低，可设在砂垫层上；硬化泡沫塑料隔温层铺设于压实的土基顶面；轻混凝土隔温层铺设于面层下的路面结构层内。

在土基顶面铺设硬化泡沫塑料隔温层时，为防止其受潮，应先摊铺聚乙烯薄膜，然后安放硬货泡沫塑料板或浇注泡沫树脂，最后再用薄膜覆盖并加铺 5cm 砂层，然后方可在其上铺筑路面结构层。采用泡沫聚合树脂时，要待泡沫硬化 2h 后再覆盖薄膜。

轻混凝土的强度较硬化泡沫塑料要大几十倍，故轻混凝土混合料可使轻混凝土表面层苯乙烯海绵塑料微粒深化，提高层间黏结力。

（五）多年冻土地区路基施工注意事项

（1）采取保护多年冻土原则设计的路堑及进行部分换填的路堤，其施工期宜安排在冻结期间。如在冻融期施工，则应采取分段快速施工的方法，以免冻层暴露时间过久，引起破坏。

（2）多年冻土地区地表水无法下渗，容易形成地表潮湿或积水，不但影响路基的稳定，且关系着施工质量与工效。因此，施工前必须做好排水工作。

（3）在开挖排水沟或取土坑时，必须注意防止由于冻土融化而产生的边坡坍塌及影响路基稳定的现象发生。一般不宜开挖过深，这样会使地下水露出，冬季形成冰锥，危害路基。

（4）路基的防护与加固应考虑保温，对于需保护的冻土，其上均须及时设置足够厚度的保温层，以免在施工过程中引起多年冻土融化。

（5）草皮护坡铺砌应下上错缝，彼此互相嵌紧，块与块之间的缝隙用土或碎草皮填塞严密（严禁用石块塞缝），使草皮连成一个整体，以利于坡面草皮成活和防止空气对流，加速保温层的稳定。

第六节　软土工程地质勘察与处治技术

在高速公路建设中，总会遇到软土地基问题。软土地基具有含水量高、天然孔隙比大、压缩性高、渗透性小、抗剪强度低、固结系数小等不利的工程性质，导致地基承载力往往不能满足工程设计要求，因此施工时需要对地基进行人工加固处理。处理软土地基有多种方法，如果处理不当，就会直接导致路基失稳或过量沉降，出现路基纵、横向断裂等病害。

一、软土的概念及鉴别

国内外对软土均无统一定义，不同的专业技术部门的解释也不尽相同。有的把软土视为软黏土的简称，有的把软土视为整个软弱土层的简称，有的把软土视为软弱土基的简称。

（1）我国交通运输部的有关标准将软土定义为"滨海、湖沼、谷地、河滩沉积的天然含水量高、孔隙比大、压缩性高、抗剪强度低的细粒土"。

（2）我国铁路部门建议以下列物理、力学指标作为区分软土的界限，具体描述如下。

①天然含水量 W 接近或大于液限。

②孔隙比 $e > 1$。

③压缩模量 $ES < 4\ 000\text{kPa}$。

④标准贯入击数 $N < 2$。

⑤静力触探比贯入阻力 $Ps < 700\text{kPa}$。

⑥不排水强度 $Cu < 25\text{kPa}$。

（3）我国住房和城乡建设部颁布的有效标准规定凡符合以下三项特征即为软土。

①外观以灰色为主的细粒土。

②天然含水量不小于液限。

③天然孔隙比不小于 1。

其实无论软土还是软土地基，它的软硬都是相对的，在工程设计和施工时，不要拘泥于它们的定义，只要路堤或其他荷载在土基上有可能出现过大有害的变形与强度不足的问题，设计时都应进行沉降、稳定验算，凡不能满足设计指标的均应进行处理。

二、软土勘察

（一）勘察要求

（1）对于复杂场地等级较高的路线，一般应按与设计相适应的勘察阶段进行勘察工作。但对于简单场地，工程地质条件成熟或建筑经验成熟地区，位置已确定的一般工程，还有老路扩（改）建工程，可以适当简化，甚至只进行一次性勘察。

（2）对于重要的建筑物和有特殊要求的软土地基，或对环境有影响的场地，在施工及使用过程中，宜根据工程建设需要进行必要监测工作。

（3）勘探方法除采用常用的钻探，取土试验孔外．还应针对软土结构特征，工程性质、特点，采用相应的原位测试孔取代部分钻探、取土试验孔。例如，对饱和流塑状黏性土层，宜辅以十字板、旁压试验孔等进行勘察；对厚度较大的软土层或有饱和粉土、沙土存在时，宜采用静力触探、标准贯入试验孔等进行勘察。

（4）土试样应用薄壁取土器采取。取土时应避免涌土、塌壁现象，运输、贮藏、制备过程中，均应注意防止试样的扰动。

（5）勘探点的时间与深度，根据场地类别、建筑物的级别及有关特殊要求而定。

（二）勘察要点

软土地基勘察应着重查明和分析以下几点。

（1）软土的成因，成层条件，分布规律，层理特性，水平与垂直方向的均匀性、渗透性，地表硬壳层的分布与厚度，地下硬土层或基岩的埋藏条件与分布特征。

（2）暗浜、暗塘、墓穴、填土、古河道的分布范围和埋藏深度。

（3）软土的固结历史，强度和变形特征随应力特征变化及结构破坏强度和变形的影响。

（4）地下水对基础施工的影响。地基土在施工开挖、回填、支护、降水、打桩和沉井等过程中及建筑物使用期间可能产生的变化、影响，并提出防治方案及建议。

（5）在强地震区内的重点工程场地，应搜集场区 $300km^2$ 范围内，历史上曾发生过地震的时间、震级（或烈度）、震中位置等资料，搜集场区地质构造体系和地震烈度区划资料，必要时应对场地的地震效应作出专门鉴定。

（三）试验要求

根据建筑物的需要，各类软土物理力学指标可通过室内试验和野外原位测试取得。

三、软土地基稳定性评价

公路路线所遇到的各类软土，如影响到路基稳定，则应评价其地基稳定性。

（1）当建筑物离池塘、河岸、海岸等边坡较近时，应分析评价软土侧向塑性挤出或滑移危险。

（2）当地基土受力范围内有基岩或硬土层，且其表面倾斜时，应分析判定该面以上的地基土沿此倾斜面产生滑移或不均匀变形的可能性。

（3）对含有浅层沼气带的地基，应分析判定沼气逸出对地基稳定性的影响。

（4）根据场地地下水位的变化幅度、水力梯度或承压水头等水文地质条件的分布，判定其对软土地基稳定性和变形的影响。

（5）当建筑场地位于强地震区时，还应分析场地和地基的地震效应，如对饱和沙土或粉土的地基进行地震液化判别等，并对场地稳定性和震陷的可能性作出评定。在考虑上覆非液化土层厚度时，应将软土厚度扣除。

（6）根据场地土层特点，分析评价软土地基均匀性，选择适宜的持力层。当地表有硬壳层时，一般应充分利用。

（7）当地基主要受力层范围内，有薄沙层或软土与沙土互层时，应根据其排水、固结条件，分析判定其对地基变形的影响，以充分挖掘地基潜力。

四、软土的工程性质及地基技术要求

（一）软土的工程性质

软土无论按成因还是按土质划分，种类较多，但它们都具有下列特性。

①颜色以深色为主，粒度成分以细粒为主，有机质含量高。

②天然含水量高，容重小。天然含水量大于液限，一般在 50% ~ 70%，液限一般为 40% ~ 60%。

③天然孔隙比大，一般大于 1。

④抗剪强度低。软土的快剪黏聚力小于 10kPa，快剪内摩擦角小于 5°。固结快剪的强度略高，黏聚力小于 15kPa，内摩擦角小于 10°。

⑤软土的灵敏度高。灵敏度一般在 2 ~ 10，有时大于 10，并具有显著的流变特性。

（二）软土地基的技术要求

①地基处理超载预压 10 个月后沉降速率不大于 0.168mm/d，才能进行二次填筑，随后才能进行桥涵构造物和路基精加工、路面施工。

②位移边桩控制在每天不大于 3mm。

③斜移管控制在每天不大于 5mm。

④地基处理后地基承载力不小于 100kPa。

五、软土地基常用处理方法

软土地基处治的方法很多，各种方法都有它的适用范围。具体工程的地质条件千变万化，对地基处理的要求不尽一致，而且施工部门采用的机具、当地的材料都会不同，因此必须具体分析，从地基条件、处理要求、处理范围、工程进度、材料机具等方面进行综合考虑，以确定合适的处治方法。

六、常用软土地基处理方法的组合

为同时解决软土路基沉降、稳定性问题或加强某一种软土地基处理方法的效果，一般不单独采用一种处理方法，多数采用两种以上组合方法，亦即软土的综合处理。设计综合处理时应遵循的原则是加速排水固结的措施与增强软土地基强度的措施相结合；地上、地面处理与地下处理相结合；避免两种软土地基处理方法在施工上出现干扰及其作用上的相互抵消。其组合形式有以下几种。

①砂垫层与排水固结法并用，不仅施工机械作用容易，同时排水垫层也能起到一定作用。

②在填土中央采用竖向排水法，坡脚处采用砂子加实桩。其作用是竖向排水促进沉降，砂子加实桩达到稳定。

③反压护道法与竖向排水法并用。由反压护道获得软土路基的稳定，由竖向排水法促进软土地基固结。

④填土预压法与反压护道法，或填土预压法与砂子加实桩法并用。由填土预压促进固结沉降，由反压护道或砂子加实桩达到软土路基稳定。

⑤填土预压法与竖向排水井法并用，可加速固结沉降。

⑥缓速填土加载法与竖向排水井法并用，以缓速填土加载达到软土路基的稳定，以竖向排水井促进软土地基沉降。

⑦反压护道与砂垫层、砂垫层与抛石挤淤法、反压护道与换土等并用。

七、垫层与浅层处治

换填砂（石）垫层法是最简单、最古老的软基处理方法，是浅层软土地基的处理方法之一。其方法是将基础底面以下不太深的处理范围内的软弱土层挖去，然后以质地坚硬，强度较高，性能稳定好，具有抗侵蚀性的砂、碎石、卵石、素土、灰土、矿渣等材料分层换填，同时用人工或机械方法进行压、夯、振动等密实处理。处理深度一般控制在 3m 以内，但不宜小于 0.5m，如果垫层太薄，则换土垫层的作用不显著。

（一）砂垫层法

砂垫层法施工简单，费用较低，不需特殊机具设备，占地较少，但需砂料较多，预压时间长。

1. 适用范围

砂垫层法适用于填土高度小、软土层薄、埋深浅、无硬壳层、排水性好、砂源丰富、工期不紧的软土路基。

2. 设计要点

（1）砂垫层厚度一般为 0.6 ~ 1m，宽度应超出其上填土 0.5 ~ 1m，具体视路堤高度和软土厚度及压缩性而定。

（2）砂垫层材料宜采用中砂及粗砂，不准掺有细砂及粉砂，含泥量不应超过 5%，不得含有植物残体、垃圾等有机杂质。

3. 施工要点

（1）砂垫层施工中的关键是将砂加密到设计要求的密实度。加密的方法常用碾压法、重锤夯实法和振动压实法三种。这些方法要求分层铺砂，然后逐层振密或压实。分层的厚度视振动力的大小而定，一般为 15 ~ 20cm。

（2）沙砾垫层无明显粗细粒料分离，最大粒径不宜大于 5cm，且细料不宜过多。

（3）砂垫层宽度应宽出路基边脚 0.5 ~ 1m，两侧墙以片石护砌或采用其他方式防护，以免沙料流失。

（4）碾压法施工时最佳含水量一般控制在 8% ~ 12%。

4. 施工方法

（1）当地基表层具有一定厚度的硬壳层，其承载力较好，能支撑一般运输机械时，一般采用机械分堆摊铺法，即先堆成若干沙堆，然后用机械或人工方式摊平。

（2）当硬壳层承载力不足时，一般采用顺序推进摊铺法。

（3）当软土地基表面很软时，如新沉积或新吹填不久的超软地基，首先要改善地基表面的持力条件，使其能支撑施工人员和轻型运输工具。工程上常采用如下措施。

①地基表面铺荆笆。荆芭搭接处用铅丝绑扎以承受垫层等荷载引起的拉力。搭接长度取决于地基土的性质，一般为20cm。当采用两层荆笆时，应将搭接处错开，错开距离以搭缝之间间距的一半为宜。

②表面铺设塑料纺织网或尼龙纺织网，纺织网上再做砂垫层。

③表面铺设土工合成材料，土工合成材料上再铺排水垫层。

以上为目前超软地基上施工常用的方法，它们可单一使用，也可混合使用。还可根据当地材料来源，选择具有一定抗拉强度、断面小的材料。但应注意以下几点。

①饱水后材料要有足够的抗拉强度；

②当被加固地基处在边坡位置或将来有水平力作用时，由于材料腐烂而形成的软弱夹层会给加固后地基的稳定性带来潜在影响。

③尽管对超软地基表面采取了加强措施，但其持力条件仍然很差。一般轻型机械上不去时，通常采用人工或轻便机械顺序推进铺设，常用的有以下两种方式：一种是用人力手推车运砂铺设；另一种是用轻型小翻斗车铺垫。

5. 施工注意事项

（1）无论采用何种施工方法，在排水垫层的施工过程中都应避免各层的过大扰动，以免造成砂料和淤泥混合，影响垫层的排水效果。

（2）为确保路基稳定，沙砾石材料不宜过大。

（3）沙砾石垫层应分两层铺筑，分层压实。

（4）铺设沙砾石材料时，应从路基横向两侧向中间摊铺，厚度应均匀一致。

（5）沙砾石排水层不得受泥土等杂物的污染，插入塑料排水板时所带的泥土应及时清除。

6.质量控制与检验

（1）质量控制。

砂垫层施工一般采用分层振实法，压实机械宜采用 1.55 ~ 2.2kW 的平板振捣器。这种方法要求在基坑内分层铺砂，然后逐层振实。第一分层（底层）松砂铺设厚度宜为 150 ~ 200mm，应仔细夯实并防止扰动坑底原状土；其余分层铺设厚度可取 200 ~ 250mm。在下层密实度检验合格后，方可进行上层施工。

铺筑前基坑两侧附近如有低于地基的孔洞、沟、井、墓穴等，应在未做地基前填堵并进行夯实。

分段施工时，接头处应做成斜坡，每层错开 0.5 ~ 1m 并应充分捣实。对人工级配的砂石地基，应将砂石拌和均匀后，再进行铺筑振实。

（2）质量检验。

①环刀取样法。用容积不小于 $200m^3$ 的环刀压入垫层中取样，测定其干容重，以不小于砂料在中密状态时的干容重数值为合格，如中砂为 $16kN/m^3$，粗砂为 $17kN/m^3$。取样点应位于每层 2/3 的深度处。

②钢筋贯入测定法。使用该方法检查时应先将表面的砂刮去 3cm 左右，并用贯入仪、钢叉或钢筋等以贯入度的大小检查砂垫层的质量。钢筋贯入工具是用直径为 2cm、长度为 1.25m 的平头钢筋，落距为 700mm，自由下落，测其贯入度，检验点的间距应不少于 4m。对砂石垫层可设置纯砂检验点，再按环刀法取样检验。垫层质量检验点，对大基坑每 50 ~ $100m^3$ 应不少于一个检验点；基槽每 10 ~ 20m 应不少于一个点；每个单独柱基应不少于一个点。

（二）挤淤置换法

挤淤置换法是借助换填材料的自重或利用其他外力，如压载、振动、爆炸、强夯等，使软弱层遭受破坏后被强制挤出而进行的换填处理。采用这种施工方法，不用抽水、挖淤，施工简单，一般用于厚度小于 3m、其软层位于水下、表层无硬壳、软土液性指数大、呈流动状态的泥沼及软土。一般来说，抛石挤淤比较经济，但技术上缺少把握，当淤泥较厚时须慎重使用。

抛石挤淤应采用不易风化的石料，片石大小随软土稠度而定。对于容易流动的泥炭或淤泥，片石宜稍小些，但不宜小于 30cm，且小于 30cm 的粒料含量不得超过 20%。

抛石时应自路堤中部开始，逐次向两旁展开，使淤泥向两旁挤出。在片石露出水面后，应用较小石块填塞垫平，用重型机械碾压紧密，然后在其上铺设反滤层再进行填土。

下卧岩层面横坡陡于 1 ： 10 时，抛石时应从下卧层高的一侧向低的一侧扩展，并在低侧适当高度范围内多抛一些，使低侧边堆筑约有 2m 宽的平台顶面，以增加其稳定性。

（三）工程实例（换填与压填片石处理软基）

1. 工程地质特点

某高速公路 126 ～ 135km 段路线经过一山区，在山间谷地之中，间断分布着小块的软土地基，经过挖探和踏勘调查，发现软土具有以下特点。

（1）软土层厚较薄，一般为 1 ～ 2m，最大深度 3m，为山谷流水淤积而成，地表多为稻田，软土多为淤泥质土，呈软塑状。

（2）软土分布在山间谷地，底面多为一倾斜面，坡度一般为 15° ～ 35°，有的与路线走向一致，有的与路线斜交。

（3）软土路段地面水及地层中的毛细水系较为发育。

2. 施工处理方案

由于本路段路堤填土高度一般为 10 ～ 20m，均为高路堤，故其稳定性是一个严重的工程问题。经过设计人员认真分析研究，决定采取以下处理措施。

①设置排水沟或截水沟，排除地表水和毛细水的隐患。

②挖淤，挖淤深度等于淤泥深度减 0.3 ～ 0.5m。

③挖台阶，水平深度不小于 2m，平缓路段根据实情决定是否开挖。

④压填片石，考虑到如全部换填弃方量太大，弃方的场地难以解决。可以采用部分换填，部分采取压填片石的方法。片石一般长度为 30 ～ 40cm，用机械或人工压入淤泥中，外露 10 ～ 20cm，利用挖台阶和压填片石措施提高地面摩擦力。本路段没有采用抛填片石，而是采用压填片石。考虑软土不是流塑状，而是呈软塑状，片石抛填较为困难，因此采用人工措施压入。

⑤换填沙砾反滤层 50cm。

⑥其余部分为换填土。

⑦进行观测，本路段设置稳定观测设施，以保证路堤稳定。

八、竖向排水法

为缩短地基孔隙水的排水距离，加速软土地基的固结过程，对软土地基采用垂直设置砂井、袋装砂井、塑料排水板及其他排水土工合成材料形成的排水柱体，称为竖向排水法。这些方法都是通过预压荷载，使被加固土体中的空隙水排出，有效应力增加，土体空隙体积减小，密度加大，土体强度得到提高，从而达到减少地基完工后沉降和提高地基承载力的目的。

（一）砂井施工

砂井处理法是在软土地基中，钻成一定直径的孔眼，灌以粗砂或中砂，利用上部荷载作用，加速软土排水固结。

1. 砂井适用范围

砂井排水法适用于软土层较厚、路堤较高，特别是水平排水大于垂直排水的天然土层，而且当软土层中有薄层粉细砂夹层时，采用砂井的效果更好。一般软土均适合采用砂井排水法，但次固结占很大比例的土类，如泥炭类土、有机质和高塑性黏土等不宜采用。

2. 砂井设计要点

砂井设计，首先要考虑砂井的直径、间距、布置形状和固结速率之间的关系。通常砂井直径、间距和长度选择，应满足在预压过程中，在不太长的时间内，地基能达 80% 以上固结度。

（1）砂井的直径和间距砂井的直径一般采用 20 ~ 30cm，井距为井径的 8 ~ 10 倍，常用 2 ~ 4m。砂井平面布置一般采用正三角形或正方形，其中以三角形排列较紧凑、有效。

（2）砂井的深度。

砂井的深度，视软土层的情况和路堤高度而定。当软土层较薄，或底层为透水层时，砂井应贯穿整个软土层。当软土层的层厚很大时，不一定要打穿整个受压层。

（3）砂垫层和砂沟布置。

为了把砂井中的水分排到路堤坡脚外，在路堤底部应铺设砂垫层。缺乏沙砾时，也可采用砂沟或垫层，即横向每排砂井顶部设置砂沟一条，再在纵向以数条砂沟连贯之。

纵向砂沟采用中间密、两旁疏的布置方法。砂沟的宽度可为砂井直径的两倍，高度为 0.4 ~ 0.5m。

3. 砂井施工要点

砂井施工工艺的选择主要考虑以下三个问题。

①保证砂井连续、密实，并且不出现颈缩现象；

②施工时尽量减小对周围土的扰动；

③施工后砂井的长度、直径和间距应满足设计要求。

对于砂井施工，常采用以下几种方法。

（1）套管法。该法是将带有活瓣管尖或套有混凝土端靴的套管沉到预定深度，然后在管内灌砂，拔出套管形成砂井。根据沉管工艺的不同，又分为静压沉管法，锤击沉管法，锤击、静压联合沉管法，振动沉管法等。

①锤击、静压联合沉管法。用该法施工往往在提管时，由于砂的上拱作用及与管壁的摩擦阻力，可能会将管内砂柱带上来，使砂井断开或颈缩，影响砂井排水效果。

②振动沉管法。该方法以振动锤为动力，将套管沉入到预定深度，灌砂后振动提管形成砂井。采用该法施工不仅避免了管内砂随管带上，而且保证了井的连续性，同时砂因振动而密实，砂井质量好。

（2）水冲成孔法。该法是通过专用喷头，在水压力作用下冲孔，成孔后经清孔，再向孔内灌砂成形。采用该法施工时，有以下两个环节需特别注意。

①控制好冲孔时水压力大小和冲水时间。这和土层性质有关，当分层土的性质不同而用相同水压时，会出现成孔直径不同的现象。

②孔内灌砂质量。如孔内泥浆未清洗干净，会使砂中含泥量增加，砂井渗透系数会降低，这对土层的排水固结是不利的。并且泥浆排放疏导不好，也会对水平排水垫层带来不利影响。

水冲成孔工艺，对土质较好且均匀的黏性土地基是较适用的，但对于淤泥，因成孔和灌砂过程中容易缩孔，很难保证砂井的直径和连续性。对于夹有粉砂薄层的软土地基，若压力控制不严，冲水成孔时易出现串孔，对地基扰动比较大，工作人员应加以注意。

水冲成孔法设备比较简单，对土的扰动较小，但易出现塌孔、颈缩、串孔等现象；同时在泥浆排放和灌砂质量方面还存在一定问题。

（3）螺旋钻成孔工艺。该法以动力螺旋钻钻孔，提钻后向孔内灌砂成形。此法适用于砂井长度在10m以内，土质较好，不会出现颈缩、塌孔现象的软弱地基。此法在美国应用较广泛。该工艺所用设备简单而机动，成孔比较规则，但灌砂质量较难掌握，对很软弱的地基也不太适用。

以上砂井施工的各种方法，均有其自身的特点、适用范围和存在的问题，因此在选用砂井施工工艺时，应根据加固软土地基的特性和施工环境及本地区经验，在确保砂井质量的前提下，全面分析，审慎确定。

4. 施工质量控制

①桩管拔起速度不能太快，拔管速度为2m/min。

②控制每段砂的灌砂量。一般应按桩孔体积和砂在中密状态下的干密度

计算，其实际灌砂量（不包括水量）不得小于计算值的95%。

③逐步沉管中，每段拔起高度和留振时间由现场试验确定。经过工艺试桩，确定每段拔起高度，振动时间要控制在20 ~ 30s。

④向桩管内灌砂的同时，应向桩管内灌水，以利于砂排出桩管。

⑤在砂桩施工过程中，要做好施工记录。施工中要有专人负责记录桩长、灌砂量、施工情况，作为控制施工质量的重要辅助手段。

5. 砂井法存在问题

一般砂井的施工常采用沉管法，井径通常为30 ~ 40cm。若砂井的直径太细，施工时不能保证砂井灌砂的密实和连续，而间距太小则对周围土扰动较大，反而降低了土的强度和渗透性，影响加深效果。为了克服砂井的一些弊端，逐步出现了袋装砂井和塑料排水板法，这样可以使得砂井的直径和间距大大缩小，加快地基固结。

（二）袋装砂井施工

袋装砂井施工就是事先把砂装入长条形、透水性好的编织袋内，然后用专门的机具设备打入软土地基内以代替普通大直径的砂井。袋装砂井的直径小、材料消耗小、工程造价低、施工速度快、设备轻型，因此在公路、机场、堤防、铁路、港口等工程中得到了广泛应用。

另外，由于装砂的沙袋通常由化纤纺织物制成，具有较大的拉伸强度，在施工加荷时竖向沙袋正好处在与土体滑动带相交的位置，它能起到竖向加筋和抗滑作用，对土体稳定较为有利。

1. 袋装砂井适用范围

一般情况下，当泥沼或软土层厚度超过5m，且路堤高度的自重静压超过天然地基承载力很多，特别是地基土水平位移较大时，采用袋装砂井效果更好。

2. 袋装砂井设计要点

（1）袋装砂井直径和间距。

缩小砂井间距比增大砂井直径加固效果更好，设计中应尽量采用细而密的方案。一般采用7 ~ 12cm的直径，井距1 ~ 2m，相当于井径比为15 ~ 30。

（2）袋装砂井长度。

袋装砂井的长度主要取决于软土层排水固结效果。一般当软土层较薄或其底层为透水层时，砂井应贯穿软土层；当软土层较厚时，砂井深度由地基稳定和容许工后沉降计算来确定，一般在 12 ~ 15m。

（3）袋装砂井的平面布置及砂垫层，

平面布置一般采用等边三角形较多，这种布置比正方形排列更为紧凑、有效。为保证袋装砂井内渗出的水能够顺利排出，一般在砂井的顶部铺设 30cm 的砂垫层，砂井的上部外露部分应埋在该层内。

3. 袋装砂井施工要点

（1）材料要求。

①沙袋。沙袋可采用聚丙烯、聚乙烯、聚酯等编织材料制成，其抗拉强度应能保证承受沙袋自重，装砂后沙袋的渗透系数应不小于砂的渗透系数。

目前，普遍采用的是聚丙烯编织袋，它具有足够的抗拉强度，耐腐蚀，便于制作，对人体无害，价格低廉，缺点是其抗老化能力差。

②砂。采用渗水率较高的中、粗砂。粒径大于 0.5mm 的砂的含量宜占总质量的 50% 以上，含泥量不能大于 3%，渗透系数不应小于 5×10^3cm/s。除此之外，砂应保持干燥，不宜潮湿，以免砂干燥后体积减少造成短井。

（2）施工机械。

施工主要机具为导管式振动打桩机，在行进方式上普遍采用有轨道门架式、履带臂架式、吊机导架式等。

（3）施工工艺。

施工工艺流程为排除地表水—整平原地面—铺设下层砂垫层—测设放样—机具定位—打入套管—沉入沙袋—拔出套管个机具移位—埋沙袋头—摊铺上层砂垫层。

具体施工工艺方法有以下两种。

①在整平地面后，视软土地基情况，铺设 20 ~ 30cm 的砂垫层，用压路机或推土机稳压 3 ~ 4 遍；在桩管垂直定位后，将可开闭底盖的套管一直打到设计深度，准备一个比砂井设计长度长 2m 左右的沙袋，下端放入 20 ~ 30cm 左右的砂子作为压重，将沙袋放入套管中，并使之沉到要求深度，把袋子固定到装砂子用的出料口，由漏斗将砂子装入袋中。装满沙子后取下袋子，拧紧套管上盖，然后一边把压缩空气送进套管，以免将沙袋带上来，一边提升导管。提升完后一个袋装砂井就完成了，注意要及时将砂井头埋置好。

②还有一种方法是先将沙袋装好备用，待成孔后沉入沙袋。沉入沙袋时，原则上应用桩架将沙袋垂直吊起沉入。当受桩架高度限制（袋装砂井长度超过桩架高度）时，可采用两节套管，沙袋输入时用人工输入，管口装设滚轮，拔出导管时为避免将沙袋带出，也可采取向管内注水的办法。

（4）施工质量控制。

袋装砂井在施工过程中要严格控制各材料、工序等的施工质量，因为一旦施工完成，对成品的质量检查将非常困难。

沙袋灌入砂后，露天堆放要有遮盖，切忌长时间暴晒，以免沙袋老化。

砂井可用锤击法或振动法施工，导轨应垂直，钢套管不得弯曲，沉桩时应用经纬仪或重锤控制垂直度。

为控制砂井的设计入土深度，在钢套管上应划出标尺，以确保井底标高符合设计要求。

用桩架吊起沙袋入井时，应确保沙袋垂直下井，防止沙袋发生扭结、缩颈、断裂和沙袋磨损。

拔钢套管时，应注意垂直起吊，以防带出或磨损沙袋。施工中若发现上述现象，应在原孔边缘重打；连续两次带出沙袋时，应停止施工，查明原因后再行施工。

沙袋留出孔口长度应保证伸入砂垫层至少 30mm，并且不能卧倒。

4. 袋装砂井的质量检测

袋装砂井施工质量的好坏直接关系到软基处理的效果，因此除施工部门要严格遵照施工工艺和施工质量控制的要求操作外，质检、监督部门也要进行抽查。一般沙子、编织袋、灌砂量和井距，可以通过常规的方法在试验室进行试验测定和在现场进行实际量测。但是井径和井长施工完成后检测相对比较困难，下面介绍几种常用的检测方法。

（1）挖验法。

挖验法就是对施工完成的袋装砂井进行大开挖检验。此种方法的优点是能够直观看出砂井的质量，检测精度高；缺点是费时、费力，对现场破坏较大，且挖验深度受限，对于井长（深）大的不适用。

（2）拔桩法。

拔桩法就是用机械将袋装砂井整体拔出，进行检验。此种方法也比较直观，但是受拔桩机械的限制较大，并且很容易出现断井现象。

（3）工程钻探法。

工程钻探法的原理是利用钻机对砂井进行钻进，套管取芯样。这种方法相对以上两种方法来说比较容易，且费用较低，对施工现场的破坏较小，缺点是需要使用专门钻机，且受钻杆垂直度和砂井垂直度影响较大，垂直度差时，钻杆易偏离砂井，无法进行准确测定。

（4）挖、拔结合法。

挖、拔结合法就是先挖除砂井上部的软土层（尤其是黏土层），减小土体对砂井的握裹力，然后再拔出砂井，具体操作步骤如下。

①挖除砂井顶面砂垫层，清理现场；

②开挖砂井周围的黏土，随着挖深及时对基坑进行防护；

③挖到一定深度时转动砂井，边挖边松，待砂井松动时，慢慢转动砂井，直至砂井完全松动，再拔起进行测量。

此种方法比较直观，所测数据准确、可靠，缺点是工作效率较低，工作量大，井深超过 8m 时不适用。

（5）冲水拔袋法。

冲水拔袋法的工作原理是用高压水冲袋装砂井内的砂，砂在高压水作用下，泛出地面造成空井，减小土对砂井的握裹力，然后拔出沙袋测定井深。

其具体操作步骤如下。

①清除一定范围内的砂垫层，割去露出地面的沙袋；

②挖好排水沟，安放一台泥浆抽水机和足够长的皮管，皮管直径为 2.5 ~ 3.8cm，对着沙袋内的砂冲水。在冲水过程中，随着水的冲击，井口有砂泛出，皮管随着井内砂量的减少往井内下插，最好是边冲边被皮管用力往袋内下插，直至井口不出现泛砂；

③轻轻拔出皮管及沙袋，即可测量井深。

（三）塑料排水板施工

塑料排水板是一种利用塑料排水板作为竖向排水材料，通过排水预压达到提高地基承载力的一种先进的加固软土地基的方法。与袋装砂井比，其具有施工速度快、效率高、施工机械轻便、工程费用低、对土的扰动小等优点。因此，近年来在公路、铁路、水电、港口、机场、建筑等工程中得到了广泛应用，大有取代砂井和袋装砂井的趋势。

1. 塑料排水板的类型

塑料排水板是由芯体和滤膜组成的复合体，或是由单种材料制成的多孔管道板带。芯板是由聚丙烯和聚乙烯塑料加工而成，且两面有间隔沟槽，土层中固结渗流水通过滤膜渗入到沟槽内，并通过沟槽从排水垫层中排出。。

2. 塑料排水板适用范围

其与袋装砂井法相同，一般用于泥炭饱和淤泥地段或土基松软地下水位较高的地段，最大有效处理深度达 18m。

3. 施工机械

塑料排水板法的施工机具主要是插板机，也可与袋装砂井打设机具共用，但应将圆形套管换成矩形套管。对于振动打设工艺，锤击振力大小，可根据每次打设根数、导管断面大小、入土长度和地基均匀程序确定。

目前，用于塑料排水板的插板机主要有以下几种。

（1）挖掘机改装的插板机。

由挖掘机改装的插板机，在使用过程中时可以灵活操作，而且可以将排水板打设到各个部位，尤其是在边角处。但是由于其自身重、轮胎接地面积小等缺点，一般软基难以承受，因此只能在地基承载力较好的地方使用。

（2）履带式插板机。

履带式插板机行走方便，可在现场组装，比挖掘机改装的插板机接地面积大，一般地基在稍做处理后即可承受。但由于它是靠两条履带控制垂直度的，受基础平整度影响较大，且插板机容易发生倾斜，一般用于插入深度小于 10m 的地基。

（3）门式轨道插板机。

该机型可进行自行拼装，比较适合公路等带状的软基处理。由于其移动受轨道控制，通过事先调整轨道的水平度，可以很好地保证排水板的施工准确度和施工垂直度。其缺点是移动时显得相对笨重，对垫层的宽度要求较高。

4. 施工工艺

塑料排水板施工前要对软基处预先处理。与袋装砂井处理方法一样，首先整平场地，铺设砂垫层，具体工艺如下。

清除表土、淤泥—铺设下层沙砾垫层—稳压—放样定位—插板机就位—塑料排水板穿靴—插入套管—拔出套管—割断排水板—检查并记录板位等情况—机具移位—铺设上层砂垫层。

关键工序控制如下。

（1）施工准备工作。

①路基施工范围内清除 10 ~ 20cm 厚耕植土、树根杂物及淤泥，整平复测地面标高，清表宽度比设计路基填筑宽度每侧加宽 100cm。

②塑料排水板存放时底部要进行支垫，顶部加油毡布覆盖，防止污染及暴露在空气中老化。

（2）铺设沙砾垫层。

①在清表范围内铺设 50cm 厚的沙砾垫层。沙砾垫层的作用在于将塑料排水板排出的地下孔隙水通过外侧排水沟排出路堤外，因此要选用天然级配

良好的沙砾，含泥量在 3% ~ 5%，最大粒径在 50 ~ 100mm。沙砾垫层宽度宽于路基填筑宽度，一方面可保证地下水能顺畅地排出路堤外；另一方面是为了防止施工过程中由于施工机械的破坏对垫层的有效作用造成影响。

②由于地基较弱、含水量大，铺设沙砾垫层施工时采用一次性填筑 50cm 厚，以利于机械作业。铺设沙砾垫层后用平地机械整平，用压路机稳压两至三遍，以保证插板机施工时不产生大位移、拥包和沉陷。稳压后要测量垫层标高，对因压实造成沙砾陷入地基中而产生的缺料处，要进行补料、稳压。垫层标高要高于两边原地面标高 30cm 以上。

（3）放样定位要准确。

根据设计间距对排水板位置进行放样定位。插板机就位，调整导架垂直度，空心套管中穿入塑料排水板，对正桩位，平稳将排水板插入指定位置。

（4）穿靴。

将塑料排水板端部穿过靴头固定架，用长约 10cm 的对折带子固定联结，然后将靴头套在套管底部。

（5）沉入。

开动机器，通过传动链转动将套管和排水板沉入地下至设计深度。

（6）拔起。

传动链反转将套管拔出，排水板自动脱离留在地下。当套管下口露出垫层约 50cm 后，将排水板带割断。插板机移位进行下一个桩位施工。

（7）埋设板头。

将板头一侧沙砾垫层挖开约 20cm 深，将板头倒折埋入沙砾垫层中，回填沙砾补平。全部排水板施工完毕后，再对垫层进行一次整平、稳压。

5. 现场质量控制要点

（1）塑料排水板施工允许偏差为 15cm，竖直度偏差小于 1.5%，板长要求不小于设计长度。

（2）塑料排水板透水滤套不得被撕破、划裂及污染，如发生上述现象须将破损段裁掉，以免影响排水板的有效工作性能。

（3）塑料排水板搭接采用滤套内平接的方法，芯板对扣，凸凹对齐，搭接长度不小于 20cm；滤套包裹后用绑丝或针线缝接牢靠。

（4）插入过程中导轨要垂直，钢套管不得弯曲；每次施工前要检查套管中有无泥土杂物进入，一旦发现要及时清除，防止插入及拔出过程中污染排水板或划裂滤套。

（5）排水板与靴头固定架要连接牢固，防止拔出套管时发生跟带现象，如排水板跟带大于 50cm，则应在旁边重新补打。

（6）插板施工完毕后，要注意及时将板头埋入沙砾垫层中，防止机械及车辆碾压损坏外露板头。

6. 施工中常出现问题及解决方法

（1）施工中常出现的问题。

①插板施工中，套管为圆形时，距井口一定范围内插孔易缩孔。

②提拔导管时易发生“跟带”现象。

③插管时易进入泥水污染排水板。

④遇到较干硬的黏土层时，进度较缓慢。

（2）解决方法。

①对插孔易缩孔问题，施工中，一是尽量采用细的套管或扁状套管；二是用中、粗砂填灌插孔，这样就在塑料排水板的上端就会形成砂井与塑料排水板的复合体。

②提拔导管时发生的“跟带”现象与套管端头结构、施工工艺和地层土质有关，其中套管端头结构占主要因素，因此导管顶部要在保证刚度的前提下尽可能细小，使拔管时土层能尽快将排水板夹住。

③泥水进入套管除增加了上拔时的“跟带”现象外，还造成了排水板的污染，因此应经常使用清水清洗导管。

④遇到干硬的黏土层进度缓慢时，可以选用功率较大的液压振动打桩机进行打孔，也可以在导管中加入少量的清水，增加润滑，减少摩擦。

（四）工程实例

1. 砂桩与水泥粉煤灰碎石桩联合加固软基

（1）工程概况。

某高速公路 4km+465m ~ 4km+603m 路段，长 138m，宽约 39m，该段地质条件较差。根据钻探及实验结果，地质层从上而下依次如下。

①表土。土黄色，表面含植物根系，呈硬塑状，厚度约 0.9m。

②淤泥。深灰色，含腐殖物和少量贝壳碎屑，饱和，流塑状，层厚 6.4 ~ 7.2m. 含水量 66.1%，孔隙比 1.78，塑性指数 28.31%，压缩系数 2.02Mpa^{-1}，固结系数 $7.2\times10^{-3}cm^2/s$。

③淤泥夹细砂二者互层。深灰色，含腐殖物和少量贝壳碎屑，饱和，流塑状，细砂松散状，层厚 5 ~ 6m。

④中细砂。黄色，石英质粒度较均匀，局部夹薄层淤泥，饱和，稍密状。

（2）砂桩、水泥粉煤灰碎石桩（CFG）设计要点。

该段软基设计平均填土高度为4m，平均处理宽度为39m，平均处理深度为15m，石屑垫层厚为0.3m，垫层顶铺土工格栅。CFG桩和砂桩均按平行四边形布置，桩径为0.4m。CFG桩体强度C12，桩间距为3m，桩长要求穿过淤泥层至持力层0.5m以下。土工格栅采用SS20双向格栅，延伸率不大于11%，抗拉强度20kN/m。土工格栅对称于路中线布设，布设范围为30m。

（3）CFG桩和砂桩的施工。

先打砂桩，砂桩全部施工完毕后再施打CFG桩。CFG桩施工顺序为横向从路中心向两侧施工，纵向从新水闸向两侧施工，且必须隔桩跳打。

①砂桩的施工。

土体对砂桩的约束力小，宜选用砂和角砾混合料，以增大桩体的摩擦角，但不宜含有大于50mm的颗粒，且含泥量不大于5%，以免影响砂桩的排水性能。采用振动砂桩机，激振动力为230 ~ 260kN。

质量控制如下。

a. 桩管拔起速度不能太快，拔管速度为2m/min。

b. 控制每段砂桩的灌砂量，一般应按桩孔体积和砂在中密状态的干密度计算。

c. 逐步沉管法中，每段拔起高度和留振时间由现场试验确定。工作人员经过工艺试桩，确定每段拔起高度为0.5m，振动时间控制在20 ~ 30s。

d. 向桩管内灌砂的同时，应向桩管内灌水，以利于砂排出桩管。

e. 在砂桩施工过程中，要做好施工记录。施工中有专人负责记录桩长、灌砂量和施工情况，作为控制施工质量的重要辅助手段。

② CFG桩施工。

采用振动沉管机，沉管与地面垂直，确保垂直度偏差不大于1%。

在饱和含水砂层施工，为防止桩管内进水造成混合料离析，桩管进入该层前要先向桩管内灌1 ~ 1.5m^3的混合料。打到预定深度后，在1 ~ 2m范围内复打1 ~ 2次，可保证桩底成孔更好。混合料配比应严格按设计要求，一般控制充盈系数不小于1.2，混合料碎石和石屑含杂质不大于5%，坍落度为30 ~ 50mm，沉管每上拔1m留振动5s。混合料制桩完毕后桩顶浮浆厚度不超过200mm。隔离桩必须在强度达到50%后才能施工。

工艺研究包括以下内容。

a. 拔管速率。拔管速率过快会造成桩径偏小或缩颈甚至断桩，太慢可能造成浮浆，使桩端石子与水泥浆离析，导致桩身强度降低。经现场试验，拔管速率确定为 1.4m/min。

b. 施工顺序。施工顺序一般有连续施打和间隔跳打，在软土中连续施打可能造成缩颈，宜采用间隔跳打。现场试验采用间隔跳打，地表隆起不明显，桩身连续完整。

c. 混合料班落度。现场试验混合料塌落度为 3 ~ 5cm。

（4）现场测试成果分析。

①试验段观测点。

监测仪器包括表面沉降板，孔隙水压力计、测斜仪。

试验段共设 3 个监测断面。每个监测断面布设 4 块沉降板，4 个孔隙水压力计的埋置深度分别为 5.2m、11.3m、13.6m。深层测斜仪深度为 16m，在路基中线靠近新水闸一侧。

②成果分析。

a. 表面沉降。在制桩过程中，桩间土隆起在 16 ~ 30mm；若采用间隔跳打，桩顶隆起在 6 ~ 9mm，地表隆起不明显，断桩可能性最小。

b. 孔隙水压力。在制桩过程中，孔隙水压力测头距桩 1m 时的最大孔隙水压力 Δu =6.03kPa；孔隙水压力测头距桩 2.4m 时的最大孔隙水压力 Δu ＝ 0。从结果看，在制桩过程中距桩 2.4m 范围内会引起孔隙水压力上升。

c. 侧向位移。在制桩过程中侧向位移最大速率为 0.42mm/d，累计位移 3.87mm，对构造物（水闸）的侧向挤压较小，而且侧向位移收敛较快，3 天左右即趋于稳定，水闸安全。

2. 袋装砂井处理软土路基实例

（1）工程概况及工程地质条件。

某高速公路全长 81km，路基宽 28m，水泥混凝土路面，其中软土地段长约 4.5km。现取代表性软土路段 337km+20m ~ 339km+200m 段做介绍。该段长 2.2km，填土高度平均 4.5m，位于冲积平原，地层厚度均匀，层位稳定，地层主要由第四系新近沉积的淤泥质土和第四系下更新统的灰、杂色黏土和砂层构成，其他地层由上至下可分以下四种。

①黏土（硬壳层）。灰黄色，含少量粉砂粒，呈湿、硬塑状，厚度为 0.6m ~ 1.2m。

②淤泥质粉质黏土。灰色，含较多粉砂粒，局部见清晰层理，层面间为粉砂，并且层间较多薄层粗中砂（厚 5 ~ 10mm）薄层内见较多贝壳碎块，偶见碳化木块、碎屑，呈饱和、软塑状，厚度为 10 ~ 13m。

③粉质黏土。灰色，具有较清晰层理，层面间粉砂，呈饱和、可塑状，厚度为 3.5m。

④黏土。灰黄、灰色，含少量粉砂粒状，厚度 2 ~ 6m。

（2）袋装砂井处理软土路基的设计。

①砂井间距及其布置。袋装砂井直径为 7cm，间距为 1.2m，梅花形排列，井径及间距由多次固结计算确定。

②砂井的长度。本段软土层较厚，底层没有透水层，砂井的长度由地基稳定和工后容许沉降计算决定。砂井平均长 10m，本段砂井合计长 44 440m。

③砂垫层与预拱度的设置。砂垫层厚度为 60cm，保证高出地表水位 20cm。考虑到沉降量较大而设置 40 ~ 60cm 的预拱度以保证砂垫层的使用质量。

（3）软土路基处理施工。

施工时，先将沿线水塘、沟坑排干水，填以砂性土或中粗砂，与砂垫层袋装砂井构成统一排水系统。

砂垫层采用含泥量小于 3% 的中粗砂，铺筑时由中线向外侧方向进行。砂垫层的厚度确保高出水面 20cm。

袋装砂井的施工工艺包括下列几个方面。

①定位，将打孔机按设计要求及施工顺序定位。

②成孔，采用门架式打孔机，套管为 ϕ89mm×4.5mm 的无缝钢管，每节长 2 ~ 3m，将套管打入地基土内，达到设计标高。桩尖是钢筋混凝土预制的，拔管后留在孔底。

③下沙袋，沙袋选择聚丙烯编织袋。袋中的砂料采用干燥及含泥量小于 3% 的中粗砂，要达到密实程度。装砂后，沙袋先进行垂吊。将装好的沙袋经套管口端部滚轮徐徐放入套管内。

④拔出套管，沙袋下放完毕，启动激振器，提升套管进行拔管作业。

⑤埋好袋头，将袋头埋入设计的砂垫层中，砂垫层分两次铺设，既方便工作，又避免黏土等杂物堆盖袋头，此时注意保持袋头垂直不卧倒。

（4）施工监测。

施工监测工作是与路基填土同时进行的。

在极限填高之前，因失稳可能性极小，路基填土可快速施工而不会出现失稳，监测工作应着重原始观测数据的收集。

本段主要采用沉降、侧向位移动态跟踪观测。选取 3 个横断面分别布设地面沉降板和地面位移桩。路基中心沉降板沉降速率为 4 ~ 7mm/d，平均为 5mm/d，小于设计要求的控制沉降速率 10mm/d；地面位移桩位移为 2 ~ 5mm/d，平均为 4mm/d，小于设计要求的 5mm/d。地面位移桩在测试过程中，没有发生沉降和抬起的现象，这说明路基一直是在稳定的情形下进行加载的。地面沉降板和地面位移桩的测试频率，在加载时每日测试，停载时，每隔 3 ~ 4 天观测 1 天，路基完成后每 10 天测一次。路堤完成后放置 60 天，达到最终沉降量的剩余沉降时为 25 ~ 27mm，与设计计算的 22mm 接近。经观测，本项目软土路基在采用袋装砂井方案处理后，路基沉降和稳定基本上符合设计要求，效果良好。

3. 塑料排水板综合处理软土地基

（1）地质概况。

安徽沿江某高速公路是具典型性的软土地基，设计采取塑料排水板工艺处理该区域软弱地基。该设计塑排桩采用梅花形布置贯穿软土层，设计总进尺 54 849m，顶层填土平均厚度 15m。

（2）工序流程。

其具体流程为下承层准备—铺设下砂垫层—铺设土工布—铺设上砂垫层（土工布锚固）—布设塑料排水板桩位—塑料排水板通过井层架上排的滑轮穿过套筒—履带套筒式插板机就位—“穿靴”法使塑料排水板被套筒的输送滚轴夹住，一起压入土中—达到持力层，上拔输送筒，塑料排水板被松开留在土中—铺设土工格栅—验收—路基填筑。

①砂垫层施工。

砂选用洁净的中、粗砂，含泥量不大于 5%，无其他杂质，分层铺设，下砂垫层厚度 50cm，共分三层铺设。由于第一层直接铺设在软基上，必须铺 25cm 厚方能使机械作业。

②土工合成材料（土工格栅、土工布）施工。

土木合成材料要在平整好的砂垫层上全断面铺设，并留出锚固长度，铺设时应拉直平顺，不得出现扭曲、折皱、重叠，沿路基方向格栅对头重叠搭接 50cm，格栅两侧重叠搭接 30cm，路基碾压应平整，局部高低不得大于 ± 5cm，并用 U 型钩稳固，捆扎格栅结点，一般在 2 ~ 3m 用 1 个 U 型钩较好，再用尼龙绳捆扎。

③塑料排水板施工。

a. 布桩。施工时用塑排芯按 1m 间距正方形布桩。布桩后塑排芯一根一根竖起，看起来像一根根树苗，故俗称“树桩”。

b. 履带式套筒插板机就位后，要把输送套筒调垂直，以保证塑料排水板垂直。“穿靴”施工应可靠，防止套筒拔出时把塑排带出，如果带出，则须原位复打。

c. 塑排桩插入深度确定。插入深度确定采用直观法，由现场技术人员会同现场监理共同确定。若振动锤连续振动 10s，下插深度不超过 30cm，就可判定插入深度已到位。

d. 塑料排水板施工允许偏差。板距允许偏差为 ±15cm，板长应由现场技术人员与监理单位共同现场确定，竖直度为 1.5%。

④沉降稳定监测。

a. 沉降板使用的是 50cm × 50cm × 3cm 的钢板，直径为 4cm 的测杆，并且套管以能套住测杆并使标尺能进入套管为准。沉降板埋设于道路中心线已填筑好的砂垫层顶面上。共埋设两处沉降板，桩号为 139km+980m 和 140km+20m。

b. 采用 DS1 型水准仪，观测精度为二等水准要求。

c. 采用稳定观测布置的基桩。

（3）沉降观测方法。

①按照每填一层土进行一次观测，填筑间歇期间每 3 天观测一次的方法进行。在施工过程中，采用警戒标志，避免沉降板测杆套筒受到破坏。测杆和套筒随填土高度增加也依次接高，并在接高后在套管上加盖封住管口，避免填料落入管内影响测杆下沉自由度。

②完工后沉降观测。预压沉降期 6 个月内，第一个月每隔一周观测一次，第二个月每隔 15 天观测一次，从第三个月开始每隔一个月观测一次直至沉降期结束。

③稳定观测通过观测地表位边桩的水平位移和地表隆起量来测定软土地基填筑后的稳定性。

九、粉喷桩法

粉喷桩属于深层搅拌法加固地基的一种形式，也叫加固土桩。其作为一种新型的软土加固技术，已逐渐在全国高速公路软基处理工程中得到广泛应用。它利用粉状水泥（或石灰）等材料作固化剂，在钻孔过程中使用特制的深层搅拌机械将固化剂喷入软土地基的深层，经搅拌使原位土与固化剂均匀混合并发生一系列物理、化学反应，使软土硬结成整体。共同作用承担上部荷载的粉喷桩复合地基，可提高地基承载力，减少沉降。粉喷桩具有施工工期短、无公害、施工过程无噪声、不排污、对相邻建筑无不利影响等优点。

（一）粉喷桩适用范围

（1）强度低、压缩性高、排水性能差的软土，尤其是 20m 深度范围内无理想持力层、软土层厚度不少于 3m 的软土路基。

（2）水泥土桩适用于含砂量较大的软土，主要用于地基承载力小于 80kPa，特别是小于 40kPa 的软土地基；石灰土桩适用于含砂量较小，没有滞水砂层的软土。

（二）粉喷桩的设计要点

进行粉喷桩设计时，所要确定的基本参数为桩径、固化剂的掺入比、桩距、桩长等。

1. 桩径

粉喷桩的桩径通常是按粉喷钻机确定的，目前常采用的粉喷机的钻孔直径为 0.5m。

2. 固化剂掺入比

固化剂掺入量通常为被搅拌土质量的 7% ~ 15%，其可根据具体土质通过试验确定。

3. 桩距

粉喷桩的桩距一般为 1.0 ~ 1.5m。

4. 桩长

确定桩长可采用以下几种方法。

（1）当因地质条件及施工因素限制桩长，或根据土层结构情况可以定出桩底标高时，应先按实际情况定出桩长。

（2）当搅拌桩的加固深度不受限制时，应先通过室内试验选定固化剂掺入比和试验的无侧限抗压强度，求出单桩承载力，并计算出桩长。

（3）根据总荷载和总桩数，先选定单桩承载力，然后求出桩长。

（三）粉喷桩施工

1. 材料要求

可采用生石灰、水泥、粉煤灰等作为固料，其质量规格应符合设计要求。

（1）生石灰。

生石灰最大粒径应小于 2mm，石灰中应无杂质，氧化钙、氧化镁含量不应小于 85%，其中氧化钙含量不应低于 80%。

（2）水泥。

水泥采用的普通水泥或矿渣水泥，应是国家免检产品，严禁使用过期、受潮、结块、变质的劣质水泥。在特定情况下使用非免检厂生产的水泥时，应分批提供有关强度等级、安定性等试验报告。

（3）粉煤灰。

粉煤灰化学成分中要求二氧化硅和三氧化铝的含量应大于70%，烧失量应小于10%。也可采用石膏粉作为添加剂，以利于强度提高。

施工实际使用的固化剂和添加剂必须通过室内试验的检验，符合设计要求后方能使用。

2. 施工机械

水泥粉喷桩的施工机械设备主要由两部分组成：一为步履式钻机，由步履式移位机架、电动机、卷扬机、液压泵、转盘、钻杆、变速箱等组成；二为固定在场地上的粉体输送设备，由空气压缩机、节流阀、流量计、分离器、安全阀、灰罐等组成，另外还需配备一台不少于50kW的发电机。

（1）钻机。

钻机是粉体喷射搅拌法施工的主要机械，一般要求使用直径为0.5m的钻头和能完成18m桩长的机架。它必须满足以下3个要求。

①动力大、扭矩大和符合大直径钻头成桩要求，钻头直径一般与水泥粉喷桩的直径相同；

②具有正向钻进，反转提升的功能；

③具有反转提升时能匀速提升、匀速搅拌、匀速喷粉等功能。

（2）粉体发送器。

粉体发送器是定时发送粉体材料的设备，它是粉体喷射搅拌法加固施工机械中的关键设备，基本工作原理见图8-1。其工作流程为由空气压缩机1送来的压缩空气，通过节流阀2调节风量大小，压缩空气进入气水分离器4后使压缩空气中的气水分离，然后“干风”送到粉体发磅器喉管与“转鼓”里输出的粉料混合，成为气粉混合体，进入钻机的旋转龙头，经空心钻杆由钻头喷出，使水泥粉经钻叶与软土拌和。

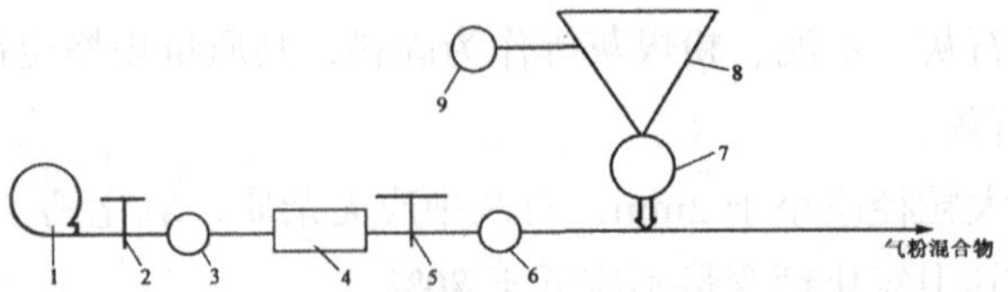

图8-1　粉体发送器工作原理

粉体的定量输出由转鼓转速控制。施工时工作人员根据配合比确定掺入比和钻头提升速度及钻机转速，并选定合适粉体发量（确定转鼓转速）。

每根桩水泥总量喷入多少，由灰罐电子秤控制。喷粉过程中工作人员要认真做好粉量记录，确保掺入量符合设计要求，一般掺入量采用15% ~ 16%。

（3）空气压缩机。

粉喷桩水泥的喷出，是以空气压缩机作为风源。空气压缩机的选定主要由加固工程的地质条件及加固深度所决定，但平常采用的空气压缩机压力不大，通常为0.2 ~ 0.4MPa，其风量也不宜太大，一般为1.6 ~ 2m^3。

（4）搅拌钻头。

粉体喷射搅拌法凭借钻头叶片的搅拌作用将灰粉与软土混合，因此搅拌钻头的形状将直接影响灰、土的搅拌效果。搅拌钻头的形状要保证在反向旋转提升时，对桩中土体有压密作用，而不是将灰、土向地面翻开而降低桩体质量。

（5）计量装置及动力设备。

计量装置在粉喷桩施工过程中起到质量监测的作用，施工前必须标定，施工过程中要有专人监控记录。施工过程中监测一般包括深度计、电子秤、压力表、电压表、电流表等。电压表、电流表主要反映钻头钻进过程中的受力情况，从电流的变化情况可判别钻头经过地层的情况。

一般功率为75kW的发电机组即可满足动力设备要求，也可使用市电。

3. 施工准备

施工准备主要是进场道路准备、施工工作准备和备料准备。进场道路要满足施工机械的进出要求；施工场地强度要满足喷粉机械的承载力要求，一般要先垫一定厚度的砂层，该层也作为喷粉桩的预加桩头层用，一般厚为50 ~ 100cm。粉喷桩的水泥用量较大，要根据施工进度要求备足原料。

4. 施工中常见问题的处理

（1）施工中钻进困难，电机跳动，电流值偏高。其原因可能是钻进时遇到石块或土质过硬．此时应减慢钻进速度和旋转速度，同时判断是否为地层变异，提前进入持力层。

（2）桩头下陷。其原因是淤泥层变化不大，局部呈流塑状，含水量高，原地层经搅动后出现塌陷、压缩或串孔现象。由于该类地层复杂，处理时先用黏土或沙土回填密实，重新搅拌后再喷粉施工；相邻桩可采用跳开间隔施工法，避免施工对邻近桩造成影响。

（3）堵管断桩。造成堵管的原因有两个：一是水泥中有结块，堵塞管道或喷嘴；二是钻头钻进时遇腐木或其他异物缠绕堵塞喷嘴。其处理方法是提升钻头，清理喷嘴或管道；水泥入罐前应过筛，清除水泥中的结块时要注意检查管道压力情况。

（4）喷粉量不足。与管道过松时，喷入压力减小，就会造成喷体发送器送灰不均匀，桩下部灰量少，上部灰量多；提升速度过快，也会造成喷入量不足。其处理方法是控制提升速度和喷粉压力，检查储灰罐，减少送灰管道的长度及空压机压力。

（5）桩底含灰量少，其原因是钻进到桩底提升时，在水泥尚未达桩底的情况下提前提升。其处理方法是增加桩底空转送灰时间或是复喷桩底 1m 范围内的桩身。

（6）施工中桩基的偏位及倾斜。其产生原因是场地不平、局部软弱、机械原因及施工中遇到异常地质，导致导向架倾斜。其处理方法是重新调整钻机的平台及支垫钻机，保证钻机的平整及钻杆的垂直对中。

5. 施工注意事项和具体要求

（1）操作人员必须严格根据成桩试验确定的技术参数进行施工。

（2）每台作业机组必须安排跟班人员，并按表认真做好记录。

（3）施工过程中如因停电等原因造成喷粉中止，电力恢复后必须进行复打，复打重叠长度不得小于 1m。

（4）施工机组的粉体发送器必须配置粉料计量装置，严禁无粉料喷入计量装置的粉体发送器投入使用。

（5）成桩完成后，发现喷入水泥量不足时，必须进行整桩复打，复打的喷粉量应不小于规定值，喷入量偏差不得大于规定总量的 8%。

（6）桩顶下 1/3 桩长加 1m 处必须进行复搅和复喷。

（7）成桩每 500 根对桩头进行一次挖验检查，桩径不得小于 49cm，即钻头直径磨耗不得大于 1cm。

（8）储灰罐容量应在一根桩的用灰量上加 50kg，成桩前必须对储灰罐内水泥量进行检查，储量不足不得进行成桩施工。

6. 质量检测

成桩 7 天内应采用轻便触探仪（N10）检查桩的质量，触探点设在桩径方向 1/4 处，抽查频率为 2%。

桩身无侧限抗压强度试验应在成桩 28 天后在桩体上部（桩顶以下 0.5m、1m、1.5m）截取三段桩体进行现场实测，检查频率为 2%，每一工点不得少于 2 根。

在掌握粉喷桩材料与波速关系的前提下，可采用小应变动测法进行桩长及成桩均匀性定性检查。

在保证取芯质量的前提下，可用钻探取芯进行质量检查及进行必要的室内强度试验。对于重要工程或有特殊要求的工程，应做单桩及复合地基载荷试验。

（四）工程实例（水泥粉喷桩施工）

1. 工程地质概况

某公路有两处软土地基：321km+110m ~ 321km+390m 段，软基处为原河沟，设计填土高度为 7.8 ~ 12m，该段软弱土发育最深达 11m，软土呈流—软塑状，为含有地下水量较大、高压缩性的软土层；234km+430m ~ 234km+560m 段，软基位于羊洞水库边，此段最高填土达到 12.6m，该段软弱土发育最深达 8m，软土呈软塑状，为地下含水量较大、高压缩性的软土层。这两段软基均采用水泥粉喷桩加固处理方法。

2. 水泥粉喷桩施工的机械配置

水泥粉喷桩的施工机械主要由两部分组成：一为步履式钻机，由步履式移位机架、电动机、卷扬机、液压泵、转盘、钻杆、变速箱等组成；二为固定在场地上的粉体输送设备，由空气压缩机、节流阀、流量计、分离器、安全阀、灰罐等组成。另外，还需配备一台不小于 50kW 的发电机。部分相关参数如下。

粉喷机纵向单步步距：1.2m。

横向单步步距：0.5m。

成桩直径：50cm。

转速：28r/min、50r/min、92r/min。

提升速度：0.48r/min、0.8r/min、1.47r/min。

3. 水泥粉喷桩施工的注意事项

①应控制钻机下钻的深度、喷粉高程及停灰面，确保粉喷桩长度。

②严禁无粉体计量装置的喷粉机投入使用。

③应定时检查粉喷桩的成桩直径及搅拌均匀程序，粉喷桩的直径一般为 50cm。对使用的钻头应定期复核检查，其直径磨耗量不得大于 20mm。

④当钻头提升至地面以下 500mm 时，粉喷机应停止喷粉。

⑤若喷粉成桩过程中遇有障碍而停止喷粉，第二次喷粉接桩时，其喷粉重叠长度不得小于 1m。

⑥开工前应先做工程试桩，且不得小于 10 根。

⑦粉喷桩的布桩按三角形梅花桩布设，桩距一般为 1.2m。

⑧水泥宜选用强度等级为 42.5 级的水泥。

⑨粉喷桩施工完成后，需把顶上 50cm 软弱桩头换除。

⑩为了消除差异沉降，需在水泥粉喷桩顶端增设 2 层土工格栅。

4. 水泥粉喷桩的效果

根据设计要求，231km+110m ~ 231km+390m、234km+430m ~ 234km+560m 两路段复合地基承载力标准值均为 153kPa。采用水泥粉喷桩加固处理后，计算得出：231km+110m ~ 231km+390m 路段经粉喷桩处理后的复合地基容许承载力值为 189kPa，234km+430m ~ 234km+560m 路段经粉喷桩处理后的复合地基容许承载力值为 179kPa，均大于设计值。

231km+110m ~ 231km+390m、234km+430m ~ 234km+560m 两段软土地基，如果采用设计的换填法处理，需片石（24 684+34 020）m^3，造价达 234.75 万元。而采用粉喷桩处理，两段软基需打桩（4 172+4 457）根，合（22 384+30 171）m，造价为 189.20 万元，与换填片石处理方法比较，费用减少 45.55 万元，降低率为 20.42%，而且这还不包括换填法所需要征用大面积弃土场的费用。

十、灌浆法

灌浆法就是依据物理化学原理，利用机械设备将具有固化和抗渗性能的浆液材料灌入某种介质的间隙（孔隙或裂隙）或结构面内，并使之在一定范围内扩散和固化，以提高地基强度、降低渗透性、改善地基物理力学性质的一种方法。

（一）灌浆法适用范围

灌浆法适用于处理淤泥、淤泥质土、粉土和含水量较高且地基容许承载力值不大于 120kPa 的枯性土等地基。当用于处理泥炭土或具有侵蚀性的地下水，宜通过试验以确定其使用程度。

（二）灌浆法设计要点

高等级公路软弱地基灌浆一般不宜采用化学浆材，宜采用粒状浆材，如水泥浆、水泥粉煤灰浆等。

1. 水泥浆

水泥浆是以水泥为主加水配制成的浆液，根据工程需要加入一定的外加剂（速凝剂、早强剂）等改变浆液性能。水泥浆所用水泥主要为硅酸盐水泥、矿渣水泥等。其来源丰富、价格低廉，浆液结石强度高、抗渗性能好，制浆工艺简单、操作方便。

2. 水泥粉煤灰浆

水泥粉煤灰浆主要由水泥、粉煤灰组成。粉煤灰掺入普通水泥中作为灌浆材料使用，其主要作用在于节约水泥、降低成本。一般情况下，粉煤灰中的二氧化硅、三氧化二铝、三氧化二铁和氧化钙等含量应在 85% ~ 95%，烧失量在 4% ~ 8%，否则对灌浆将产生不良后果。

3. 材料配比

一般采用水灰比为 0.8 ： 1 ~ 1 ： 1 的浆液，对于水泥粉煤灰浆也可采用 0.8 ： 1 ~ 1 ： 1 的水灰比，粉煤灰的含量可占 20% ~ 30%。

灌浆施工过程中，宜先注入少量稀浆（水灰比 4 ： 1 ~ 1 ： 1），后注入稠浆（水灰比 0.8 ： 1 ~ 1 ： 1）。当地下沙砾层孔隙较大时，水灰比可提高到 5 ： 1 ~ 1 ： 1。

4. 灌浆方案选择及原则

高等级公路软弱地基的灌浆处理，对于强度很低的淤泥层可采用压密灌浆；对于较硬的亚黏土为劈裂灌浆，对沙砾层为渗透灌浆。灌浆类型可以单独应用，也可以两三种类型组合应用，一般以劈裂灌浆为主。

灌浆方案选择一般应遵循以下主要原则。

（1）高等级公路软弱地基的灌浆一般采用水泥浆液或水泥粉煤灰浆液。

（2）当软弱土层上部有硬壳存在时，可将其作为封压层；当无硬壳或硬壳不发育时，可在地表做一黏土垫层，厚约 0.5m，以此垫层作为封压层，或在地基碾压后形成封压层。

（3）对于上部沙砾层较多的软弱土层，一般宜用分段式自上而下灌浆，对于上部沙砾层薄或没有的软弱土层，一般宜用分段式自下而上灌浆。

5. 灌浆压力和灌浆量

灌浆压力是浆液扩散充填、挤实的能量，与土的容重、强度、初始应力、孔深、位置及灌浆次序等因素有关。而这些因素难以准确确定，一般以不使地层结构破坏或仅发生局部和少量破坏作为确定地基允许灌浆压力的原则。通过现场灌浆试验确定，黏性土的经验值为 0.2MPa ~ 0.3MPa。

（三）灌浆法施工

1. 施工前准备工作

在施工前保证设备器具和材料按时到场，做好灌浆试验工作，调整灌浆压力、浆液扩散半径、孔距和排距后及时将孔位放样至实地。

2. 施工工艺

（1）钻孔。

对于较浅的软土，可采用螺旋钻，较深的则采用回转式钻孔。为防止冒浆，孔径宜小一些，一般为 75 ～ 110mm，垂直偏差小于 10%。

（2）制浆。

根据材料试验确定配比、选择浆材。制浆时注意以下几点。

①按程序加料，准确计量，掌握浆液性能，供需应搭配。

②浆液应进行充分搅拌，并坚持灌浆前不断搅拌，防止再次沉淀，影响浆液质量。

（3）灌浆。

灌浆的方法如下。

①自下而上式孔口封闭灌浆法。这种工艺一次成孔，孔口用三角楔止浆塞封口，分段自下而上灌浆，灌浆段高度在 1.5 ～ 2m。该方法适用于黏性土层较多或地层下部具有少量中粗粒土层的软弱土层。

②自上而下式孔口封闭灌浆法。这种方法一次只钻成一段灌浆孔，孔口用三角楔止浆塞封口，分段自上而下灌浆，灌浆段在 1.5 ~ 2m，适用于上部中粗粒沙土层较多的软弱土层。

（4）封孔。

灌浆结束后应及时封孔，即第二灌浆段灌浆结束半小时后，立刻排除孔口封堵物，再往孔内投入砂石直到水稳层顶面。24h 后，若浆液下沉，再补充水灰比 1 ： 2 的浆液至水稳层顶面。

3. 特殊情况下技术处理措施

（1）在灌浆过程中，发现浆液冒出地表（即冒浆），可采取如下控制措施。

①降低灌浆压力，同时提高浆液浓度，必要时掺砂或水玻璃；

②限量灌浆，控制单位吸浆量不超过 30 ～ 40L/min 或更小；

③采取间歇灌浆的方法，即发现冒浆后就停灌，待 15mm 左右再灌。

（2）在灌浆过程中，当浆液从附近其他钻孔流出形成串浆时，可采用如下方法处理。

①加大第 1 次序孔间的孔距；

②在施工组织安排上，适当延长相邻两个次序孔施工时间的间隔，使前一次序孔浆液基本凝固或具有一定强度后，再开始后一次序钻孔，相邻同一次序孔不要在同一高程钻孔中灌浆；

③串浆孔若为待灌孔，采取同时并联灌浆的方法处理，如串浆孔正在钻孔，则停钻封闭孔口，待灌浆完后再恢复钻孔。

4. 质量检验

灌浆施工属地下隐蔽工程，灌浆施工应严格按照要求进行，以保证灌浆工程质量。

（1）质量检验标准基本内容。

灌浆材料要符合设计要求，整个施工过程要按设计规定执行。认真填写施工记录，原始记录资料要清楚、齐全、翔实。

（2）质量检验方法。

①开挖法。先取某一个灌浆区域，人工挖槽探或井探，此方法可非常直观地评价和检测灌浆施工质量。再绘制出槽探或井探剖面图，详细分析研究灌浆的扩散半径，确定是否符合设计要求。根据需要决定是否对灌浆浆液结石体进行岩石物理力学性质测试。该方法仅适用于地下浅处（地下最深达 2m）质量检查。

②钻探法。钻探是一种最常用的质量检验方法。其是在处治范围内通过钻孔提取岩芯，然后对岩芯测试，取得土层物理力学参数，最终对工程质量进行综合评价。

③载荷试验法。载荷试验法是工程地质中原位测试方法的一种，可以确定地基土承载力和计算地基土的变形模量。对于处治后的路段，宜采用 2 ~ 3 组载荷试验。如果有条件，在处治前应在相同地方进行载荷试验，取得有关数据，以便对处治前后的地基情况进行分析对比，综合评价灌浆施工质量。

④物探方法。物探方法就是采用瑞利波仪进行无损检测来确定地基软弱土层中灌浆的方法。

⑤变形观测方法。上述几种方法主要用于灌浆处治施工质量检验，检查灌浆处治是否达到施工设计要求，而地基处治的效果如何，是否达到公路工程的要求，主要通过变形观测来评价。变形观测要求的时间从处治工程结束至公路运营一年止，其施工后沉降不超过设计值。

（四）工程实例

1. 工程概况

某公路 1km+229.782m ～ 1km+427.647m 路段（长 198m，宽 36 ～ 40m）工程地质条件较差，上部地层（主要受力层）主要由杂填土（厚度 1.3 ～ 3.2m，平均 2m）、淤泥或淤泥质土（厚度 0.4 ～ 1.4m，平均 0.64m）、粉砂和细砂（厚度 0.6 ～ 3.6m，平均 1.8m）组成。由于杂填土结构疏松，淤泥或淤泥质土呈软—流塑状，粉、细砂饱和松散，满足不了上部荷载对路基的要求，因而路基在通车后将产生较大沉降。为保证该段路基的稳定，提高地基土强度和变形模量，满足上部荷载对地基土承载力的要求，技术人员提出了对该段路基采取灌浆加固处理的方案。这主要是基于杂填土孔隙大，可灌性好，灌浆后其力学强度、抗变形能力和均一性会有所提高，整体结构得到加强；淤泥或淤泥质土和粉、细砂通过钻孔灌入浓浆后，使土体压密和置换；杂填土之上已施工完的 30cm 厚 6% 水泥石屑稳定层为良好的灌浆盖板。

2. 灌浆设计要求

（1）灌浆段选择。

本次灌浆分两个灌浆段，即第一灌浆段为杂填土范围，第二灌浆段为淤泥或淤泥质土和粉、细砂范围。

（2）浆材及配方设计。

浆材采用两种配方的纯水泥浆，在第一灌浆段水灰比为 0.5，在第二灌浆段为 0.75。若杂填土中局部孔隙较大，导致灌浆量过大时，可采用水：水泥：细砂 =0.75 ： 1 ： 1 的水泥砂浆灌注。

（3）浆液扩散半径（r）的确定。

由于杂填土均一性差，其孔隙率、渗透系数变化较大，因而仅用理论公式计算浆液扩散半径显然不甚合理。现根据大量的经验数据，暂定 r 值为 1.5m. 在现场进行灌浆试验后再进一步确定 r 值。

（4）灌浆孔位布置。

灌浆孔采取梅花形分布。假定灌浆体的厚度 b 为 6.6m，则灌浆孔距 L=2.5m. 最优排距 Rm =2.33m。

（5）灌浆孔孔深。

根据工勘资料暂定孔深 3m ～ 6m，以孔底到黏性土层为准。

（6）灌浆压力。

由于灌浆压力与土的容重、强度、初始应力、孔深、位置及灌浆次序等因素有关，而这些因素又难以准确确定，因而本次灌浆的压力可通过灌浆试验来确定。根据有关公式计算，暂定在第一、第二灌浆段灌浆时灌浆压力分别为0.1 ~ 0.2MPa和0.3 ~ 0.4MPa，在灌浆过程中根据具体情况再进行适当的调整。

（7）灌浆结束标准。

在规定的灌浆压力下，孔段吸浆量小于0.6L/min延续30min即可结束灌浆，或孔段单位吸浆量大于理论估算值时也可结束灌浆。

3. 灌浆施工方法

（1）正式施工前准备工作。

正式施工前，保证设备器具和材料按时到场，着重做好灌浆试验工作，调整灌浆压力、浆液扩散半径、孔距和排距后及时将孔位放样至实地。

（2）施工工艺。

①施工顺序。根据多台机同时作业情况、现场施工条件、工程地质条件和灌浆方法等，施工顺序从里往外。

②施工程序。成孔—安放灌浆管并孔口封堵—搅浆—灌浆—待凝—成孔—安放灌浆管并孔口封堵—搅浆—灌浆—封孔。

③施工技术要点如下。

a. 成孔。钻头对准孔位后，采取冲击成孔的方法钻进。在杂填土中钻进时，若孔壁不稳，可下入导管护壁。当钻进到淤泥或淤泥质土和粉、细砂时，下入导管护壁，然后采取捞砂筒取砂成孔的方法直至下卧黏性土层。

b. 管安放及孔口封堵。灌浆管下端设置0.7 ~ 1m长且下端封口的花管，花管孔径 ϕ8mm，孔隙率15%左右；在花管外壁包扎一层软橡皮，以防流沙涌进花管导致灌浆无法进行。当成孔达到预定深度后，将灌浆管下沉到位，再用水泥袋放入孔中水稳层底部包裹灌浆管并接触孔壁，即“架桥”，然后投入黏土分层夯实至孔口。

c. 搅浆。先往搅拌浆筒内注入预定的水量并开动搅浆机后，再逐渐加入强度等级为42.5的普通硅酸盐水泥，直到预定的用量，搅拌3 ~ 5min后将浆液通过过滤网流到储浆筒内待灌。

d. 灌浆。灌浆采用自上而下孔口封闭分段纯压式灌浆方法，即自上而下钻完一段灌注一段，直到预定孔深为止。灌浆段的长度以杂填土和淤泥或淤泥质土、粉砂和细砂厚度来确定。灌浆压力采取二次或三次升压法来控制，即灌浆开始采用低压（小于0.1MPa）或自流式灌浆。对杂填土而言，当吸浆量较大时采取间歇灌浆或用砂浆灌注，终灌时压力要达到设计值。灌浆结束标准应严格按设计执行。

e. 封孔。灌浆结束后要及时封孔，即第二灌浆段灌浆结束半小时后，立刻排除孔口封堵物，再往孔内投入砂石直到水稳层顶面，24h 后，若浆液下沉，再补充水灰比 1 ： 2 的浆液至水稳层顶面。

（4）效果检验与评价。

①灌浆资料分析。

本次施工路段共完成灌浆孔 1209 个，计 5 579.72m，共灌入水泥 1855.4t，平均每孔灌入水泥 1.535t，平均灌入水泥 0.333t/m，第 1 序孔单位耗浆量比第 2 序孔大，并且地面上抬数厘米。

总灌入量和单位灌入量数据表明，受灌段土体空隙均有大幅度降低，从而也说明了施工段地层可灌入性。

②静载荷试验。

施工结束 15 天后，监理在施工段范围内选择了 5 个代表性地点（其中 2 个在灌浆点位，2 个在两相邻灌浆点位中间，1 个在相邻对角灌浆点中间）进行静荷试验，当在杂填土顶面单点加载 130kN 或 140kN 即满足设计要求后便停止加载。这时最大沉降为 9.31 ~ 11.7mm. 平均 10.3mm，表明该点地基土未达极限破坏状态，说明了施工段复合地基容许承载力值大于 130kPa，同时也验证了杂填土容许承载力值大于 130kPa。

③钻孔取芯标贯试验和探槽开挖检查。

施工结束半个月后，监理在施工段范围内选择了 12 个钻孔检验点（其中 6 个钻孔距灌浆点 0.5m，6 个钻孔距灌浆点 1m），进行钻孔取芯和标贯试验。从钻孔取上的芯样中可见：杂填土中水泥结石较多，并且结石与土体胶结紧密；淤泥或淤泥质土体中水泥结石成团块状，有的块状结石由淤泥或淤泥质土胶结；粉、细砂中也可见水泥结石，土工试验表明了其密度有所增加，状态也由原来的松散状变为密实状（e =0.637）。标贯试验结果表明：杂填土较密实，平均击数 11.2 击；粉、细砂平均击数由原来的 6 击增加到 11 击，容许承载力值也由原来的 100kPa 增加到 148kPa。从探槽开挖剖面可见：杂填土中的水泥结石呈片状、条带状，尤其是杂填土顶面与石屑垫层底面之间和石屑垫层顶面与水稳层底面之间普通充填条带状水泥浆石，厚 1 ~ 5cm. 构成了路基硬壳表层。

④弯沉试验。

在施工段范围内，正式水稳层施工一周后，可进行 30 个点弯沉试验。弯沉值为 0.16 ~ 0.8mm（平均 0.41mm），均小于设计值 0.9，完全满足设计要求。

从上述效果检验分析可见，灌浆施工范围内的杂填土层空隙已经得到有效充填，淤泥或淤泥质土受到充填、挤密和置换，粉、细砂层得到有效充填和压密，由松砂变为密砂。这三种土体经灌浆后，不同程度得到了加固，承载力明显提高，起到了控制沉降的作用。

十一、土工合成材料法

土工合成材料是以人工合成的聚化物为原料制成的各种类型产品，可置于岩土或其他工程结构内部、表面或各结构层之间，具有过滤、防渗、隔离、排水、加筋和防护等各种功能，发挥加强、保护岩土或其他结构功能，是一种新型岩土工程材料。土工合成材料可分为土工织物、土工膜、特种土工合成材料和复合型土工合成材料等类型。

（一）土工合成材料的应用

在软土地基上修筑路堤或结构物时，往往会由于地基抗剪强度不够，路堤侧向整体滑动，边坡外侧土体隆起。路基底面若沿横向产生盆形沉降曲线，将导致路面横坡变缓，影响横向排水。桥头路堤纵向下沉，向河床方向产生整体滑动，将导致桥台破坏。人工构造物与路堤衔接处产生差异沉降，会引起桥头跳车及路面破坏以及小桥涵构造物的破坏。若将土工织物、土工网、土工格栅铺设于软土地基和路堤之间，对软基路堤加筋，就可以保证路堤的稳定性。在基坑底部和碎石垫层顶部可分别铺设土工网，处理软土地基上小型构造物基础，以提高地基承载力和减少地基不均匀沉降造成的构造物破坏。用土工格栅处理软基，是通过格栅上部填料的垂直变形向水平方向扩散，使其上部填料的抗剪变形能力得以充分发挥，使软土地基表面的承载区大大增加，表面压强相应减小，以达到提高地基承载力的目的。同时，格栅纵横相连，能防止填料局部下陷，最大程度减少地基不均匀沉降。

（二）土工合成材料设计要点

1. 材料要求

（1）土工合成材料应具有足够的抗拉强度并能经受施工荷载和机械损伤。土工格栅和土工网均为网眼结构，受施工场地填方土料的影响较小，可不予考虑。但土工织物必须具有较高的刺破强度、顶破强度和握持强度。

（2）加筋路堤填料应选择易于压实，能与土工合成材料产生较大摩擦力的土料。

2. 结构形式

（1）土工合成材料不宜直接铺设于原地面表面上，应在原地表设置30 ~ 59cm 砂垫层或其他透水性好的均质土料后，再铺设土工合成材料，且尽量设置于路堤底部。

（2）多层土工合成材料加筋的路堤，各层土工合成材料之间的间距不宜小于一层填土最小压实厚度，且不宜大于 60cm。

（三）土工合成材料的施工

1. 施工要点

土工合成材料加筋路堤的施工，主要在于保证合成材料能充分发挥作用。施工中应注意以下几点。

（1）目前国产土工合成材料纵、横两个方向的强度并不一致，一般纵向强度较高。而作为路堤，其边坡坍滑多表现为侧向移动，此时将强度高的方向置于垂直于路堤轴线方向更有利于发挥其强度优势。

（2）土工合成材料的连接有绑扎、缝合、黏合等方法。一般对土工格栅及土工网采用绑扎方法，而对土工织物多采用缝合法和粘合法。根据一些工程经验，当采用绑扎法时，一般每隔 10 ~ 15cm 应有一绑扎节点，且为使搭接处的强度满足要求，搭接长度不应小于 10cm，在受力方向搭接至少有两个绑扎节点。当采用缝合法进行连接时，一般采用工业缝纫机，缝接长度在 20cm 左右。粘合法很难保证连接质量，因此在工程中很少采用。

（3）土工合成材料在铺设时，如有褶皱将不利于强度发挥。在工程中为保证土工合成材料的铺设质量，常采用插钉等固定方法。

（4）铺设土工合成材料的土层表面如有坚硬凸出物则易穿破土工合成材料，从而使单位宽度土工合成材料强度降低，因此在铺设土工合成材料前，应先将场地整平好。在距土工合成材料层 8cm 以内路堤填料，其最大粒径不得大于 6cm。

（5）土工合成材料摊铺好后应立即用土料填盖。目前大部分土工合成材料由合成化工原料制成。这种材料受阳光紫外线照射易老化，因此铺筑好的土工合成材料两天内应覆盖。

（6）土工合成材料加筋路堤，其土体填筑质量不应有加筋面而放松。

（7）土工合成材料上的第一层填土摊铺宜采用轻型推土机或前置式装载机。一切车辆、施工机械只容许沿路堤的轴线方向行驶。

（8）对于软土地基，应采用后卸式卡车沿加筋材料两侧边缘倾卸填料，以形成运土的交通便道，并利于土工合成材料张紧。填料不允许直接卸在土工合成材料上面，必须卸在已摊铺完毕的土面上。卸土高度以不大于1m为宜，以免造成局部承载能力不足。卸土后立即摊铺，以免出现局部下陷。

填成施工便道后，再由两侧向中心平行于路堤中线对称填筑，宜保持填土施工面呈“U”形。

第一层填料宜采用推土机或其他轻型压实机具进行压实；只有当已填筑压实的垫层厚度大于60cm后，才能采用重型压实机械压实。

2. 质量检验

土工合成材料质量应符合设计要求；在平整的下承层上全断面铺设，土工合成材料应拉直平顺，紧贴下承层；锚固端施工应符合设计要求；接缝搭接黏合度应符合要求；上下层土工合成材料应错开。

第七节　红黏土与高液限土处治技术

红黏土是指碳酸盐岩出露的岩石经红土化作用形成的棕红色、褐黄色的高塑性黏土，其液限一般大于50%。经再搬运后仍保留红黏土基本特征，其液限大于45%的土称为次生红黏土。

红黏土主要分布在我国西南、中南和华东地区，以贵州、云南、广西等地的分布最为广泛和典型，其次在安徽、重庆、粤北、鄂西和湘西也有分布。一般分布在山坡、山麓、盆地或洼地中，主要为坡积、残积类型，是一种区域性的特殊性土，红黏土的矿物成分除仍含有一定数量的石英颗粒外，大量的黏土颗粒则主要为多水高岭石、水云母类、胶体二氧化硅及赤铁矿、三水铝土矿等组成，不含或极少含有机质。红黏土的粒度较均匀，呈高分散性，黏粒含量一般为60% ~ 70%，最高可达80%。红黏土的一般特点是天然含水量和孔隙比很大，但强度高，压缩性低，工程性能复杂。它的物理、力学性质具有独特的变化规律，不能用其他地区的、其他黏性土的物理和力学性质相关关系来评价红黏土的工程性能。

由此可见，红黏土的天然含水量、孔隙比、液塑限高，但却具有较高的力学强度和较低的压缩性。红黏土的膨胀势较低，无荷载膨胀率均小于20%，膨胀压力一般小于30kPa，其膨胀性极弱；红黏土线缩率为1% ~ 10%，体缩率为5% ~ 28%，收缩系数为0.1 ~ 0.8，具有弱至中等收缩性。

红黏土地层存在由硬变软的现象，从地表向下随深度增加，土体稠度由坚硬和硬塑状态变为软塑、流塑状态，土的含水量、孔隙比和含水比随深度增加而增大。相应地，土的强度则逐渐降低，压缩性逐渐增大。

红黏土中裂隙较发育，这是在湿热交替的气候条件下干缩形成的。在地表，其裂隙多呈竖向开口龟裂状，往下逐渐闭合成网状，裂隙面光滑。收缩性强的红黏土，在地形突起、向阳、植被少的地段，裂隙密度大，延伸深，一般达 3 ~ 4m，个别地区达十余米。裂隙使土体完整性破坏，降低了土体的强度，增大了土体的透水性，形成了土体的软弱结构面，构成了土体稳定的不利因素。

液限大于 50% 的土称之为高液限土，其成因较为复杂，主要与母岩性质有关，其工程性质与红黏土有所区别，但总体上与红黏土相似，可参照红黏土的设计原则进行设计。

红黏土和其他高液限土的 CBK 小于 3，水稳性较差，不得直接用于路基填筑。针对其工程特性，若采用红黏土和其他高液限土填筑路基，需解决两个问题，一是改善路基土的性质与压实控制；二是隔离水对路基土的影响，保证路基稳定。

红黏土和高液限土用作路基填料时，鉴于其天然含水量较大，土料应先减水，通过晾晒或其他措施使之满足路基压实要求。当土的天然稠度介于 1.05 ~ 1.3 时，可采用湿法重型击实试验；若稠度大于 1.3，则用干法重型击实试验。

红黏土挖方路基的主要问题是路堑边坡稳定性。对红黏土尤其是对复水特征属 1 类的红黏土的路堑边坡稳定评价和计算参数确定，应考虑红黏土的工程特性及开挖面土体干缩导致裂隙发展及复浸水使土质产生变化的不利影响。对此宜采用饱水剪切试验和重复慢剪试验等强度指标。

红黏土挖方边坡的失稳主要是由水引起的，设计时应加强路基排水系统的综合设计，在边沟下设置纵横向排水渗沟，对坡体中出露的集中水流，应设置仰斜式排水孔，保证无明显出露的水流。若土体含水量较大，应设置边坡片碎石或无砂大孔混凝土渗沟，并与边沟下排水渗沟有机结合起来，形成综合排水系统。

红黏土挖方边坡的失稳一般由坡脚土软化开始，要重视坡脚的稳定，遵循固脚强腰的原则，因地制宜在路堑边坡下部设置支挡工程（如抗滑挡墙、预应力锚杆、抗滑桩等）。对于全封闭的圬工防护（护面墙、抗滑挡墙），应在墙背设置厚度 0.15 ~ 0.30m 的排水垫层。

参考文献

[1] 钱让清，秦勤，黄志福．公路工程地质 [M]．2 版．合肥：中国科学技术大学出版社，2005.

[2] 侯德藻，敖道朝，李爱民，等．山区高速公路安全设计指南 [M]. 北京：人民交通出版社股份有限公司，2014.

[3] 中国公路学会高速公路运营管理分会．中国高速公路管理学术论文集（2014 卷）[M]．北京：人民交通出版社股份有限公司，2014.

[4] 杭州市萧山区民政局，杭州市萧山区区划地名管理办公室．杭州市萧山区地名志 [M]．北京：方志出版社，2014.

[5] 白新源．生态友好型公路建设与地质环境问题研究 [M]．郑州：黄河水利出版社，2014.

[6] 本书编委会．千枚岩的工程性质与公路工程建筑技术 [M]．北京：人民交通出版社股份有限公司，2014.

[7] 中交公路规划设计院有限公司．辉煌历程——中交公路规划设计院建院 60 周年生产项目成果集 [M]．北京：人民交通出版社股份有限公司，2014.

[8] 贵州省交通建设工程质量监督局．山区高速公路工程施工安全生产标准化指南 [M]．北京：人民交通出版社股份有限公司，2015.

[9] 中国公路学会高速公路运营管理分会．中国高速公路管理学术论文集（2015 卷）[M]．北京：北京交通大学出版社，2015.

[10] 韩山农．现代公路与铁路工程施工测量 [M]．北京：人民交通出版社股份有限公司，2015.

[11] 王福敏．山区交通技术研究与工程应用 [M]．北京：人民交通出版社股份有限公司，2015.

[12] 陈芳，邱祯国，郑炜．贵州高速公路环境保护与景观营造技术 [M]. 北京：人民交通出版社股份有限公司，2015.

[13] 国际道路联盟（IRF），交通运输部规划研究院，中国公路学会. 国际道路联盟中国研讨会暨中国公路学会 2015 年学术年会论文集 [M]. 北京：人民交通出版社股份有限公司，2015.

[14] 李安洪，魏永幸，姚裕春，等. 山区铁路（公路）路基工程典型案例 [M]. 成都：西南交通大学出版社，2016.

[15] 陕西省地质环境监测总站. 秦巴山区地质灾害与防治学术研讨会论文集 [M]. 武汉：中国地质大学出版社，2016.

[16] 本书编委会. 果子沟高寒复杂地质区域高速公路建设成套技术 [M]. 北京：人民交通出版社，2016.

[17] 阳兆祥，黎充旭，何小荣，等. 道路交通事故车速鉴定的方法和案例选析 [M]. 北京：机械工业出版社，2016.